AF497719

THÉOPHILE GAUTIER

SOUVENIRS ROMANTIQUES

SOUVENIRS ROMANTIQUES

HUGO — NERVAL — BALZAC
LAMARTINE — HEINE — MADAME DE GIRARDIN
LES CÉNACLES 1830 — BAUDELAIRE

INTRODUCTION ET NOTES

PAR

ADOLPHE BOSCHOT

DE L'INSTITUT

PARIS
LIBRAIRIE GARNIER FRÈRES
6, RUE DES SAINTS-PÈRES, 6
1929

INTRODUCTION*

Voici un volume que Théophile Gautier rêva d'écrire. Il le commença en 1872; la maladie, la mort, interrompirent son projet. Durant ses derniers mois, il avait publié, dans un journal, environ le quart du volume que nous donnons aujourd'hui. Quant aux trois autres quarts, non encore réunis comme il l'eût fait sans doute, il les avait disséminés, pendant vingt ans, parmi ses innombrables feuilletons. Combien de fois, en effet, ne s'était-il pas laissé aller à écrire des « Souvenirs romantiques » ?

En 1872, déjà touché par la mort, ne pouvant presque plus travailler, mais forcé de noircir du papier pour gagner sa vie et celle des siens, il entreprit un travail qui lui apportait un peu d'allégement. Il se retourna vers sa jeunesse et demanda aux mirages du souvenir la douceur de ce qui n'était plus.

> *O temps évanouis, ô splendeurs éclipsées,*
> *O soleils descendus derrière l'horizon !...*

---

* Voir la note 1, page 343 — Les numéros, placés çà et là dans le texte, renvoient aux notes qui sont groupées à la fin de ce volume, p. 343 et suivantes.

Depuis 1830, durant quarante-deux ans, Gautier,
par le journalisme, le théâtre, les expositions, les
soirées où se réunissaient littérateurs et artistes,
avait connu tout ce qui porte un nom dans le Paris
qui pense Combien de visages amis, quelques-uns
à demi-célèbres, et d'autres que la gloire venait de
couronner... Victor Hugo, Sainte-Beuve, Henri Heine,
les cénacles de Jeune-France, — la vie en commun avec
Gérard de Nerval; — le salon littéraire de cette
radieuse Delphine de Girardin, camarade si affec-
tueuse et si dévouée, — les soirées truculentes et
pittoresques, la généreuse flambade et la fièvre d'art,
qui transfiguraient les vieilles masures et les ruines
de l'impasse du Doyenné (déjà disparu en 1872);
— l'intimité de Balzac, durant plus de quinze ans,
et cette longue lettre, cette lettre suprême qu'il faisait
parvenir au bon Théo, avec ces seuls mots de sa
main tremblante : « *Je ne puis ni lire, ni écrire* »,
— les étranges et troubles réunions de l'Hôtel Pimodan : le peintre Boisard, si doué pour la musique et
oubliant la peinture; les soirées du *Club des mangeurs
de haschich*, — l'orientale Marix, admirable « modèle »
pour les peintres, parfaitement belle de la tête aux
pieds et se laissant regarder comme un bibelot d'éta-
gère, insouciante, énigmatique, petit sphinx appri-
voisé, très bien en chair, et qui jouait avec ses bagues;
— la resplendissante « Présidente », Mme Sabatier,
sculptée (presque moulée) sous les titres de la *Femme
au serpent* ou *la Bacchante*, et qui s'arrêtait chez les
rapins de l'Hôtel Pimodan au sortir de son bain froid,
« enlevait sa petite capote verte, secouait ses longs

cheveux d'un brun fauve, tout humides encore », et donnait à Baudelaire les désirs, les rêves qui palpitent dans les *Fleurs du mal* :

— « Elles sont passées, écrit Gautier, ces heures charmantes de loisir, où des décamérons de poètes, d'artistes et de belles femmes se réunissaient pour causer d'art, de littérature et d'amour, comme au siècle de Boccace. Le temps, la mort, les impérieuses nécessités de la vie ont dispersé ces groupes de libres sympathies, mais le souvenir en reste cher à tous ceux qui eurent le bonheur d'y être admis, et ce n'est pas sans un involontaire attendrissement que nous écrivons ces lignes »

La guerre de 1870 et la chute de l'empire eurent un contre-coup désastreux dans la vie littéraire de Gautier. Sans fortune, son unique ressource à peu près assurée, c'était sa collaboration au *Moniteur* qui était devenu le *Journal Officiel*. Mais l'ancién protégé de la princesse Mathilde et du gouvernement impérial n'était plus à sa place dans le *Journal Officiel* de la République naissante. Théophile Gautier, malgré toute son œuvre et sa réputation, retomba donc aux collaborations irrégulières, précaires, mal payées. Il avait soixante ans :

— « A mon âge, constatait-il, je redeviens un manœuvre »

En mars 1872, dans un journal de troisième ordre, le *Bien Public*, il commença de publier une série de *Souvenirs*. Chaque semaine il donnait à ce journal quelque trois cents lignes : c'était une façon de chronique rétrospective, qui pourrait devenir un chapitre dans un livre. D'un fragment à un autre, il n'y avait pas toujours de lien formel, de transition; mais chaque morceau participait à une unité d'ensemble, comme une série d'illustrations qui se rapportent à un même sujet et qui sont d'un même artiste.

— « Le Théo publie ses *Mémoires* », estimaient ses amis, et l'on retrouve le mot « Mémoires » dans telle lettre de ses intimes (Mario Uchard à Paul de Saint-Victor). Lui-même, dans son texte, employait çà et là le mot de « *Souvenirs* ». Hélas, Gautier, d'ordinaire si discret sur lui-même et que l'on disait *impassible* (mais en exagérant), laissait deviner sa lassitude :

— « Dans nos heures de désœuvrement et de mélancolie, nous sommes poussé vers le passé par une de ces récurrences dont on n'est pas maître. »

Pour lui, ces rêveries d'un malade qui se sent perdu étaient pleines d'une douceur enchantée : il y retrouvait sa jeunesse, avec toute la bonté de son cœur, toute son indulgence envers la vie, et tout le lumineux équilibre de sa pensée harmonieuse.

Confidences d'un poète, faut-il les appeler une *Histoire du Romantisme*? Le bon Théo, pour donner un titre d'ensemble à ses chroniques, et sans doute pour en imposer un peu au « patron » du journal, eut recours à ce titre écrasant et tout à fait impropre.

En réalité, ces *souvenirs*, ces fragments de *mémoires*, ces chroniques rétrospectives, n'ont rien d'une « histoire », et le sujet annoncé par le mot « romantisme » est d'une portée tout autre. Cela, Gautier ne pouvait l'ignorer : il avait lu tant de livres, entendu tant de pièces, et regardé tant de musées, et profité des entretiens de tant d'esprits supérieurs !... Ami de Gérard de Nerval avant 1830, ami de Henri Heine dès 1831, lecteur de l'extraordinaire Hoffmann, il s'était ouvert, dès ses vingt ans, au rayonnement de Goethe; bien avant *Maupin* et son éblouissante préface, « un certain drôle, nommé Shakespeare », était sa lecture favorite; par ailleurs, tout en aimant l'esprit et l'élégance de notre XVIIIe siècle, Gautier n'avait pas dédaigné la fièvre gothique et moyenâgeuse de ses camarades Jeune-France, ni leur goût du fantastique et de la couleur locale; il n'ignorait pas non plus notre XVIe siècle truculent, pantagruélique, débordant d'idées et de paroles. Tout ce qu'on peut évoquer sous le vaste mot de *romantisme*, y compris un lyrisme profond où retentit le mystère de l'homme, était connu de Théophile Gautier. Lui-même, plus que nul autre, il savait qu'il utilisait les mots « Histoire du Romantisme » pour en faire une alléchante, une journalistique étiquette. Ces chroniques de 1872, lui-même, dans l'une d'elles, il les qualifie : « une série de souvenirs ». Leur vrai titre, c'est *Souvenirs romantiques*. Et, comme à d'autres souvenirs illustres, on ajouterait volontiers le sous-titre ou l'épigraphe gœthéenne « *Vérité et poésie* », que Renan évoquait dans la préface de ses propres *Souvenirs* :

— « Ce qu'on dit de soi, expliquait Renan, est toujours poésie. »

Au printemps de 1872, entre les crises de sa maladie de cœur, Gautier, songeant à son passé, écrivit onze chroniques ou chapitres. Ils parurent, de huit en huit jours, dans le *Bien Public*. Au milieu de mai, ils s'interrompirent. Critique d'art depuis plus de trente années, Gautier, une fois encore, s'occupa du Salon. En juin, le malade, l'agonisant, se faisant aider par des amis, publia donc quatre articles. Ils allaient être les quatre derniers, après un long labeur de plus de deux mille feuilletons... Ils parlaient de la sculpture, de Carpeaux, Falguière, Frémict, Carrier-Belleuse... Grand et bon Théo : pour parler des artistes, pour annoncer les jeunes gloires et leur faciliter l'avenir, lui qui se mourait, il intitulait les deux derniers feuilletons de toute sa vie besogneuse : « *Ceux qui seront connus, — les médailles* »... Mais la plume lui tomba des mains : il ne put achever la série sur le Salon.

Quelques mois lui restaient encore pour souffrir.

Durant ses heures inoccupées, si longues pour un tel malade, les souvenirs d'autrefois l'assiégeaient sans cesse... Aurait-il la force, aurait-il le temps de les écrire ?

Un jour, vers la fin de l'été, il voulut revoir une dernière fois, conduit en voiture par son gendre Bergerat, le coin de la Place Royale où il avait vécu vers 1830. En approchant, il se tut, et Bergerat respecta ce douloureux silence. Longuement, l'ancien Jeune-France regarda l'angle des deux maisons... Quand il avait vingt ans, de cette fenêtre, il parlait à Victor Hugo, qui se penchait à l'autre fenêtre...

Hugo, Hugo ;... la révélation d'*Hernani* qui avait exalté toute une génération frémissante ;... Hugo, que le bon Théo n'avait pas cessé d'aimer un seul jour, durant quarante-deux ans... Ah, comment détacher

son regard de ces deux fenêtres, où lui souriait toute
sa jeunesse... Quelle aurore merveilleuse, et pleine
d'espérances !... Mais maintenant, c'était fini. Chaque
jour davantage, il voyait que sa pensée, s'engourdis-
sant avec son corps, était envahie par l'ombre fatale
que rien n'arrête.

Quelques jours après, il commença d'écrire un
article sur la *Bataille d'Hernani*. Il ne parla plus du
« gilet rouge ». Mais il évoqua la fièvre d'art de 1830,
les tumultes et l'enthousiasme de la salle; il évoqua
la radieuse apparition de Delphine Gay, qui fut plus
tard Mme de Girardin. Quels souvenirs : cette Delphine,
si belle, si bonne, qui l'avait si souvent relevé d'un mot
ou d'un regard, durant tant d'heures découragées...
Mais Gautier, dans cet article, s'occupait de 1830; et
il écrivait :

« Ce soir-là, ce grand soir à jamais mémorable
d'*Hernani*, elle applaudissait, comme un simple
rapin entré avant deux heures avec un billet rouge,
les beautés choquantes, les traits de génie révoltants... »

La plume du bon Théo s'arrêta.

Quel flot de souvenirs, alors, jaillit dans son cœur ?...
Ou, hélas, quelle crise de la maladie vint briser la
pensée sous la souffrance ?...

Mais cette plume qui vacillait déjà dans sa main,
— cette plume qu'il avait peut-être posée pour rêver
à 1830, à *Hernani* et à un visage de femme, — l'écrivain ne la reprit jamais plus.

Durant quelques jours, il fut comme en léthargie,
malgré quelques réveils.

Le 23 octobre 1872, il s'éteignit, un peu après le lever du soleil*.

Deux semaines après sa mort, paraissait l'article inachevé (*Bien Public*, 6 novembre).

Le 2 novembre, à Hauteville-House, la voix la plus puissante et la plus lyrique avait fait retentir, pour célébrer le jour des morts, un formidable chant funèbre, *A Théophile Gautier* :

> *Fils de la Grèce antique et de la jeune France...*
> *Oh, quel farouche bruit font dans le crépuscule*
> *Les chênes qu'on abat pour le bûcher d'Hercule...*

Admirable et gigantesque poème. Il s'impose, il émeut par sa beauté impérieuse. Et il éveille aussi plus d'une méditation. Non seulement Hugo et Gautier, mais les autres poètes, artistes, génies ou talents de l'ardente génération romantique, combien ils s'aimaient, fraternellement. Souvent, malgré les différences de l'âge, et même d'un art à un autre art, avec quelle franchise passionnée, quel frémissement et quel don de tout le cœur ils allaient l'un vers l'autre, dès qu'ils se sentaient les serviteurs de l'idéal. Pour eux, l'art était une communion des âmes. Pour un Gautier, Hugo, Musset, Heine, Gérard de Nerval, Ingres, Delacroix, Berlioz, et tous ceux qui créaient de la Beauté, étaient de véritables frères. Et à beau-

---

* La page qu'on vient de lire est empruntée à l'*Esquisse biographique* que nous avons donnée dans notre édition des *Émaux et Camées* (Garnier frères, 1929). — Pour l'ensemble de la vie de Gautier, pour l'étude de son caractère et de ses idées, nous prions le lecteur de se reporter à cette *Esquisse biographique*.

coup d'autres, moins doués mais qui aspiraient vers les sommets, il ne refusait ni sa tendresse ni même son admiration. Ah, vers 1830, quel prodigieux enthousiasme !... Mais, songe le Jeune-France vieilli, comme tout cela est loin :

« La jeunesse de ce temps-là était ivre d'art, de passion et de poésie; tous les cerveaux bouillaient, tous les cœurs palpitaient d'ambitions démesurées. Le sort d'Icare n'effrayait personne. Des ailes ! des ailes ! des ailes ! s'écriait-on de toutes parts, dussions-nous tomber dans la mer !... Pour tomber du ciel, il faut y être monté, ne fût-ce qu'un instant; et cela est plus beau que de ramper toute sa vie sur la terre. Cette exaltation peut sembler bizarre maintenant, mais elle était sincère, et plusieurs l'ont prouvé sur qui, depuis longtemps, l'herbe pousse épaisse et verte... Quant à l'argent, l'on n'y pensait pas. »

Les *Souvenirs romantiques*, publiés par Gautier durant ses derniers mois, avaient été précédés de beaucoup d'autres. Les lignes qu'on vient de lire sont de 1857. Critique dramatique et critique d'art pendant trente cinq ans, lorsque tombait un camarade de sa jeunesse, il se penchait sur ce visage immobile et saluait l'œuvre interrompue. Son émotion sincère retenait et dissimulait ses larmes, plus touchante encore par ce calme apparent, et purifiée par la pudeur. Alors, toujours poète jusque dans les besognes du journal, Gautier, déjà si grand par son talent, par son intelligence ouverte à toute chose et qui aspirait à une Beauté harmonieuse, devenait plus grand peut-être, car il laissait deviner les infinies ressources de sa

bonté. Familièrement, chaque jour, ses camarades
l'appelaient « le bon Théo ». Mais, pour trouver une
preuve entre cent autres, relisons la *Correspondance*
de Flaubert, qui le connut bien et qui resta longtemps « inconsolable » d'avoir perdu un tel ami : quel
trésor d'intelligence et de bonté ne faut-il pas entre-
voir sous ces petits mots si simples : « *le bon Théo* ».

Telles pages, enfouies dans les journaux de jadis,
ou reproduites parfois dans des volumes qu'on ne
réimprime plus depuis vingt ou trente ans, sont
devenues peu accessibles aux lecteurs d'aujourd'hui.
Et pourtant elles méritent de ne pas sombrer dans
l'oubli : elles sont parmi les plus émouvantes et les plus
belles que nous connaissions. Telles autres pages, souriantes, enjouées, fantaisistes ou poétiques, évoquent
soit de grandes figures du XIXe siècle, soit de bien
curieuses silhouettes des cénacles Jeune-France.

C'est pourquoi, dans ce volume et dans quelques
autres qui paraîtront bientôt, nous reproduisons de
telles pages pour servir la gloire d'un grand méconnu.

Son œuvre, y compris ses poésies, parut tout
entière, à partir de ses vingt-cinq ans, dans les journaux ou les revues. Lui-même, il s'occupa de grouper
et de republier nombre de pages, pour en faire des
volumes. Harcelé par une besogne sans cesse renaissante, et d'ailleurs quelque peu négligent, il apporta
peu de soins à ces rééditions. D'évidentes erreurs,
qu'on n'a pas encore corrigées (et notamment des
lignes sautées), prouvent que les épreuves furent bien
mal relues. Toutefois, surtout vers la fin de sa vie, il
souhaitait que des amis voulussent bien recueillir ses

écrits avec quelque sollicitude : le pieux labeur d'un
Maurice Dreyfous et d'un Spoelberch de Lovenjoul
lui agréait d'avance. Dès 1854, il avouait, dans un
feuilleton, que ce labeur pouvait être utile à plus
d'un écrivain-journaliste, et par conséquent à lui-
même :

— « Chacun recueille ses titres et ramasse son bagage
dispersé dans les journaux et les revues... C'est avec
plaisir qu'on retrouve, réunis et reliés pour la bibliothèque, ces mémoires, ces études, ces romans, ces nouvelles, éparpillés au vent de la publicité. Beaucoup
ont jeté ainsi *leurs meilleures pages* qu'ils ont oubliées
et dont la postérité se souviendra. »

Mais la postérité (c'est-à-dire nous tous, pour l'instant présent) s'occupe d'autre chose. Elle est négligente
et pressée; les nécessités de la vie l'obligent d'être
égoïste. Il faut donc qu'on la violente un peu, et qu'on
lui dise : ô postérité, que faites-vous donc de votre
fameuse justice ?...

Parmi « *ces meilleures pages* », nous croyons qu'il faut
notamment placer les *Souvenirs* de Gautier sur Hugo
et les cénacles de 1830, sur Balzac, Gérard de Nerval,
Henri Heine et Baudelaire. On y trouvera, comme
dans les pages si pures et si touchantes sur Mme de
Girardin, plus d'une évocation fidèle et poétique,
tendre et néanmoins clairvoyante, pénétrante et profonde malgré la légèreté *ailée* de son lumineux style
de prosateur-poète. L'article nécrologique, improvisé
au lendemain de la mort de Lamartine, montrera que
ce Gautier, que l'on dit « impassible », superficiel et
uniquement descriptif, savait aussi s'ouvrir aux aspi-

rations lamartiniennes. Quant au théâtre de Musset, Gautier fut en réalité un des plus ardents à le *découvrir*. Il n'avait pas attendu que l'on mît *Un caprice* à la scène : maintes fois, çà et là, et jusque dans le récit d'un voyage en Belgique, il avait, l'un des premiers, proclamé le génie de Musset. Et qui donc, mieux que Théophile Gautier, pouvait aimer cette grâce fantaisiste, cette ironie tendre et poétique, ce charme de féerie et de fête galante, où des échos de Marivaux et de Shakespeare se mêlent aux vaporeux bruissements d'une musique de rêve ?

Ajoutons qu'il nous a paru tout naturel d'ouvrir ce volume de *Souvenirs romantiques* par une chronique de 1867 : c'est un portrait de Gautier par lui-même.

Dans les notes, à la fin de ce volume, nous donnerons quelques renseignements bibliographiques : nous indiquerons la provenance et les dates des divers chapitres de ces *Souvenirs*, et, quand il y aura lieu, les textes successifs que Gautier écrivit sur un même sujet. Nous ferons telles citations, tels rapprochements ou commentaires, qui nous semblent compléter ces *Souvenirs*, ou se placer autour d'eux, « en marge » du texte original. En rectifiant certaines dates, faussées par des fautes d'impression que l'on a respectées jusqu'à nos jours, nous éclairerons peut-être quelques points d'histoire littéraire : on le verra en ce qui concerne les premières « rencontres » de Baudelaire et de Gautier.

Nous permettra-t-on de soumettre au lecteur quelques-uns des soucis qui nous ont guidé quand nous groupions les textes de ce recueil ?... Dans le choix de ces *Souvenirs romantiques*, nous avons surtout tâché

de sauver ce qui nous semble avoir un intérêt durable.
Gautier, écrivant à la hâte et pour les journaux, était
amené, comme tout journaliste, à improviser plus d'un
développement de circonstance. Ses chroniques eurent
toutes de l'intérêt quand elles parurent : mais tantôt
cet intérêt fut éphémère, tantôt il est durable. — Par
ailleurs, sur un même sujet, à cinq ou dix ans de distance, un journaliste peut écrire des pages semblables,
ou même (pour s'épargner de la peine) publier à nouveau un texte identique. Voilà donc des pages qui
font double emploi : si on les réunit dans un même
volume, on peut élaguer ce qui serait une répétition. —
Enfin, autre cause de déchet : il y a beaucoup de faits,
beaucoup d'œuvres, et même beaucoup d'hommes, qui
n'intéressent plus la génération qui les suit. Ils peuvent
encore servir de témoignages à quelques historiens ou
à quelques érudits; mais, pour la généralité des lecteurs même cultivés, ils sont chose morte. L'oubli est
une des conditions de la vie : que deviendraient nos
cerveaux, si nous savions tout ce qui s'est fait depuis
Adam et Eve ?

Dans un livre de *Souvenirs*, ce qui reste vivant, et ce
qui a chance de le demeurer quelque temps encore,
ce sont les pages vraiment *originales*, *uniques*, et qui
donnent ce qu'aucune autre ne peut donner : celles
où un grand écrivain rapporte, sincèrement et de
première main, ce qu'il a vu ou éprouvé *lui-même*, et
surtout à propos de faits significatifs ou d'œuvres
encore viables. De telles pages, nul n'a l'occasion d'en
écrire tous les jours. Il faut distinguer dans les chroniques d'un journaliste (fut-il le grand Gautier), celles

qu'il écrit de tout son cœur, et celles qui lui sont une fastidieuse besogne. Combien de feuilletons, forcément, ne sont que du « métier », où l'on met du tour de main (quand on en a). Aucun homme ne peut échapper à cette loi : la vie ordinaire est ordinaire; or l'art et la littérature acceptent seulement ce qui est exceptionnel par le caractère ou par la beauté.

Jusque dans les meilleurs travaux du journalisme, il se glisse souvent une part caduque. Faute de temps, parfois une page remarquable est suivie d'un long remplissage. A côté de choses bien vues et bien dites, en voici d'autres, apprises de seconde main, démarquées d'après l'article d'un camarade, effleurées d'après quelques on-dit, imprécises, et qui restent dans une inconsistance nébuleuse : c'est de la besogne journalistique, et qui parfois, malgré la signature, n'est pas de Gautier, mais d'un ami obligeant. Pages caduques, on peut les laisser tomber. *

D'autres pages n'ont qu'une apparence d'intérêt, ou un intérêt limité, relatif aux actualités d'autrefois, et qui subsiste à peine. Par exemple (et je prends cet exemple parce qu'il s'agit d'un artiste que je crois connaître), après la mort de Berlioz, Gautier écrivit un long article enthousiaste, admiratif, émouvant de tendresse. J'aime trop Berlioz pour ne pas en être reconnaissant au bon Théo. Néanmoins, aux yeux de l'historien, aux yeux du lecteur épris de faits exacts,

---

* Dans notre édition des *Émaux et Camées*, nous avons cité (p. 317), un passage que l'on a reproduit comme s'il était de Gautier, alors qu'il n'est certainement pas de lui, malgré la signature. C'est là un exemple typique. Et nous avons dit pourquoi *le manuscrit lui-même* ne prouverait rien, dans un cas aussi net.

que subsiste-t-il désormais de cet article ?... Tout au
contraire, sur les artistes qu'il a longtemps et inti-
mement connus, sur un Hugo, un Nerval, un Balzac ou
un Baudelaire, les *Souvenirs* de Gautier nous apportent des documents que rien ne peut, que rien ne pourra
remplacer. — Et, outre leur valeur historique, qui
est de premier ordre, quel n'est pas leur charme littéraire ?

Nous voudrions surtout que le présent volume servît
à faire mieux connaître notre bon Théo, et à le *faire
aimer*.

Qu'on nous permette un souvenir personnel. C'est
une page sur Henri Heine, qui nous a jadis amené à
Gautier. Nous nous revoyons, à vingt ans, étudiant
ès lettres mais fréquentant les concerts ou les musées
plus fidèlement que la Sorbonne ; et, un jour de printemps, sous les platanes des quais, nous lûmes une
page, que l'on retrouvera dans le présent volume, au
début du chapitre sur Heine. On y respire, nous
semble-t-il depuis plus de trente ans, un charme lumineux qui fait songer à Mozart.

Puisse une telle page, ou telle autre selon les divers
lecteurs, faire comprendre ce qu'est le charme du bon
Théo. Dans ce livre de *Souvenirs romantiques*, on verra
comment il vécut, lui et les autres Jeune-France, et
pour quel idéal. Il le dit simplement, sans pose ni
apprêt. Il laisse deviner sa constante aspiration vers
l'art. Il est indulgent pour ses camarades peu doués,
bizarres ou malchanceux. Il regarde sans faiblesse
mais avec bonté, avec une mâle tendresse, la souffrance,
la maladie et la mort. Jusqu'à ses derniers jours, il

brûle d'un généreux enthousiasme pour ce qui fait la beauté de la vie et pour ce qui ennoblit une âme humaine. Il admire, sans envie, les génies qui font la grandeur de notre glorieux XIXe siècle. Et il garde l'enjouement juvénile, le sourire et la fantaisie, la mesure et la bonne grâce où se révèle une âme harmonieuse.

ADOLPHE BOSCHOT.

Mai 1829.

GAUTIER PAR LUI-MÊME*

J'ai accepté un peu étourdiment, je m'en aperçois
en prenant la plume, d'écrire les quelques lignes qui
doivent accompagner mon portrait. Au premier coup
d'œil cela semble bien simple de rédiger des notes
sur sa propre vie. On est, on le croit du moins, à la
source des renseignements, et l'on serait malvenu ensuite à se plaindre de l'inexactitude ordinaire des biographes. « Connais-toi toi-même » est un bon conseil
philosophique, mais plus difficile à suivre qu'on ne
pense, et je découvre à mon embarras que je ne suis
pas aussi informé sur mon propre compte que je me
l'imaginais. Le visage qu'on regarde le moins est son
visage à soi. Mais enfin, j'ai promis, il faut que je
m'exécute [2].

Diverses notices me font naître à Tarbes, le 31 août
1808. Cela n'a rien d'important, mais la vérité est que
je suis venu dans ce monde où je devais tant faire de
copie, le 31 août 1811, ce qui me donne un âge encore
assez respectable pour m'en contenter. On a dit aussi
que j'avais commencé mes études en cette ville et que
j'étais entré en 1822, pour les finir, au collége Charlemagne. Les études que j'ai pu faire à Tarbes se bornent

---

* (Écrit en 1867. — *Illustration* du 9 mars 1867.)

à peu de chose, car j'avais trois ans quand mes parents m'emmenèrent à Paris, à mon grand regret, et je ne suis retourné à mon lieu de naissance qu'une seule fois pour y passer vingt-quatre heures, il y a six ou sept ans. Chose singulière pour un enfant si jeune, le séjour de la capitale me causa une nostalgie assez intense pour m'amener à des idées de suicide. Après avoir jeté mes joujoux par la fenêtre, j'allais les suivre, si, heureusement ou malheureusement, on ne m'avait retenu par ma jaquette. On ne parvenait à m'endormir qu'en me disant qu'il fallait se reposer pour se lever de grand matin et retourner là-bas. Comme je ne savais que le patois gascon, il me semblait que j'étais sur une terre étrangère, et une fois, aux bras de ma bonne, entendant des soldats qui passaient parler cette langue, pour moi la maternelle, je m'écriai : « Allons-nous-en avec eux; ceux-là, ce sont des nôtres ! »

Cette impression ne s'est pas tout à fait effacée, et quoique, sauf le temps des voyages, j'aie passé toute ma vie à Paris, j'ai gardé un fond méridional. Mon père, du reste, était né dans le Comtat-Venaissin, et malgré une excellente éducation, on pouvait reconnaître à son accent l'ancien sujet du pape. On doute parfois de la mémoire des enfants. La mienne était telle, et la configuration des lieux s'y était si bien gravée qu'après plus de quarante ans j'ai pu reconnaître, dans la rue qui mène au Mercadieu, la maison où je naquis. Le souvenir des silhouettes de montagnes bleues qu'on découvre au bout de chaque ruelle et des ruisseaux d'eaux courantes qui, parmi les verdures, sillonnent la ville en tous sens, ne m'est jamais sorti de la tête et m'a souvent attendri aux heures songeuses.

Pour en finir avec ces détails puérils, j'ai été un enfant doux, triste et malingre, bizarrement olivâtre, et d'un teint qui étonnait mes jeunes camarades roses et blancs. Je ressemblais à quelque petit Espagnol de Cuba, frileux et nostalgique, envoyé en France pour faire son éducation. J'ai su lire à l'âge de cinq ans, et depuis ce temps je puis dire, comme Apelle : *Nulla dies sine linea.* A ce propos, qu'on me permette de placer une courte anecdote. Il y avait cinq ou six mois qu'on me faisait épeler sans grand succès; je mordais fort mal au *ba, be, bi, bo, bu,* lorsqu'un jour de l'an le chevalier de Port de Guy, dont parle Victor Hugo dans *les Misérables,* et qui portait les cadavres de guillotinés avec l'évêque de ***, me fit cadeau d'un livre fort proprement relié et doré sur tranche, et me dit : « Garde-le pour l'année prochaine, puisque tu ne sais pas encore lire. — Je sais lire », répondis-je, pâle de colère et bouffi d'orgueil. J'emportai rageusement le volume dans un coin, et je fis de tels efforts de volonté et d'intelligence que je le déchiffrai d'un bout à l'autre et que je racontai le sujet au chevalier à sa première visite.

Ce livre, c'était *Lydie de Gersin.* Le sceau mystérieux qui fermait pour moi les bibliothèques était rompu. Deux choses m'ont toujours épouvanté, c'est qu'un enfant apprît à parler et à lire; avec ces deux clefs qui ouvrent tout, le reste n'est rien. L'ouvrage qui fit sur moi le plus d'impression, ce fut *Robinson Crusoé.* J'en devins comme fou, je ne rêvais plus qu'île déserte et vie libre au sein de la nature, et me bâtissais, sous la table du salon, des cabanes avec des bûches où je restais enfermé des heures entières. Je ne m'intéressais qu'à Robinson seul, et l'arrivée de Vendredi rompait pour moi tout le charme. Plus tard, Paul et Virginie me jetèrent dans un enivrement sans pareil, que ne me causèrent, lorsque je fus devenu

grand, ni Shakespeare, ni Gœthe, ni lord Byron, ni
Walter Scott, ni Chateaubriand, ni Lamartine, ni même
Victor Hugo, que toute la jeunesse adorait à cette
époque. A travers tout cela, sous la direction de mon
père, fort bon humaniste, je commençais le latin, et
à mes heures de récréation je faisais des vaisseaux cor-
rectement gréés, d'après les eaux-fortes d'Ozanne,
que je copiais à la plume pour mieux me rendre compte
de l'arrangement des cordages. Que d'heures j'ai
passées à façonner une bûche et à la creuser avec du
feu à la façon des sauvages ! Que de mouchoirs j'ai sacri-
fiés pour en faire des voiles ! Tout le monde croyait que
je serais marin, et ma mère se désespérait par avance
d'une vocation qui dans un temps donné devait
m'éloigner d'elle. Ce goût enfantin m'a laissé la connaissance de tous les termes techniques de marine.
Un de mes bâtiments, les voiles bien orientées, le
gouvernail fixé dans une direction convenable, eut la
gloire de traverser tout seul la Seine en amont du pont
d'Austerlitz. Jamais triomphateur romain ne fut plus
fier que moi.

Aux vaisseaux succédèrent les théâtres en bois et en
carton, dont il fallait peindre les décors, ce qui tournait
mes idées vers la peinture. J'avais attrapé une hui-
taine d'années, et l'on me mit au collége Louis-le-
Grand, où je fus saisi d'un désespoir sans égal que rien
ne put vaincre. La brutalité et la turbulence de mes
petits compagnons de bagne me faisaient horreur. Je
mourais de froid, d'ennui et d'isolement entre ces
grands murs tristes, où, sous prétexte de me briser
à la vie de collège, un immonde chien de cour s'était
fait mon bourreau. Je conçus pour lui une haine qui
n'est pas éteinte encore. S'il m'apparaissait reconnaissable après ce long espace de temps, je lui sau-

terais à la gorge et je l'étranglerais. Toutes les provisions que ma mère m'apportait restaient empilées dans mes poches et y moisissaient. Quant à la nourriture du réfectoire, mon estomac ne pouvait la supporter; je dépérissais si visiblement, que le proviseur s'en alarma : j'étais là dedans comme une hirondelle prise qui ne veut plus manger et meurt. On était du reste très content de mon travail, et je promettais un brillant élève si je vivais. Il fallut me retirer, et j'achevai le reste de mes études à Charlemagne, en qualité d'*externe libre*, titre dont j'étais extrêmement fier, et que j'avais soin d'écrire en grosses lettres au coin de ma copie. Mon père me servait de répétiteur, et c'est lui qui fut en réalité mon seul maître. Si j'ai quelque instruction et quelque talent, c'est à lui que je les dois. Je fus assez bon élève, mais avec des curiosités bizarres, qui ne plaisaient pas toujours aux professeurs. Je traitais les sujets de vers latins dans tous les mètres imaginables, et je me plaisais à imiter les styles qu'au collége on appelle de décadence. J'étais souvent taxé de barbarie et d'africanisme, et j'en étais charmé comme d'un compliment. Je fis peu d'amis sur les bancs, excepté Eugène de Nully et Gérard de Nerval, déjà célèbre à Charlemagne par ses odes nationales, qui étaient imprimées. Outre mes latins décadents, j'étudiais les vieux auteurs français, Villon et Rabelais surtout, que j'ai sus par cœur, je dessinais et je m'essayais à faire des vers français; la première pièce dont je me souvienne était le *Fleuve Scamandre* (inspirée sans doute par le tableau de Lancrenon), des traductions de Musée, de l'Anthologie grecque, et plus tard un poème de l'Enlèvement d'Hélène, en vers de dix pieds. Toutes ces pièces se sont perdues. Il n'y a pas grand mal. Une cuisinière moins lettrée que la Photis de Lucien en flamba des volailles, ne voulant pas employer du papier blanc à cet usage. De ces années de collége il ne me reste aucun souvenir agréable et je ne voudrais pas les revivre.

Pendant que je faisais ma rhétorique, il me vint une passion, celle de la nage, et je passais à l'école Petit tout le temps que me laissaient les classes. Parfois même, pour parler le langage des collégiens, je filais, et passais toute la journée dans la rivière. Mon ambition était de devenir un caleçon rouge. C'est la seule de mes ambitions qui ait été réalisée. En ce temps-là, je n'avais aucune idée de me faire littérateur, mon goût me portait plutôt vers la peinture, et avant d'avoir fini ma philosophie j'étais entré chez Rioult, qui avait son atelier rue Saint-Antoine, près du temple protestant, à proximité de Charlemagne; ce qui me permettait d'aller à la classe après la séance.

Rioult était un homme d'une laideur bizarre et spirituelle, qu'une paralysie forçait, comme Jouvenet, à peindre de la main gauche, et qui n'en était pas moins adroit. A ma première étude il me trouva plein de « chic », accusation au moins prématurée. La scène si bien racontée dans *l'Affaire Clemenceau* se joua aussi pour moi sur la table de pose, et le premier modèle de femme ne me parut pas beau, et me désappointa singulièrement, tant l'art ajoute à la nature la plus parfaite. C'était cependant une très jolie fille, dont j'appréciai plus tard, par comparaison, les lignes élégantes et pures; mais d'après cette impression, j'ai toujours préféré la statue à la femme et le marbre à la chair. Mes études de peinture me firent apercevoir d'un défaut que j'ignorais, c'est que j'avais la vue basse. Quand j'étais au premier rang, cela allait bien, mais quand le tirage des places reléguait mon chevalet au fond de la salle, je n'ébauchais plus que des masses confuses.

Je demeurais alors avec mes parents à la place Royale n° 8, dans l'angle de la rangée d'arcades où se trouvait la mairie. Si je note ce détail, ce n'est pas pour indiquer à l'avenir une de mes demeures. Je ne suis pas de ceux dont la postérité signalera les maisons avec un buste ou une plaque de marbre. Mais cette circonstance influa beaucoup sur la direction de ma vie. Victor Hugo, quelque temps après la révolution de Juillet, était venu loger à la place Royale, au n° 6, dans la maison en retour d'équerre. On pouvait se parler d'une fenêtre à l'autre.

J'avais été présenté à Hugo, rue Jean-Goujon, par Gérard et Petrus Borel, le lycanthrope. Dieu sait avec quels tremblements et quelles angoisses! Je restai plus d'une heure assis sur les marches de l'escalier avec mes deux cornacs, les priant d'attendre que je fusse un peu remis. Hugo était alors dans toute sa gloire et son triomphe. Admis devant le Jupiter romantique, je ne sus pas même dire, comme Henri Heine devant Gœthe : « Que les prunes étaient bonnes pour la soif sur le chemin d'Iéna à Weimar. » Mais les dieux et les rois ne dédaignent pas ces effarements de timidité admirative. Ils aiment assez qu'on s'évanouisse devant eux. Hugo daigna sourire et m'adresser quelques paroles encourageantes. C'était à l'époque des répétitions d'*Hernani*. Gérard et Petrus se portèrent mes garants, et je reçus un de ces billets rouges marqués avec une griffe de la fière devise espagnole *hierro* (fer). On pensait que la représentation serait tumultueuse, et il fallait des jeunes gens enthousiastes pour soutenir la pièce. Les haines entre classiques et romantiques étaient aussi vives que celles des guelfes et des gibelins, des gluckistes et des piccinistes. Le

succès fut éclatant comme un orage, avec sifflements
des vents, éclairs, pluie et foudres. Toute une salle
soulevée par l'admiration frénétique des uns et la
colère opiniâtre des autres ! Ce fut à cette représentation que je vis pour la première fois madame Émile
de Girardin, vêtue de bleu, les cheveux roulés en
longue spirale d'or comme dans le portrait d'Hersent.
Elle applaudissait le poète pour son génie, on l'applau-
dit pour sa beauté. A dater de là, je fus considéré
comme un chaud néophyte, et j'obtins le commandement d'une petite escouade à qui je distribuais des
billets rouges. On a dit et imprimé qu'aux batailles
d'*Hernani* j'assommais les bourgeois récalcitrants avec
mes poings énormes. Ce n'était pas l'envie qui me
manquait, mais les poings. J'avais dix-huit ans à
peine, j'étais frêle et délicat, et je gantais sept un
quart. Je fis, depuis, toutes les grandes campagnes
romantiques. Au sortir du théâtre, nous écrivions sur
les murailles : « Vive Victor Hugo ! » pour propager
sa gloire et ennuyer les *philistins*. Jamais Dieu ne fut
adoré avec plus de ferveur qu'Hugo. Nous étions étonnés de le voir marcher avec nous dans la rue comme un
simple mortel, et il nous semblait qu'il n'eût dû sortir
par la ville que sur un char triomphal traîné par un
quadrige de chevaux blancs, avec une Victoire ailée
suspendant une couronne d'or au-dessus de sa tête.
A vrai dire, je n'ai guère changé d'idée, et mon âge
mûr approuve l'admiration de ma jeunesse.

A travers tout cela, je faisais des vers, et il y en eut
bientôt assez pour former un petit volume entremêlé
de pages blanches et d'épigraphes bizarres en toutes
sortes de langues, que je ne savais pas, selon la mode du
temps. Mon père fit les frais de la publication, Rignoux
m'imprima, et avec cet à-propos et ce flair des commo-

tions politiques qui me caractérisent, je parus au
passage des Panoramas, à la vitrine de Marie, éditeur,
juste le 28 juillet 1830. On pense bien, sans que je le
dise, qu'il ne se vendit pas beaucoup d'exemplaires
de ce volume à couverture rose, intitulé modestement
Poésies.

Le voisinage de l'illustre chef romantique rendit mes
relations avec lui et avec l'école naturellement plus
fréquentes. Peu à peu je négligeai la peinture et me
tournai vers les idées littéraires. Hugo m'aimait assez
et me laissait asseoir comme un page familier sur les
marches de son trône féodal. Ivre d'une telle faveur,
je voulus la mériter, et je rimai la légende d'*Albertus*
que je joignis avec quelques autres pièces à mon volume
sombré dans la tempête, et dont l'édition me restait
presque entière; à ce volume, devenu rare, était jointe
une eau-forte ultra-excentrique de Célestin Nanteuil.
Ceci se passait vers 1833*. Le surnom d'Albertus me
resta, et l'on ne m'appelait guère autrement dans ce
qu'Alfred de Musset appelait : la grande boutique...
romantique. Chez Victor Hugo, je fis la connaissance
d'Eugène Renduel, le libraire à la mode, l'éditeur au
cabriolet d'ébène et d'acier. Il me demanda de lui
faire quelque chose, parce que, disait-il, il me trouvait
« drôle ». Je lui fis les *Jeunes-France*, espèce de *Précieuses ridicules* du romantisme, puis *Mademoiselle de
Maupin*, dont la préface souleva les journalistes, que
j'y traitais fort mal. Nous regardions, en ce temps-là,
les critiques comme des cuistres, des monstres, des
eunuques et des champignons. Ayant vécu depuis
avec eux, j'ai reconnu qu'ils n'étaient pas si noirs qu'ils

---

* La date donnée par Gautier n'est pas tout à fait exacte. *Albertus*
parut en octobre 1832.

en avaient l'air, étaient assez bons diables et même ne manquaient pas de talent.

J'avais, vers cette époque, quitté le nid paternel, et je demeurais impasse du Doyenné, où logeaient aussi Camille Rogier, Gérard de Nerval et Arsène Houssaye, qui habitaient ensemble un vieil appartement dont les fenêtres donnaient sur des terrains pleins de pierres taillées, d'orties et de vieux arbres. C'était la Thébaïde au milieu de Paris. C'est rue du Doyenné, dans ce salon où les rafraîchissements étaient remplacés par des fresques, que fut donné ce bal costumé qui resta célèbre et où je vis pour la première fois ce pauvre Roger de Beauvoir, qui vient de mourir après de si longues souffrances, dans tout l'éclat de son succès, de sa jeunesse et de sa beauté. Il portait un magnifique costume vénitien, à la Paul Véronèse : grande robe de damas vert-pomme, ramagé d'argent, toquet de velours nacarat et maillot rouge en soie, chaîne d'or au col; il était superbe, éblouissant de verve et d'entrain, et ce n'était pas le vin de Champagne qu'il avait bu chez nous qui lui donnait ce pétillement de bons mots. Dans cette soirée Édouard Ourliac, qui plus tard est mort dans des sentiments de profonde dévotion, improvisait, avec une âpreté terrible et un comique sinistre, ces charges amères où perçait déjà le dégoût du monde et des ridicules humains.

Dans ce petit logement de la rue du Doyenné, qui n'est plus aujourd'hui qu'un souvenir, J. Sandeau vint nous chercher de la part de Balzac, pour coopérer à la *Chronique de Paris*, où nous écrivîmes *la Morte amoureuse* et *la Chaîne d'or ou l'Amant partagé*, sans compter un grand nombre d'articles de critique. Nous faisions aussi à *la France littéraire*, dirigée par Charles Malo, des esquisses biographiques de la plupart des poètes maltraités dans Boileau, et qui furent réunis sous le titre de *Grotesques*. A peu près vers ce temps (1836), nous entrâmes à *la Presse*, qui venait de se fonder, comme critique d'art. Un de nos premiers articles fut une appréciation des peintures d'Eugène Delacroix à la Chambre des députés. Tout en vaquant à ces travaux, nous composions un nouveau volume de vers : *la Comédie de la Mort*, qui parut en 1838. *Fortunio*, qui date à peu près de cette époque, fut inséré d'abord au *Figaro* sous forme de feuilletons, qui se détachaient du journal et se pliaient en livre.

Là finit ma vie heureuse, indépendante et prime-sautière. On me chargea du feuilleton dramatique de *la Presse*, que je fis d'abord avec Gérard et ensuite tout seul pendant plus de vingt ans. Le journalisme, pour se venger de la préface de *Mademoiselle de Maupin*, m'avait accaparé et attelé à ses besognes. Que de meules j'ai tournées, que de seaux j'ai puisés à ces norias hebdomadaires ou quotidiennes, pour verser de l'eau dans le tonneau sans fond de la publicité ! J'ai travaillé à *la Presse*, au *Figaro*, à *la Caricature*, au *Musée des Familles*, à la *Revue de Paris*, à la *Revue des Deux Mondes*, partout où l'on écrivait alors.

Mon physique s'était beaucoup modifié, à la suite d'exercices gymnastiques. De délicat j'étais devenu très vigoureux. J'admirais les athlètes et les boxeurs par-dessus tous les mortels. J'avais pour maître de boxe française et de canne Charles Lecour, je montais à cheval avec Clopet et Victor Franconi, je canotais sous le capitaine Lefèvre, je suivais, à la salle Montesquieu, les défis et les luttes de Marseille, d'Arpin, de Locéan, de Blas, le féroce Espagnol, du grand Mulâtre et de Tom Cribbs, l'élégant boxeur anglais. Je donnai même à l'ouverture du Château-Rouge, sur

une tête de Turc toute neuve, le coup de poing de cinq
cent trente-deux livres devenu historique; c'est l'acte
de ma vie dont je suis le plus fier.

En mai 1840, je partis pour l'Espagne. Je n'étais
encore sorti de France que pour une courte excursion
en Belgique. Je ne puis décrire l'enchantement où me
jeta cette poétique et sauvage contrée, rêvée à travers
les *Contes d'Espagne et d'Italie* d'Alfred de Musset et
les *Orientales* d'Hugo. Je me sentis là sur mon vrai
sol et comme dans une patrie retrouvée. Depuis, je
n'eus d'autre idée que de ramasser quelque somme
et de partir : la passion ou la maladie du voyage
s'était développée en moi. En 1845, aux mois les
plus torrides de l'année, je visitai toute l'Afrique française et fis, dans la suite du maréchal Bugeaud, la première campagne de Kabylie contre Bel-Kasem-ou-
Kasi, et j'eus le plaisir de dater du camp d'Aïn-
el-Arba la dernière lettre d'Edgar de Meilhan, dont
je remplissais le personnage dans le roman épistolaire
de *la Croix de Berny*, fait en collaboration avec madame
de Girardin, Méry et Sandeau.

Je ne parlerai pas d'excursions rapides en Angleterre,
en Hollande, en Allemagne, en Suisse. Je parcourus
l'Italie en 1850, et j'allai à Constantinople en 1852.
Ces voyages se sont résumés en volumes. Plus récemment, une publication d'art, dont je devais écrire le
texte, m'envoya en Russie en plein hiver, et je pus
savourer les délices de la neige. L'été suivant, je pous-
sai jusqu'à Nijni-Novgorod, à l'époque de la foire,
ce qui est le point le plus éloigné de Paris que j'aie atteint. Si j'avais eu de la fortune, j'aurais vécu toujours errant. J'ai une facilité admirable à me plier sans
effort à la vie des différents peuples. Je suis Russe en
Russie, Turc en Turquie, Espagnol en Espagne, où je

Le compagnon miraculeux

Jules Vabre doit sa célébrité à l'annonce sur la couverture des *Rhapsodies* de Petrus Borel, de l'*Essai sur l'incommodité des commodes*, ouvrage qui n'a jamais paru et peut aller rejoindre sur les catalogues fantastiques le *Pauvre Sapeur !* et le traité : *De l'influence des queues de poisson sur les ondulations de la mer*, d'Ernest Reyer...

Mais que faisait ce Jules Vabre, depuis si longtemps disparu et qui n'a laissé de trace de son passage qu'une ironique annonce de livre et son nom dans une dédicace ? Était-ce un poète, un peintre, un statuaire, un musicien ? Nous ne connaissons de lui ni pièce de vers, ni tableau, ni statue, ni sonate, — il était architecte, — il y en avait beaucoup dans l'armée d'*Hernani* aussi ennuyés des cinq ordres que nous pouvions l'être des trois unités. — Aux moments où l'arrivée du Galion des Indes se faisait attendre, Vabre et son ami Petrus dirigeaient des constructions pour le compte d'entrepreneurs et se logeaient dans la première pièce à peu près close, pour épargner d'abord des frais de loyer, et ensuite pour jouer au Robinson Crusoé et au sauvage perdu au milieu de la civilisation.

C'est ainsi que nous les trouvâmes installés sous la voûte d'une cave à demi effondrée dans une maison de la rue Fontaine-au-Roi qu'ils étaient chargés sans doute de réparer. Les charpentes arrachées, les briques, les moellons jetés en tas remplissaient la cour de décombres et en rendaient l'accès assez difficile. En trébuchant contre les pierres et les poutres nous par-

vînmes au domicile de nos amis guidé par la lueur
intermittente qui s'échappait des soupiraux de la
caverne — pour eux c'était une véritable caverne
dans l'île de Juan-Fernandez et non une cave rue
Fontaine-au-Roi, — nous descendîmes quelques
marches et nous aperçûmes Petrus pâle et superbe,
plus fier qu'un Richomme de Castille, assis près d'un
feu de bouts de planche dont Vabre agenouillé, le
corps porté en avant sur les mains, les joues gonflées
comme l'Éole classique, avivait la flamme avec son
souffle, ce qui produisait cette anhélation de lumière
qu'on apercevait de dehors.

Le groupe ainsi éclairé en dessous, en projetant
de fortes ombres, déformées bizarrement par la courbure de la voûte, eût fourni à Rembrandt, ou même
à Norblin si Rembrandt eût été trop occupé en ce
moment-là, le sujet d'une eau-forte pleine de mystère
et d'effet.

Sous la cendre de ce feu cuisait le souper des deux
amis d'une sobriété plus qu'érémitique, — des pommes
de terre ! — Mais le dimanche nous y mettons du sel,
dit Jules Vabre avec un air de sensualité orgueil-
leuse, car enfin du sel c'était du luxe comme la
tasse de bois de Diogène : les palais naïfs n'ont pas
besoin de cet excitant, et l'on peut boire dans le creux
de sa main.

L'eau de la pompe arrosait ce *menu* d'une simplicité primitive, et les deux camarades avaient le caractère ainsi fait qu'ils devaient éprouver une certaine
joie à réduire leur vie au strict indispensable. Avec
si peu de besoins, il est facile de se soustraire aux
tyrannies de la civilisation, et ils se sentaient libres
dans leur cave comme dans une île déserte. Un volet
couché sur deux tréteaux supportait les dessins et les

épures de la construction, un cahier de papelitos
veuf de presque tous les feuillets, avec sa vignette
de contrebandiers et sa légende catalane *Upa, mynions,
alere!* une blague à tabac faite de la patte palmée
d'un oiseau de mer, et d'où s'échappaient, comme des
cheveux blonds d'une résille, quelques rares fils de
maryland trop peu nombreux hélas! pour être roulés
en une suprême cigarette.

En ce temps-là nous ne fumions pas encore, mais
nous savions déjà que nulle privation n'est plus
dure que celle du tabac pour ceux qui ont l'habitude
de se gargariser de fumée; aussi avions-nous apporté
un paquet de maryland, espérant que la fierté de nos
amis ne se formaliserait pas d'une si chétive offrande.
Ils étaient de ceux-là qui, le ventre creux, répondent
toujours, si on les invite, qu'ils sortent de table et
ont magnifiquement dîné; mais ils n'avaient pas
fumé depuis la veille, et Petrus, éventrant le paquet,
en tira une *chevelure*, la roula sous son pouce couleur
d'or bruni dans la petite feuille de *papel de hilo*,
l'alluma à la chandelle plantée dans une bouteille
vide, et la porta à ses lèvres avec une visible expression
de plaisir bien rare sur sa figure stoïque. Ses grands
yeux hispano-arabes brillèrent un instant, une légère
rougeur se répandit sous le tissu olivâtre de sa peau,
des jets de fumée blanche lui sortirent alternativement des lèvres et des narines, et bientôt il disparut
à demi dans le vaporeux tourbillon, pareil à Jupiter
assembleur de nuages. Il est inutile de dire que pendant
ce temps-là Jules Vabre, le *compagnon miraculeux*,
se livrait à une opération absolument pareille.

Maintenant, nous demandera peut-être le lecteur
par quel filament se rattache à l'histoire du Romantisme ce brave Jules Vabre, charmant garçon d'ail-

leurs, mais dont les titres littéraires sont un peu
minces, puisque, de votre aveu, il n'a pas achevé ni
même commencé l'*Essai sur l'incommodité des commodes*, cet ouvrage d'ébénisterie transcendantale.

Jules Vabre aimait Shakespeare, mais d'un amour
excessif, même dans un cénacle romantique. C'était
son Dieu, son idole, sa passion, un phénomène auquel
il ne pouvait s'accoutumer, et qui le surprenait davantage à chaque rencontre : il y pensait le jour, il en
rêvait la nuit, et comme La Fontaine, qui disait
aux passants : « Avez-vous lu Baruch ? » Vabre eût
volontiers arrêté les gens dans la rue pour leur demander : « Avez-vous lu Shakespeare ? » Cet architecte
fut complétement envahi et possédé par ce poète.
Ne trouvant pas qu'il savait assez l'anglais, Jules
Vabre, sans se laisser effrayer par des perspectives
de famine et de misère, quitta Paris pour Londres
n'ayant d'autre but que de se perfectionner dans la
langue de son auteur, afin qu'aucune finesse du texte
ne lui échappât. Selon lui, et il avait peut-être raison,
pour s'assimiler complétement un idiome étranger,
il fallait d'abord se baigner dans l'atmosphère du
pays, renoncer à toute idée, à toute critique, se soumettre aveuglément au milieu, imiter autant que
possible les indigènes par le geste, la tenue, la physionomie, se nourrir de leurs mets, s'abreuver de leurs
boissons; on voit d'ici tout le système.

Entre autres paradoxes, il prétendait qu'il faut
arroser les langues latines avec du vin et les langues
anglo-saxonnes avec de la bière, et il assurait que,
pour sa part, il devait au stout et à l'extra-stout des
progrès étonnants, cette boisson, si foncièrement
anglaise, le faisant entrer dans l'intimité du pays,
lui causant des sensations, lui suggérant des idées

inconnues aux Français et lui révélant des nuances d'interprétation insaisissables pour tout autre.

Il s'était fait une âme anglaise, un cerveau anglais, un extérieur anglais; il ne pensait qu'en anglais; il ne lisait plus les journaux de France, ni aucun livre dans sa langue maternelle. Les lettres d'outre-Manche restaient décachetées sur sa table. Il ne voulait être troublé par rien dans ses préparatifs au voyage sur les terres inconnues de Shakespeare.

C'est dans cet état d'esprit que nous le trouvâmes plusieurs années après, vers 1843 ou 44, dans une taverne de High-Holborn, où il s'était installé par économie et pour dîner en plein centre anglais avec de braves gens bourrés de roastbeef et de bière, parfaitement étrangers aux idées, et tels à peu près que devaient être les spectateurs ordinaires du théâtre « le Globe », devant lequel le jeune William avait gardé les chevaux.

Lui-même avait changé d'aspect. Sous l'acier anglais de Sheffield sa moustache blonde était tombée, et il avait le menton aussi *glabre* qu'aucun des bourgeois méticuleux dont il se moquait si fort jadis. La métamorphose était complète; nous avions devant les yeux un pur sujet britannique.

En nous voyant, ses prunelles grises brillèrent, et il nous donna un *shakehand* si vigoureux que si notre bras n'eût pas été solidement attaché à notre épaule, il lui fût resté à la main, et il se mit à nous parler avec un accent anglais si fort, que nous comprenions à peine ce qu'il disait. Il avait presque oublié sa langue maternelle:

— Eh bien! mon cher Jules Vabre, pour traduire Shakespeare, il ne te reste plus maintenant qu'à apprendre le français.

— Je vais m'y mettre, nous répondit-il, plus frappé de l'observation que de la plaisanterie.

Depuis longtemps déjà, le *compagnon miraculeux* rêvait son monument littéraire plus durable que l'airain et voulait donner à l'école romantique un trésor qui lui manquait : une traduction de Shakespeare d'une soumission absolue au texte, fidèle à l'idée comme au mot, reproduisant le tour, l'allure et le mouvement de la phrase, faisant sentir le mélange du vers blanc, du vers rimé et de la prose, ne craignant ni les subtilités euphémistes ni les rudesses barbares, et penchant dans l'intimité du sens anglais à une profondeur où nul ne serait arrivé encore.

Bref, il essayait pauvre, obscur, sans ressources, au prix des plus dures souffrances silencieusement supportées, car il était de ceux à qui il semble naturel de mourir de faim, de mener à bien ce gigantesque travail auquel il se préparait depuis 1830 par de si opiniâtres et si consciencieuses études.

Ce que voulait faire le pauvre Jules Vabre, François-Victor-Hugo, le second fils du grand Victor, l'a réalisé dans les tristes loisirs de l'exil sur le même plan romantique; telle devait être, en effet, une traduction de Shakespeare faite par le fils d'Hugo.

Vabre nous interpréta de vive voix, le livre à la main, des passages d'*Hamlet*, d'*Othello*, du *Roi Lear*, avec une saveur locale, une propriété d'expression et une pénétration de sens qui nous les firent trouver tout nouveaux. Nous lui entendîmes aussi expliquer, dans une prévision de ballet, à Carlotta Grisi, qui dansait alors à Londres et à qui nous l'avions présenté, *la Tempête* et *le Songe d'une nuit d'été* de la façon la plus poétique et la plus ingénieuse. Si les projets de chorégraphie avaient eu des suites, les rôles de Miranda et de Titania n'auraient plus eu de secrets pour leur charmante interprète.

Bien avant Taine, comme on a pu le voir par son paradoxe sur la manière d'apprendre l'anglais, Jules Vabre avait inventé ou deviné la théorie des *milieux* comme il avait déterminé les lois de la vraie traduction shakespearienne avant François Hugo, qui ne le connut même pas de nom et les trouva tout seul de son côté, guidé par la pure doctrine de l'école.

Il y a quelques années, nous vîmes arriver à notre petit ermitage de la rue de Longchamp un monsieur pâle, à cheveux tout blancs, vêtu de noir, ayant une dégaine de clergyman : c'était Jules Vabre; il n'avait pas encore trouvé l'éditeur pour sa traduction et venait en France fonder un pensionnat international — pardon du mot — il ne sonnait pas aussi mal alors qu'aujourd'hui; il voulait expliquer *Hernani* aux Anglais et *Macbeth* aux Français. Cela l'ennuyait de voir les Anglais apprendre le français dans *Télémaque* et les Français l'anglais dans le *Vicaire de Wakefield*.

Son entreprise prospéra-t-elle? Nous l'ignorons, car depuis cette visite qu'il avait promis de renouveler, nous ne le revîmes plus. Cependant nous penchons à croire que le pensionnat ne réussit pas plus que la traduction. Jules Vabre était né sous *une étoile enragée*, comme dit de lui-même le poète Théophile de Viau, et la fatalité taquine déguisée en guignon le poursuivit toujours. Est-il mort? Est-il vivant? S'il n'est plus et qu'il ait un tombeau quelque part, on peut écrire sur la pierre, pour toute épitaphe :

Il aima shakespeare

comme on avait mis sur la tombe de Thomas Hook :

Il fit la chanson de la chemise

Toute sa vie est là.

GRAZIANO

Bien souvent, en faisant ce long trajet de Neuilly
à Paris, philosophiquement grimpé sur l'impériale
de l'omnibus où du moins l'on jouit de la liberté du
cigare et même du brûle-gueule, sur l'avenue de la
Grande-Armée, un peu avant d'arriver au rond-point
de l'Arc de l'Étoile, nos yeux se tournent par un mouvement involontaire vers une petite maison basse,
n'ayant qu'un rez-de-chaussée à demi enfoui et faisant
brèche dans une ligne de hautes et belles façades
élevées depuis la construction déjà ancienne de la
masure.

Le cabaret — car c'en est un — n'a rien de curieux
en lui-même et n'est pas même pittoresque. Il est
poissé d'un rouge violent qui participe du sang et du
vin, et rappelle le néo-rouge-antique du vieux roi
Louis de Bavière. On ne s'explique pas pourquoi
cette ignoble et chétive baraque n'a pas disparu depuis
longtemps de ce terrain qui a pris une si grande valeur,
à moins que ce ne soit par un de ces entêtements
d'avarices ignorantes fréquents chez les petits pro-
priétaires.

Et ce n'est jamais sans un certain attendrissement
que nos regards s'arrêtent sur cette tache rouge qui
éclabousse la ligne de maisons blanches comme la
plaque de sang de Regnault les degrés de marbre blanc
de l'Alhambra, et des souvenirs de jeunesse nous
reviennent en foule et nous font sourire, dans la
mélancolie de l'âge mûr, d'un sourire indulgent, car
il n'est pas bien sûr que nous soyons aujourd'hui
beaucoup plus raisonnable qu'alors.

Si M. Joseph Prudhomme, reconnaissable à son col de chemise triangulaire, à ses lunettes d'or, à ses breloques en graine d'Amérique, auprès de qui nous sommes juché là-haut, pouvait se douter des actions que nous avons *perpétrées* dans cet *immeuble*, il se reculerait avec horreur jusqu'au bout de la banquette et même demanderait au conducteur de lui tirer le cordon pour descendre. Pandore consulterait son brigadier sur ce cas intéressant, et le brigadier répondrait avec sa sagesse habituelle qu'il y a prescription.

C'était en 183., les Champs-Élysées n'avaient pas l'aspect brillant et fastueux qu'ils ont maintenant; la solitude s'y accouplait à l'ombre, dans de grands espaces vagues; sous des arbres où n'arrivaient plus les pâles rayons des réverbères, des spectres obscènes ou sinistres se glissaient. Quelques cafés borgnes occupaient le centre des carrés dont les arbres avaient longtemps gardé marquée la dent des chevaux de l'Ukraine. Bien petit était le nombre des maisons groupées près de la chaussée; le mouvement de la population ne s'était pas encore porté par là.

Les deux rotondes de la barrière de l'Étoile, avec leurs colonnes aux assises alternativement rondes et carrées, subsistaient encore et même ne faisaient pas mal au bout de la perspective, le mur d'enceinte n'était pas abattu et l'on ne parlait des fortifications non plus que de la grande muraille de la Chine; la grande route de Neuilly gagnait Courbevoie accompagnée de plus d'arbres que de maisons à travers des terrains vagues ou de limites de planches situés en contre-bas de la chaussée. Dans ces steppes poussiéreux brillait, comme le coquelicot sur le bord d'un de ces champs de blé de la banlieue ravagé par les flâneurs et les flâneuses du dimanche, le cabaret unique qui s'appe-

lait en ce temps-là le *Petit Moulin Rouge*, qu'on est
prié de ne pas confondre avec le *Grand Moulin Rouge*
de l'allée des Veuves; l'installation, la chère, la compagnie surtout y différaient. On n'y voyait ni lorettes,
ni cocottes, ni biches, ni petites dames, ni figurantes
de la danse ou du chant, ni même de grisettes. L'armée
des mercenaires n'était pas encore entrée en campagne,
et d'ailleurs, comme le disait Gérard de Nerval, en
ce temps-là il y avait encore *des amours*. Il fallait
entendre avec quel accent de galanterie, surannée à
dessein et remontant aux délicatesses du bon vieux
temps, il disait ces mots. C'était tout un poème. Chacun
avait dans son coin sa Laure ou sa Béatrix pour
laquelle il rimait.

L'aménagement du Petit Moulin-Rouge était des
plus simples. Une salle blanchie à la chaux, un plancher saupoudré de sablon jaune avec un comptoir
d'étain chargé de brocs et de mesures, un dressoir
garni de ces faïences vernissées aux couleurs éclatantes
représentant des coqs, des bouquets de bluets et des
pavots qu'on ne trouve maintenant que dans les
dernières auberges de campagne, des tables et des
bancs de planches à bateaux formaient l'architecture,
l'ameublement et l'outillage. Quant à l'argenterie,
elle était en simple fer battu, car le vicomte de Ruolz
n'avait pas trouvé le moyen de fixer son argenture
sur le maillechort, et le *bahut* n'avait pas encore *bahuté*,
comme on dit en termes d'inventeur. Les cristaux
ne venaient pas de Baccarat, mais ils étaient de ce
verre léger, scintillant, côtelé, où le vin riait dans la
fougère, selon le refrain des vieilles chansons à boire.

Derrière la salle commune était pratiquée une
salle réservée aux repas de corps, un cabinet de société
qu'occupait l'aristocratie des clients, et qui ouvrait

sur un jardinet d'une pente assez forte, distribué
en berceaux et en tonnelles où l'on servait du vin, de
la bière et même de l'eau de Seltz ou de la limonade
gazeuse pour les raffinés.

A travers une porte entre-bâillée on entrevoyait la
cuisine avec quelques casseroles pareilles à des boucliers
antiques, et devant le fourneau, un homme de haute
stature et de prestance sénatoriale, une veste blanche
sur l'épaule, semblait rêver profondément, en proie
à une nostalgie; il avait un de ces nez immenses
parfaitement nobles, parfaitement corrects, qui par
leur dimension même sont la caricature de la beauté;
à ce maître nez et à l'énorme collier de barbe plus
noire que la lave de Torre del Greco qui encadrait
ce pâle visage grand comme un masque de théâtre,
on ne pouvait méconnaître un enfant de la Grande
Grèce, un pur et authentique Napolitain.

Déjà les peintres rôdaient autour de lui, oubliant
qu'ils étaient entrés pour boire un cruchon de bière
ou deux, et cherchaient leurs albums dans leurs poches
pour profiter de ce superbe modèle qu'on serait allé
chercher à Pie-di-Grotta, ou sur la Marzilline, que,
par une bonne fortune extraordinaire, on rencontrait
à Neuilly, dans la banlieue, devant le fourneau d'un
cabaret qui ne ressemblait nullement à une osteria
napolitaine.

Il se prêtait complaisamment à ces admirations
d'artiste en homme habitué à les recevoir. Il prenait
avec intelligence le mouvement indiqué et savait
tenir la pose, qualité rare! Il eût fait un excellent
modèle; mais, comme ce cuisinier italien dont parle
Balzac dans sa nouvelle de *Gambara*, il était fou de
son art, et son amour-propre, risible pour des sep-
tentrionaux, était parfaitement justifié; il nous fit

un macaroni au sughillo avec des tomates à se lécher les doigts jusqu'aux coudes, un macaroni sublime et que lui seul était capable de recommencer.

Le premier cénacle avait eu la mère Saguet, le second cénacle eut Graziano, et nous ne fûmes pas médiocrement fiers de notre Napolitain, qui faisait la cuisine à de pauvres ouvriers italiens, heureux de retrouver dans cette banlieue les pâtes et le fromage de leur patrie. Non seulement nous faisions de la couleur locale dans nos vues et dans nos tableaux, mais nous en mangions. Que pouvait-on exiger de plus, et combien le macaroni de Graziano — un nom qui eût pu figurer parmi les convives de la princesse Négroni, — laissait loin derrière lui les lapins sautés de la mère Saguet !

Il nous initia successivement au stufato, aux tagliarini, aux gnocchi; une pluie dorée de parmesan semblait descendre du ciel dans les assiettes, comme la pluie d'or de Jupiter dans le sein de Danaé; ces orgies insensées qui nous faisaient tourner de temps en temps la tête vers le mur avec inquiétude, de peur d'y voir se dessiner des écritures phosphoriques, étaient pompeusement arrosées de petit bleu où les vins de Suresnes et d'Argenteuil rebaptisés figuraient parmi les grands crus. Mais en revanche nous étions couronnés de roses, et l'on eût dit que, comme dans ces dîners de cardinaux à la vigne du Pape, chaque convive avait son cerceuil au bureau des cannes.

Ces divertissements accompagnés de lazzi, d'agudezzas, de calembours, de paradoxes, de cris étranges, et d'un dialogue rappelant tour à tour le banquet de Platon et le bavardage effréné de Béroald de Verville dans le *Moyen de parvenir*, commencèrent bientôt à nous paraître fades, bourgeois, — oui, bourgeois,

— manquant d'imprévu et de pittoresque. Au fond, cela n'avait rien de titanique de manger du macaroni au cabaret, et les foudres ne devaient pas s'en émouvoir dans l'arsenal céleste. Il eût fallu, pour donner du ragoût et du montant à la petite fête, quelque chose de risqué, d'audacieux, de révolté, de byronien, de satanique, en un mot.

Nous admirions fort les prouesses du jeune lord et ses bacchanales nocturnes dans l'abbaye de New-stead avec ses jeunes amis recouverts de frocs de moine dont les plis, en s'entr'ouvrant, laissaient parfois deviner des blancheurs et des rondeurs féminines; ces banquets où circulait, pleine d'une sombre liqueur, une coupe plus blanche que l'ivoire, effleurée par des lèvres de rose avec un léger sentiment d'effroi, nous semblaient la suprême expression du dandysme, par l'absolue indifférence pour ce qui cause l'épouvante du genre humain. Il est vrai qu'il nous manquait Newstead, les cloîtres se prolongeant dans l'ombre, le cygne se jouant dans l'eau diamantée sous un rayon de lune, peut-être bien aussi les jeunes pécheresses blondes, brunes ou même rousses; mais on pouvait se procurer le crâne; ce fut Gérard de Nerval qui s'en chargea. Son père, en sa qualité d'ancien chirurgien d'armée, avait une assez belle collection anatomique.

Le crâne avait appartenu à un tambour-major tué à la Moskowa, et non à une jeune fille morte de la poitrine, nous dit Gérard, et je l'ai monté en coupe au moyen d'une poignée de commode en cuivre fixée à l'intérieur de la boîte osseuse par un écrou tourné sur un pas de vis. On remplit la coupe de vin, on la fit passer à la ronde, et chacun en approcha les lèvres avec une répugnance plus ou moins bien dissimulée.

— Garçon, de l'eau des mers ! s'écria, lorsque la tournée fut finie, un néophyte outrant le zèle.

— Pourquoi faire, mon garçon ? lui dit Jules Vabre.

— N'est-il pas dit de Han d'Islande : « Il buvait l'eau des mers dans le crâne des morts » ? Eh bien ! je veux faire comme lui et boire à sa santé. » Il n'y a rien de plus romantique et de plus... comique, nous n'avons pas pu nous empêcher d'en rire un peu dans les *Jeunes-France*.

C'est là, dans cette petite maison rouge, digne Joseph Prudhomme, respectable élève de Brard et Saint-Omer, expert assermenté près les tribunaux, que moi, ton paisible voisin d'omnibus, je buvais dans un crâne comme un pur cannibale, par bravade, ennui et dégoût de ta bêtise solennelle.

CÉLESTIN NANTEUIL

Il y a dans les *Jeunes-France* une petite nouvelle de quelques pages faite, si nos souvenirs ne nous trompent, pour accompagner dans un keepsake, ou plutôt un landscape, une merveilleuse gravure anglaise représentant la place de Saint-Sebald à Nuremberg. C'était l'usage alors d'aller demander aux littérateurs encore heureux d'être imprimés un bout de vers ou de prose pour servir de texte à ces splendides illustrations des Robinson, des Cousin, des Finden, des Westall, des Robert's et des Prout. Nous avions fait notre morceau comme les autres, cela s'appelait : *Elias Wildmanstadius*, ou *l'Homme moyen-âge*. C'était en quelque sorte le génie gothique de cette ville gothique. Il faisait partie de cette **race de retarda-**

taires qui manquent leur entrée dans le monde et à qui l'ange chargé du départ des âmes n'ouvre pas assez vite la porte. Elias aurait dû naître en 1460. Il aurait vécu, à cette date, parmi ses contemporains, n'aurait paru singulier à personne et eût trouver tout le monde charmant. De nos jours le peintre belge Henry Leys n'est-il pas un exemple frappant de ces apparitions tardives ?

Sa place n'est-elle pas marquée parmi le groupe de Lucas de Leyde, de Cranack, de Wolgemuth, de Schoreel et d'Albert Dürer ? Il n'y a chez lui rien de moderne, et croire à une imitation, à un pastiche gothique, ce serait se tromper gravement. Il y a transposition d'époque, dépaysement d'âme, anachronisme ; voilà tout. Ces retours inexpliqués d'anciens motifs causent de piquantes surprises et font une rapide réputation d'originalité aux artistes que leur tempérament y porte. Un homme des générations antérieures reparaît, après un long intervalle, avec des croyances, des préjugés, des goûts disparus depuis plus d'un siècle, qui rappelle une civilisation évanouie.

Elias Wildmanstadius était le symbole de ces résurrections du passé, mais ce n'était nullement un type de fantaisie. Il nous avait été suggéré par un de nos amis du petit cénacle : Célestin Nanteuil, qu'on eût pu appeler « le jeune homme moyen-âge ».

Il avait l'air d'un de ces anges thuriféraires ou joueurs de sambucque qui habitent les pignons des cathédrales, et qui serait descendu par la ville au milieu des bourgeois affairés, tout en gardant son nimbe plaqué derrière la tête, en guise de chapeau, mais sans avoir le moindre soupçon qu'il n'est pas naturel de porter son auréole dans la rue. Vers cette

époque de 1830, il pouvait compter de 18 à 19 ans.
Il était mince, élancé, fluet comme les colonnes fuselées
des nefs du quinzième siècle et les boucles de sa chevelure ne figuraient pas mal les acanthes des chapiteaux.
Sa taille spiritualiste s'effilait et semblait vouloir
monter vers le ciel avec un redoublement d'ardeur,
balançant sa tête comme un encensoir. Son teint était
blanc et rose, l'azur des fresques du Fiesole avait fourni
le bleu de ses prunelles, ses cheveux d'un blond d'auréole semblaient peints un à un avec l'or des minia-
turistes du moyen âge.

Le vers de Barbier dans le *Pianto*, et qui caractérise
si bien Raphaël,

Ovale aux longs cheveux sur un long col monté,

n'était pas fait encore, mais que de fois depuis on
l'appliqua à Célestin Nanteuil! La physionomie de
cette tête angélique n'exprimait aucune des préoccupations de l'époque. On eût dit que, du haut de
son pinacle gothique, Célestin Nanteuil dominait la
ville actuelle, planant sur l'océan des toits, regardant
tournoyer les fumées bleuâtres, apercevant les places
comme des damiers, les rues comme des traits de scie
dans des bancs de pierre, les passants comme des
fourmis; mais tout cela confusément à travers l'es-
tompe des brumes, tandis que de son observatoire
aérien il voyait, en première loge et avec tous leurs
détails, les roses de vitraux, les clochetons hérissés
de crosses, les rois, les patriarches, les prophètes, les
saints, les anges de tous les ordres, toute l'armée
monstrueuse des démons ou des chimères, onglée,
écaillée, dentue, hideusement ailée; guivres, taresques,
gargouilles, têtes d'âne, museaux de singe, toute la
bestiaire étrange du moyen âge.

Comme il était d'un blond de lin, sa barbe future ne produisait le long de ses joues qu'un coton blanc soyeux pareil à un duvet de pêche visible seulement à contre-jour, et il gardait ce sexe indécis des êtres surnaturels composé de l'éphèbe et de la jeune fille. Il avait l'émotion et la pudeur faciles et rougissait aisément. Une longue redingote bleue boutonnée à la poitrine, ayant une coupe de soutane, faisait ressortir la grâce un peu gauche, mais non sans élégance, du jeune artiste timide qui devait ressembler aux peintres néo-chrétiens allemands, élèves d'Overbeck et soutenant à Rome la théorie de l'art catholique primitif.

Mais n'allez pas croire que Célestin Nanteuil cherchât le style maigre, émacié, simplifié jusqu'au néant qui semble le comble de l'art religieux à Overbeck. Il ne se condamnait pas aux teintes neutres. grises ou violettes, par esprit de mortification. La couleur ne lui paraissait pas une sensualité coupable, un mirage tentateur. C'était bien un romantique, pittoresque et coloriste et doué d'un sentiment très vif de ce qu'on appelait alors le moyen âge, à défaut d'une meilleure définition. Mais ce qui s'entendait suffisamment, c'est-à-dire ce qui n'était ni grec ni romain, et prenait place entre le douzième et le seizième siècle.

A ses premiers essais Nanteuil dessinait comme avec des plombs de vitrail et semblait colorier avec une palette de peintre verrier. Pour obtenir des tons plus intenses, il employait des verres teints dans la masse. On peut y appliquer ce qu'un des amis de Joseph Delorme disait de certaines petites ballades de Victor Hugo, la *Chasse du Margrave*, le *Pas d'armes du roi Jean*, que ce sont des vitraux gothiques. On voit à tout instant, sur la phrase poétique, la brisure

du rhythme comme celle de la vitre sur la peinture.
C'est impossible autrement. L'essentiel en ces courtes
fantaisies c'est l'allure, la tournure, la *dégaine* clé-
ricale, monacale, royale, seigneuriale des personnes
et sa haute couleur. On ne saurait dire mieux ni plus
juste, et l'apparition des ballades du poète peut
servir à l'appréciation des aquarelles du peintre.

Avec une merveilleuse facilité d'appropriation,
Célestin s'était assimilé l'anatomie anguleuse des
armures, le galbe extravagant des lambrequins,
les figures chimériques ou monstrueuses des blasons,
les ramages des jupes armoriées, l'attitude hautaine
du baron féodal, l'air modeste de la châtelaine, la
physionomie papelarde du *gros carme chartrier*, la
mine furtive du jeune page au pantalon mi-parti, et
dans le fond, il savait faire mordre le ciel par des
architectures hérissées de tours, de clochetons, d'aiguilles de cathédrales accroupies au centre de leurs
arcs-boutants comme des araignées noires au milieu
de leurs pattes.

Il excellait aussi à encadrer les personnages de
poème, de drame et de roman, dans des ornements
semblables à des châsses gothiques avec triples colon-
nettes, ogives, niches à dais et à piédouches, statuettes, figurines, animaux chimériques ou symboliques, saints et saintes sur fond d'or, qu'il inventait
au bout de la pointe, car il avait une fantaisie inépuisable. Tout moyen lui était bon, le pinceau, la plume,
le crayon, le grattoir. Nous l'avons vu, pour arriver
à rendre le grain d'une vieille muraille, poser un morceau
de tulle sur son papier et tamponner du bistre à travers
les mailles. Il obtenait ainsi des pierres d'un grain
plus âpre que les pierres les plus rugueuses de Decamps.
Quand il le voulait, il entrait si bien dans l'esprit

ou plutôt dans le sentiment de la vieille imagerie
gothique, qu'il faisait des Notre-Dame-del-Pilar en
dalmatique de brocart, des Mère de Douleurs avec
les sept glaives dans la poitrine, des Saint Christophe,
le petit Jésus sur l'épaule et s'appuyant sur un palmier,
dignes de servir de type aux byzantins d'Épinal.

Ce n'était pas par de grandes recherches ni de
sévères études qu'il était parvenu à ce talent, mais
par une similitude de nature avec les artistes du
moyen âge. Il avait l'intuition de ce qu'il n'avait pas
vu, et il aurait juré avoir déjà parcouru ces villes
flanquées de tours et de murailles à moucharabys,
défendues de donjons, surmontées d'églises aux
flèches ajourées où il mettait le pied pour la première
fois. Il avait manqué son entrée dans le monde comme
Elias Wildmanstadius; mais, plus heureux que lui,
il avait su se créer avec l'art un milieu qui lui convenait et trouver des contemporains dans l'école romantique.

Notre-Dame de Paris était l'objet de sa plus fervente
admiration, il n'est pas nécessaire de le dire, et il
en tira le motif d'un grand nombre de dessins et d'aquarelles d'un caractère étonnant et tout à fait neuf.
Rien ne ressemblait moins au moyen âge pendule
et troubadour qui florissait vers 1825. C'est un des
grands services de l'école romantique que d'en avoir
radicalement débarrassé l'art, et C. Nanteuil peut
réclamer une large part de l'honneur. — Sous un air
ingénu, presque enfantin, il avait de l'esprit, et du
plus fin et du meilleur, et les poètes aimaient à l'avoir
pour confident. C'était parmi la bande un des favoris
du maître, qui se plaisait à sa compagnie et l'emmenait
quelquefois en ses petites excursions. Il avait combattu
avec un courage héroïque à toutes les grandes batailles

du romantisme, mais il ne se faisait pas illusion sur l'issue de la lutte. D'une part, il sentait l'animosité croissante, de l'autre l'enthousiasme diminuant, et la médiocrité heureuse de reprendre sa revanche sur le génie !

On montait aux nues le succès de *Lucrèce* pour approfondir la chute de la première pièce de Victor Hugo qu'on devait bientôt jouer. Inquiets pour les *Burgraves*, Vacquerie et Meurice allèrent demander à Célestin Nanteuil trois cents Spartiates déterminés à vaincre ou à mourir plutôt que de laisser franchir les Thermopyles à l'armée barbare. Nanteuil secoua sa longue chevelure toute crespelée et tout annelée d'un air profondément mélancolique, et répondit en soupirant à Vacquerie qui avait porté la parole : « Jeune homme, allez dire à votre maître qu'il n'y a plus de jeunesse ! Je ne puis fournir les trois cents jeunes gens. »

Bien des années s'étaient écoulées déjà depuis les belles soirées d'*Hernani*, où toute la jeunesse semblait se ruer d'un seul élan vers l'avenir, ivre d'enthousiasme et de poésie, comptant cueillir à son tour pour elle les palmes qu'elle disputait pour un autre. Le talent du maître avait pourtant grandi encore; son génie s'était développé et avait pris des proportions titaniques. Il avait atteint le sublime dans cette trilogie eschylienne de Job le maudit, ce Prométhée du Rhin ayant le Taurus pour Caucase et l'empereur Frédéric Barberousse pour Jupiter.

C'était une élégance, en ce temps-là, pour les éditions romantiques, d'avoir une vignette, un frontispice, une eau-forte de Célestin Nanteuil. La présence de l'image donne maintenant une grande valeur au livre, et les bibliophiles recherchent les exemplaires qui en sont ornés. Les compositions de Célestin se distribuent en plusieurs petits cadres entourant le sujet principal et renfermant des sujets épisodiques. Ce sont des eaux-fortes d'artiste gravées de verve et sans les précautions minutieuses qu'y mettent les gens du métier. Une des vignettes les plus rares est le frontispice d'*Albertus* ou *l'Ame et le Péché*, rappelant les griffonnages mystérieux et les effets bizarrement fantastiques de Rembrandt. *Venezia la bella*, d'Alphonse Royer, est illustrée d'une vue de la place Saint-Marc, prise du large, avec la gondole de rigueur et le cadavre de jeune fille assassinée comme il convient.

On ne saurait imaginer la quantité de planches, de dessins, de compositions, de bois pour les ouvrages illustrés, de lithographies, d'en-tête pour les romances, qu'a produits Célestin Nanteuil. Quelle effroyable déperdition de talent; mais aussi quelle inépuisable richesse ! Suffire à tous les besoins, à tous les caprices, à toutes les modes du jour et être en même temps un peintre charmant, un spirituel et fin coloriste à qui manque seulement le loisir de peindre, comme à nous autres poètes le loisir de faire des vers, n'est-ce pas faire un généreux emploi de ses facultés? Il est vrai qu'on n'a pas la même estime pour vous que pour un âne sérieux mettant dix ans à faire une croûte unique.

Bien qu'il ait été forcé par les exigences de la vie de se mêler un peu aux philistins, de sortir de la vieille ville gothique où les rues ont encore des tourelles en poivrière à leurs angles, et de marcher sur les larges trottoirs des perspectives rectilignes d'Haussmann, il aime toujours les maisons aux étages surplombants, aux pignons pointus ou denticulés, aux poutres historiées et sculptées, aux fenêtres transversales maillées de plomb, aux vieux meubles de chêne luisant. Comme Elias Wildman stadius, il continue son rêve du passé à Dijon, où il est directeur de l'école de dessin et où il peut contempler tout à son aise la flèche merveilleuse de la cathédrale et le donjon du palais des ducs, en répétant avec Gaspard de la Nuit :

> Gothique donjon
> En flèche gothique
> Dans un ciel d'optique,
> Au bas est Dijon.
> Ses joyeuses treilles
> N'ont point leurs pareilles;
> Ses clochers jadis
> Se comptaient par dix.
> Là plus d'une pinte
> Est sculptée ou peinte;
> Là plus d'un portail
> S'ouvre en éventail.
> Dijon, *moult te tarde !*
> Et mon nez camard
> Chante ta moutarde
> Et ton jacquemard.

Dijon est hospitalier aux peintres romantiques. Louis Boulanger, l'auteur du *Mazeppa*, de la *Ronde du Sabbat*, de la *Saint-Barthélemy*, l'ami de Victor Hugo, qui a son nom dans *les Orientales, les Feuilles d'automne, les Rayons et les Ombres*, s'y est éteint dans la pénombre de l'école qu'il dirigeait, et Célestin Nanteuil y profite de son loisir pour travailler.

Autres médaillons. — Philothée O'Neddy

Il est peu de personnes qui se souviennent aujourd'hui de Philothée O'Neddy, dont le nom se retrouve

tout entier par anagramme dans le pseudonyme, et
que nous n'en dégagerons pas. Puisque le poète a
jugé à propos de voiler son visage, ne dénouons pas
les cordons de son masque.

Philothée O'Neddy eut son moment d'éclat vers
1838. Il fit son effet de surprise, et, comme disent
les peintres, tira dans la cave un coup de pistolet
dont on remarqua la lumière. Il ne profita pas de
l'attention excitée. Après avoir essuyé le feu de la
redoute, la main sur la hampe du drapeau ennemi,
il se tint debout un instant dans la fumée du combat,
et redescendit tranquillement au bas de la muraille
conquise, sans plus se soucier de son triomphe.

Il se laissa envahir peu à peu par l'ombre, et le
sentier qui conduisait à son seuil littéraire s'effaça
rapidement sous les mousses, les ronces et les végé-
tations parasites. Un chagrin inconnu plus ou moins
mal dévoré, cette immense fatigue qui suit parfois
chez les jeunes poètes un trop violent effort intellectuel, le désaccord du réel et de l'idéal, une de ces
causes ou toutes ces causes ensemble, peut-être aussi
le regret ou le scrupule de certaines audaces, avaient-
ils recouvert de leurs cendres grises le poète de *Feu
et Flamme*. Il s'était retiré du petit cénacle où il flamboyait et pérorait jadis, et l'on avait perdu sa trace,
comme cela arrive trop souvent à ces jours de dis-
persion où s'écroulent les Babels du rêve qu'élèvent
en commun les compagnons de l'idée quand ils ont
vingt ans.

Par son âge, il était notre contemporain, c'est-
à-dire qu'il avait atteint sa majorité après 1830, car
dans cette école nous étions précoces et nous aurions
tous pu, comme lord Byron, écrire sur notre premier
volume en vers : *Poésies d'un mineur.*

Quand Philothée O'Neddy fréquentait la cave de Petrus et la boutique de Jehan, — le jeune statuaire avait installé son atelier dans une boutique de fruitière, au coin de la rue Vaugirard, en face de cette fontaine ornée d'un bas-relief représentant une nymphe vue de dos où s'ajuste assez bizarrement un robinet de cuivre, — c'était un garçon qui offrait cette particularité d'être bistré de peau comme un mulâtre et d'avoir des cheveux blonds crêpés, touffus, abondants comme un Scandinave; ses yeux étaient d'un bleu clair, et leur extrême myopie en rendait le globe saillant; sa bouche était forte, rouge et sensuelle. De cet ensemble résultait une sorte de galbe africain qui avait valu à Philothée le sobriquet d'Othello.

On ne connaissait pas, par exemple, sa Desdemona, mais à coup sûr il n'avait pas d'Yago, car il était très aimé dans la bande. Son lorgnon ne le quittait pas; il le portait au lit et le gardait sur son nez même en dormant; sans l'inséparable binocle il ne pouvait, disait-il, distinguer ses rêves et perdait tous les enchantements de la nuit. Les charmes poétiques des sylphides, les attraits provocants des gracieuses succubes qui hantent l'heureux sommeil de la jeunesse, se confondaient dans un vague brouillard.

Le caractère qu'on retrouve dans tous les débuts de ce temps-là est le débordement du lyrisme et la recherche de la passion. Développer librement tous les caprices de la pensée, dussent-ils choquer le goût, les convenances et les règles; haïr et repousser autant que possible ce qu'Horace appelait le profane vulgaire, et ce que les rapins moustachus et chevelus nomment épiciers, philistins ou bourgeois; célébrer l'amour avec une ardeur à brûler le papier, le poser comme seul but et seul moyen de bonheur, sanctifier et déifier

l'Art regardé comme second créateur : telles sont les
données du programme que chacun essaye de réaliser
selon ses forces, l'idéal et les postulations secrètes de
la jeunesse romantique.

Personne plus que Philothée O'Neddy ne présente
ce caractère d'outrance et de tension. Le mot paroxyste,
employé pour la première fois par Nestor Roqueplan,
semble avoir été inventé à l'intention de Philothée.
Tout est poussé de ton, haut en couleur, violent, arrivé
aux dernières limites de l'expression, d'une originalité
agressive, presque *ruisselant d'inouïsme,* comme dirait
Xavier Aubryet; mais à travers les paradoxes bis-
cornus, les maximes sophistiques, les métaphores
incohérentes, les hyperboles boursouflées et les mots
de six pieds de long, il y a le sentiment de la période
poétique et l'harmonie du rhythme.

Philothée est un métrique; il façonne bien le vers
sur l'enclume et, quand il a puisé dans la forge l'alexandrin incandescent, il lui donne, au milieu d'une pluie
d'étincelles, la forme qu'il désire avec son opiniâtre
et pesant marteau. S'il ne s'était retiré sitôt, il se
serait fait assurément une place dans le bataillon
sacré. Il avait cette qualité rare en art : la force; mais
il s'est découragé dès le début par une de ces lassi-
tudes dont le secret reste dans l'âme et plus souvent
encore dans le cœur du poète. Il lui aurait fallu travailler davantage pour arriver où tendaient ses vœux.

> Amour, enthousiasme, étude, poésie,
> C'est là qu'en votre extase, océan d'ambroisie,
> Se noîraient nos âmes de feu !
> C'est là que je saurais, fort d'un génie étrange,
> Dans la création d'un bonheur sans mélange,
> Être plus artiste que Dieu !

Nous avons possédé autrefois un exemplaire de

Feu et Flamme avec dédicace autographe de l'auteur. Nous ne l'avons plus. Avez-vous remarqué que les livres curieux et devenus rares ont des jambes comme les petits bateaux sur lesquels l'enfant consulte son père, car s'ils n'avaient pas de jambes, ils ne marcheraient pas, et resteraient tranquillement sur le rayon de bibliothèque où on les a précieusement serrés entre deux livres de mœurs honnêtes et de reliure convenable.

Lorsque les mélanges tirés d'une petite bibliothèque romantique de M. Ch. Asselineau nous tombent sous la main, de quels amers regrets ne sommes-nous pas saisi? Tous ces livres, devenus si rares, si introuvables, si précieux, qui atteignent dans les ventes à de telles enchères, nous les aurions pour rien, sans nous donner la moindre peine, avec l'eau-forte, le bois, le portrait, la lettre ornée, tout ce qui fait heureux le bibliophile dans cette chasse innocente et lui procure de si douces émotions. Nous les posséderions, ces éditions *princeps*, celles qui font foi, que les auteurs ont revues! Une à une elles seraient venues se ranger derrière la vitre transparente, mais sous clefs maintenant, puisqu'il y a d'honnêtes gens voleurs de livres. Malheureusement, il est trop tard; la plupart des amis sont morts, les éditions sont épuisées depuis longtemps, et nous voilà écrivant cette *Histoire du Romantisme* dont nous avons été une petite part, sans un de ces livres, qui portaient pourtant comme sauvegarde le nom sacré des maîtres.

Il y a cinq ou six ans, on dirait un siècle, tant il s'est passé de choses depuis, Célestin Nanteuil fut nommé directeur de l'école de dessin à Dijon, nous l'avons dit en parlant de lui l'autre fois.

Ce prochain départ ménageait au brave et courageux artiste fatigué d'une vie trop remplie de travaux ou plutôt de besogne, une possibilité de loisirs où la vraie peinture pourrait prendre une large place. — Il n'y avait donc pas motif de s'attrister, et cependant on était triste, — c'était le *hoc erat in votis* de Nanteuil, — et l'on résolut de célébrer son élévation aux honneurs par un banquet.

Les vieilles bandes d'*Hernani* et de *Lucrèce Borgia*, tous ceux qui avaient combattu l'hydre classique avec ses cent têtes coiffées de perruques soit aux théâtres, soit aux jurys de peinture, les derniers fidèles du *Roi s'amuse* et des *Burgraves*, les vieux compagnons d'atelier et aussi de jeunes élèves, quelques-uns même qu'on croyait perdus pour l'art et passés aux philistins, se réunirent de tous les points de l'horizon à un restaurant au coin de la rue du Sentier. Quand on fut entré et qu'on se fut compté, quelqu'un qui connaissait *Hernani* pour s'être battu à trente-deux représentations rangées, déclama les vers suivants :

Et ne réclamez pas leur épée impuissante :
Pour un qui vous viendrait, il m'en viendrait soixante.
Soixante ! dont chacun vous vaut tous quatre ! Ainsi,
Vidons entre nous *tous* notre querelle ici.

Il y avait longtemps qu'une telle agape romantique n'avait eu lieu; il fallait remonter jusqu'à l'époque où, faute de l'*eau des mers*, on buvait, au Moulin-Rouge, du petit bleu dans le *crâne des morts*; mais bien des années s'étaient écoulées. Il avait neigé là-haut, sur les monts; la poivrière et la salière s'étaient mêlées sur les barbes; des nez avaient rougi; des joues, unies hier, s'étaient sillonnées de rides, et, à travers quelques-uns des convives que nous n'avions pas vus depuis longtemps, nous apercevions la silhouette de leur jeunesse. Nous regardions les autres avec une certaine inquiétude, en nous demandant : « Eh quoi ! est-ce là l'effet que nous leur produisons nous-mêmes ? Leur paraissons-nous aussi laids, aussi vieux, aussi moroses qu'ils nous le semblent ? Voilà donc ce qui reste de la brillante escadrille d'*Hernani*, qui savait si bien harceler le taureau et prendre le public par les cornes ! Oh ! comme ils ont l'air fatigué et ennuyé de la vie et peu disposés à sauter par-dessus la barrière. »

Et la fête commençait tristement comme toutes les fêtes. Ces vaillants jadis si farouches n'auraient même pas déchiré en pièces un académicien ou un membre de l'Institut. Enfin la glace se rompit. Le vin remit un peu de sang au cœur. Les souvenirs d'autrefois reparurent purs, gais et charmants; on reparla de ces belles misères où l'on se nourrissait de gloire et d'amour — fit-on jamais meilleure chère ? On mêlait à la conversation, comme des fidèles du même culte, les vers sus de tous comme les réponses d'une litanie. On était beau, on était jeune, on était fier, on était enthousiaste.

Dans un coin, entre deux camarades de Nanteuil, vers la fin du dîner, quand déjà l'on quittait sa place pour aller causer à l'autre bout de la table, nous aperçûmes un homme dont la tournure ne nous était pas inconnue. C'était Philothée O'Neddy qui sortait des catacombes de cette vie mystérieuse où il s'était plongé, qui venait boire le coup de l'étrier avec son ami Célestin Nanteuil partant pour Dijon au lieu d'aller à Saint-Jacques de Compostelle, comme c'était son projet. Ses cheveux étaient toujours crépus mais saupoudrés de gris, et la raie creusée sur les ailes de son nez par son lorgnon était devenue si profonde avec le temps qu'il s'y incrustait et y tenait seul. Eh bien ! lui dîmes-nous en nous rapprochant de lui et lui secouant la main, à quand le second volume de vers ? — Il nous regarda de ses yeux bleus, effarés et troubles, et nous répondit avec un soupir : « Oh ! quand il n'y aura pas de bourgeois ! »

Le carton vert

Toutes les fois qu'il nous arrive, dans nos heures de désœuvrement et de mélancolie, poussé par une de ces récurrences vers le passé dont on n'est pas maître, de rouvrir le vieux carton vert où gisent dans la poussière plus que sous l'oubli les papiers que Gérard de Nerval abandonnait chez nous, comme l'oiseau laisse de ses plumes aux endroits qu'il traverse, nous pouvons être sûr qu'en voilà pour la journée.

Parmi les notes, les extraits, les brouillons, les renseignements sommaires, les commencements d'articles, les variantes de la même idée retournées de cent façons, les maximes philosophiques ou morales condensées en vers dorés de Pythagore, forme que Gérard affectionnait beaucoup, les répliques de drames taillées et numérotées comme des pierres de taille attendant leur place dans l'arc de voûte, tous les morceaux de cette architectonique littéraire disséminée et brouillée sans que nul œil, même celui de l'ami, puisse en reconnaître le plan, nous retrouvons de temps à autre d'anciennes lettres de nous imprégnées de vinaigre, lacérées aux échelles du Levant par les ciseaux de la Santé, jaunes comme les bandelettes qui enveloppent les momies, adressées à notre ami du temps de son voyage en Orient et qui, plus heureuses que nous, ont fait caravane avec lui : nous les lisons

en prenant garde de briser tout à fait leurs plis cassés ;
et une voix basse, affaiblie, lointaine, reconnaissable
encore, qui est la nôtre, nous chuchote du bout des
lèvres à l'oreille, avec des mots connus, des tournures
de phrases habituelles, des idées et des nouvelles ayant
cours alors. Comme tout cela est loin, emporté par
rapides années dans un oubli profond, et pourtant comme
c'est près encore ! comme le cœur change peu ! comme
les mêmes idées serpentent à travers les circonvolutions de la cervelle, se rencontrant et se saluant aux carrefours accoutumés ! La plupart de ces phrases, datées
de trente ans, nous eussions pu les jeter à la poste hier
et, à leur arrivée, elles n'auraient pas paru beaucoup
plus démodées qu'écrites le même matin. L'homme ne
varie pas tant qu'il s'en flatte !

Nous revoyons là nos anciens paradoxes qui gam-
badent avec assez d'agilité pour leur âge et dont
quelques-uns sont devenus des vérités. Les jugements
de notre jeunesse, dans leur insolence sincère, ne sont
pas toujours dictés par la passion ; il y en a d'équitables
et de judicieux. On a quelquefois raison à vingt-cinq
ans, et tort à soixante. Il ne faut pas renier sa jeunesse.
L'homme mûr ne fait qu'exécuter les rêves du jeune
homme. Toute belle œuvre est un germe planté en
avril qui s'épanouira en octobre. Qui n'a pas ses idées
à sa majorité, ne les aura jamais. Nous demandons
pardon de philosopher ainsi et d'enfiler les apho-
rismes, comme Sancho Pança enfilait les proverbes,
devant un carton à moitié vide de son contenu : une
multitude de petits carrés de papier où, sous formules
abréviatives, en caractères microscopiques entre-
mêlés de signes et de chiffres aussi difficiles à lire
que les notes secrètes d'un Raymond Lulle, d'un Faust
ou d'un Herr Trippa, sont résumées, concentrées,

quintessenciées comme quelques gouttes d'élixir, toutes les doctrines de la terre : théogonies, mythologies, religions, systèmes, interprétations, gloses, utopies, papillonnent et tourbillonnent confusément, présentant quelquefois un signe hermétique ou cabalistique, car Gérard ne dédaignait pas une visite à Nicolas Flamel et un bout de conversation avec *la femme blanche* et *le serviteur rouge*, et si l'on tirait à soi l'un de ces papiers, les quelques lignes qu'il renferme vous occuperaient, comme le cryptogamme du Scarabée d'Edgar Poe, et vous demanderaient une effroyable intensité d'attention.

Il faut donc choisir dans le tas cette simple lettre relativement moins jaune, moins rance, moins roussie aux réactifs de l'Enfer, et ne contenant en réalité que le sens visible. Ainsi placée sous la lumière, elle a vraiment une physionomie de bonté, de candeur et de sympathie. — Elle est d'un ami cher à nous deux, du brave Bouchardy. Cette lettre, qui n'était, en 1857, qu'un autographe, peut maintenant prendre sa place comme relique dans le carton vert consacré à l'ami défunt. Nous allons la transcrire pour faire voir quelle âme délicate et charmante c'était que Bouchardy, et quelle amitié régnait entre les membres du petit cénacle.

Bien des années pourtant s'étaient déjà écoulées depuis que Petrus Borel n'avait réuni notre petite bande, et chacun de nous s'était dispersé au pourchas de la gloire et du pain quotidien. Mais l'on peut voir combien le souvenir de notre union était resté vif entre nous :

« 12 janvier 1857.

« Mon cher Théophile,

» J'aurais assurément gardé bien secrètement dans

mon cœur ma gratitude pour les bonnes et belles
lignes que tu as écrites à mon sujet dans ton feuilleton du 5 janvier; mais tu as dit dans ces lignes quelques
mots des jours lointains et dorés de notre camaderie,
et comme cette époque est le seul et beau souvenir
de ma jeunesse, il faut que je me donne la joie de me
le rappeler avec toi.

» Nous ne pouvons trop nous en souvenir, car ce
plus beau de tous les rêves, nous l'avons fait les
yeux ouverts et l'esprit plein de foi, d'enthousiasme
et d'amour.

» Nous ne rêvions pas... quand on ne sait quel
courant rapide nous avait poussés tous sur la même
rive, afin que nous pussions trouver des échos pour
nos voix indécises et des âmes ardentes pour nos
âmes audacieuses et ferventes.

» Sainte et belle réunion, mon cher Théo, que celle
où chacun était pour le frère qui aime, l'ami qui se
dévoue et le compagnon de route qui fait oublier la
longueur ou la fatigue du chemin.

» Réunions plus belles qu'on ne peut le dire, où
tous souhaitaient le succès de tous sans exagération
insensée et sans vanité collective, où chacun de nous
offrait de prêter son épaule au pied de celui qui voulait
tenter de gravir et d'atteindre.

» Lesquels de nous étaient les riches ou les pré-
destinés? Nous l'ignorions, car nous formions une
famille sans Benjamin et sans droit d'aînesse. Tandis
que les fouriéristes faisaient des phalanstères, les
saint-simoniens de nouveaux contrats sociaux, les
démocrates des projets, sourds à tous ces bourdon-
nements d'alors, nous n'entendions que le murmure
de l'art qui s'agitait dans l'enfantement d'un progrès.
La plume, le pinceau, la lyre et le ciseau du statuaire

étaient nos seules armes, les grands maîtres nos seuls dieux, et l'art le seul drapeau que nous voulions faire flotter et défendre.

» Devions-nous cette préoccupation sublime à des natures heureuses ? à des circonstances favorables ? Peu importe... les rayons d'or qui venaient nous chercher séparément nous entraînaient les uns vers les autres et se confondaient en un seul trésor, où nous puisions tous, sans jamais l'épuiser, la foi, la confiance, l'enthousiasme, l'espoir et même la générosité.

» Pourquoi, mon ami, la réflexion qui glace, l'inquiétude qui énerve, la jalousie qui sépare, pourquoi ces passions mauvaises qui se glissent partout et toujours n'ont-elles jamais pu pénétrer dans nos réunions d'autrefois ?

» C'est un sublime et doux mystère, —— n'est-ce pas ? —— qui vient encore aujourd'hui flotter dans notre âme à la fois surprise et charmée, comme une vague réminiscence de jeunesse bienheureuse, de fraternité magnétique et de béatitude enchantée.

» Heureux temps, cher Théophile, dont nous devons nous enorgueillir, car lorsqu'on a marché dans cette vie que tant d'amertume a souvent attristée, il faut être fier d'y avoir trouvé quelques bonnes heures, il faut se vanter d'y avoir été heureux ! *Remember.*

» J. BOUCHARDY. »

Vingt-sept années déjà séparent cette date de 1830. — Le souvenir a la fraîcheur d'un souvenir d'hier : l'impression d'enchantement subsiste toujours. De la terre d'exil où l'on poursuit le voyage, gagnant la gloire à la sueur de son front, à travers les ronces, les pierres et les chemins hérissés de chausse-trapes,

on retourne avec un long regret des yeux mélancoliques vers le paradis perdu (nous n'avons pourtant
pas mangé de pomme! ni désobéi en rien à notre
seigneur Hugo). Une telle joie ne devait sans doute
pas durer. Être jeune, intelligent, s'aimer, comprendre,
et communier sous les espèces de l'art, on ne pouvait
concevoir une plus belle manière de vivre, et tous ceux
qui l'ont pratiquée en ont gardé un éblouissement
qui ne se dissipe pas. — Voyez comme une allusion
à ce passé sympathique dans un article de journal va
chatouiller ce bon, ce brave, ce sensible Bouchardy,
jusqu'au plus tendre de l'âme! comme il vibre toujours,
comme il palpite, comme il se souvient de tout!
comme son imagination se transporte vers la petite
chambre constellée des médaillons de Jehan du Seigneur
et des esquisses de Louis Boulanger un de ces soirs
de bonne causerie sur l'art, l'idéal, la nature, la forme,
la couleur, et autres questions du même genre qui nous
paraissaient alors et avec raison de la plus palpitante actualité comme elles le seraient encore aujour-
d'hui! quelle ardeur il y mettrait et surtout comme
il écouterait!

Cette lettre si naïve et si touchante de celui que
nous appelions le Maharajah de Lahore, le prince à la
peau d'or et aux cheveux bleus, rencontrée par hasard
dans le champ des morts de nos cartons bientôt aussi
peuplés que ceux d'Eyaub et de Scutari, par une
disposition singulière d'esprit, nous a préoccupé toute
la journée et a fait dévier l'article que nous avions
l'intention de faire... Mais il n'y a pas eu moyen. La
lettre de Bouchardy exigeait à toute force l'insertion,
comme un appel de l'âme des compagnons morts.
Ce mot Remember au bas de la lettre était placé
d'une façon impérative et mystérieuse. Souviens-toi!

oui, nous nous souvenons ! Ce travail en est la preuve.
Il faut écouter ceux qui parlent et circulent sous
terre comme les taupes et le père d'Hamlet.

La légende du gilet rouge

Le gilet rouge ! On en parle encore après plus de
quarante ans, et l'on en parlera dans les âges futurs,
tant cet éclair de couleur est entré profondément
dans l'œil du public. Si l'on prononce le nom de
Théophile Gautier devant un philistin, n'eût-il jamais
lu de nous deux vers et une seule ligne, il nous connaît
au moins par le gilet rouge que nous portions à la
première représentation d'*Hernani*, et il dit d'un air
satisfait d'être si bien renseigné : « Oh ! oui le jeune
homme au gilet rouge et aux longs cheveux ! » C'est la
notion de nous que nous laisserons à l'univers. Nos
poésies, nos livres, nos articles, nos voyages seront
oubliés ; mais l'on se souviendra de notre gilet rouge.
Cette étincelle se verra encore lorsque tout ce qui nous
concerne sera depuis longtemps éteint dans la nuit,
et nous fera distinguer des contemporains dont les
œuvres ne valaient pas mieux que les nôtres et qui
avaient des gilets de couleur sombre. Il ne nous déplaît
pas, d'ailleurs, de laisser de nous cette idée ; elle est
farouche et hautaine, et, à travers un certain mauvais
goût de rapin, montre un assez aimable mépris de
l'opinion et du ridicule.

Qui connaît le caractère français conviendra que
cette action de se produire dans une salle de spectacle, où se trouve rassemblé ce qu'on appelle *tout
Paris*, avec des cheveux aussi longs que ceux d'Albert

Dürer et un gilet aussi rouge que la *muleta* d'un *torrero*
andalou, exige un autre courage et une autre force
d'âme que de monter à l'assaut d'une redoute hérissée
de canons vomissant la mort. Car dans chaque guerre
une foule de braves exécutent, sans se faire prier, cette
facile prouesse, tandis qu'il ne s'est trouvé jusqu'à
présent qu'un seul Français capable de mettre sur
sa poitrine un morceau d'étoffe d'une nuance si insolite,
si agressive, si éclatante. A l'imperturbable dédain
avec lequel il affrontait les regards, on devinait que,
pour peu qu'on l'eût poussé, il fût revenu à la seconde
représentation pavoisé d'un gilet jonquille.

Ce dut être, plutôt encore que l'étrangeté de la
couleur, cette folie d'héroïsme qui s'exposait avec
un sang-froid si parfait aux railleries des jeunes
femmes, aux hochements de tête des vieillards, aux
lorgnons dédaigneux des dandys, aux gros rires des
bourgeois, qui causa le profond étonnement du public
et perpétua cette impression qui eût dû être oubliée
après le premier entr'acte.

Après avoir essayé de déchirer ce gilet de Nessus
qui s'incrustait à notre peau, nous l'acceptâmes bravement devant l'imagination des bourgeois dont
l'œil halluciné ne nous voit jamais habillé d'une autre
couleur, malgré les paletots tête-de-nègre, vert bronze,
marron, mâchefer, suie d'usine, fumée de Londres,
gris de fer, olive pourrie, saumure tournée et autres
teintes de bon goût, dans les gammes neutres, comme
peut en trouver, à la suite de longues méditations, une
civilisation qui n'est pas coloriste.

Il en est de même de nos cheveux. Nous les avons
portés courts, mais cela n'a servi à rien : ils passaient
toujours pour longs, et eussions-nous arrondi à l'orchestre, sous l'artillerie des lorgnettes, un crâne aux

tons d'ivoire, nu et luisant comme un œuf d'autruche, toujours on eût assuré que sur nos épaules roulaient à grands flots des cascades de cheveux mérovingiennes, — ce qui était bien ridicule ! — Aussi nous avons donné *carte blanche* à ceux qui nous restent, et ils en ont profité — les traîtres — pour nous conserver un petit air d'Absalon romantique.

Nous avons dit, dès les premières lignes de cette série de souvenirs, comment nous avions été recruté par Gérard pour la bande d'*Hernani* dans l'atelier de Rioult, et investi du commandement d'une petite escouade répondant au mot d'ordre *Hierro*. Cette soirée devait être, selon nous et avec raison, le plus grand événement du siècle, puisque c'était l'inauguration de la libre, jeune et nouvelle Pensée sur les débris des vieilles routines, et nous désirions la solenniser par quelque toilette d'apparat, quelque costume bizarre et splendide faisant honneur au maître, à l'école et à la pièce. Le rapin dominait encore chez nous le poète, et les intérêts de la couleur nous préoccupaient fort. Pour nous le monde se divisait en *flamboyants* et en *grisâtres*, les uns objet de notre amour, les autres de notre aversion. Nous voulions la vie, la lumière, le mouvement, l'audace de pensée et d'exécution, le retour aux belles époques de la Renaissance et à la vraie antiquité, et nous rejetions le coloris effacé, le dessin maigre et sec, les compositions pareilles à des groupements de mannequins, que l'Empire avait légués à la Restauration.

Grisâtre avait aussi des acceptions littéraires dans notre pensée : Diderot était un flamboyant, Voltaire un grisâtre, de même que Rubens et Poussin. Mais nous avions en outre un goût particulier, l'amour du rouge ; nous aimions cette noble couleur, déshonorée maintenant par les fureurs politiques, qui est la pourpre, le sang, la vie, la lumière, la chaleur, et qui se marie si bien à l'or et au marbre, et cela était un vrai chagrin pour nous de la voir disparaître de la vie moderne et même de la peinture. Avant 1789, on pouvait porter un manteau écarlate avec des galons d'or, et à présent, pour voir quelques échantillons de cette teinte proscrite, on en était réduit à regarder la garde suisse relever le poste ou les habits rouges des fox-hunters des chasses anglaises aux vitrines des marchands d'estampes. *Hernani* n'est-il pas une occasion sublime pour réintégrer le rouge dans la place qu'il n'aurait jamais dû cesser d'occuper? et n'est-il pas convenable qu'un jeune rapin à cœur de lion se fasse le chevalier du Rouge et vienne secouer le flamboiement de la couleur odieuse aux *grisâtres*, sur ce tas de classiques également ennemis des splendeurs de la poésie? Ces bœufs verront du rouge et entendront des vers d'Hugo.

Nous n'avons pas la prétention de corriger une légende, mais nous devons cependant dire que ce gilet était un pourpoint taillé dans la forme des cuirasses de Milan ou des pourpoints des Valois, busqués en pointe sur le ventre en formant arête dans le milieu. On a dit que nous savions beaucoup de mots, mais nous n'en connaissons pas, il faut l'avouer, qui puissent exprimer suffisamment l'air ahuri de notre tailleur lorsque nous lui exposâmes ce plan de gilet.

Il demeura stupide,

aurait-il pu s'exclamer comme l'Hippolyte de Pradon en entendant l'aveu de Phèdre; et les cahiers d'expression du peintre Lebrun, à la page de l'ÉTONNEMENT, ne contiennent pas de têtes aux pupilles plus dilatées, aux sourcils plus surélevés et chassant les rides du front vers la racine des cheveux, que celle offerte en ce moment par l'honnête Gaulois (c'était son nom). Il nous crut fou, mais le respect l'empêchant de découvrir sa pensée tout entière à l'enfant pour la famille duquel il avait de la considération, il se contenta d'objecter d'une voix timide :

— Mais, monsieur, ce n'est pas la mode.

— Eh bien ! ce sera la mode — quand nous l'aurons porté une fois — répondîmes-nous, avec un aplomb digne de Brummel, de Nash, du comte d'Orsay ou de toute autre célébrité du dandysme.

— Je ne connais pas cette coupe; ceci rentre dans le costume de théâtre plutôt que dans l'habit de ville, et je pourrais manquer la pièce.

— Nous vous donnerons un patron en toile grise que nous avons dessiné, coupé et faufilé nous-même; vous l'ajusterez. Cela s'agrafe dans le dos comme le gilet des saint-simoniens sans aucun symbolisme. N'ayez pas peur ! n'ayez pas peur !

— Mes confrères se moqueront de moi, mais j'en ferai à votre fantaisie; et en quelle étoffe doit s'exécuter ce précieux accoutrement ?

Nous tirâmes d'un bahut un magnifique morceau de satin cerise ou vermillon de la Chine, que nous déployâmes triomphalement sous les yeux du tailleur épouvanté avec un air de tranquillité et de satisfaction qui l'alarma pour notre raison.

La lumière miroitait et glissait sur les cassures de l'étoffe que nous chiffonnions pour en faire jouer les reflets et les brillants. Les gammes les plus chaudes, les plus riches, les plus ardentes, les plus délicates du rouge étaient parcourues. Pour éviter l'infâme rouge de 93, nous avions admis une légère proportion de

pourpre dans notre ton; car nous étions désireux qu'on
ne nous attribuât aucune intention politique. Nous
n'étions pas dilettante de Saint-Just et de Maximilien
de Robespierre, comme quelques-uns de nos camarades
qui posaient pour les montagnards de la poésie, mais
plutôt moyen âge, vieux baron de fer, féodal, prêt
à nous réfugier contre l'envahissement du siècle, dans
le burg de Goetz de Berlichingen, comme il convenait
à un page du Victor Hugo de ce temps-là, qui avait
aussi sa tour dans la Sierra.

Malgré les répugnances bien concevables du brave
Gaulois, le pourpoint s'exécuta, s'agrafa par derrière
et, sauf le ridicule d'être dans la salle le seul de sa
coupe et de sa couleur, nous allait aussi bien qu'un
gilet à la mode. Le reste du costume se composait
d'un pantalon vert d'eau très pâle, bordé sur la couture
d'une bande de velours noir, d'un habit noir à revers
de velours largement renversés, et d'un ample pardessus
gris, doublé de satin vert. Un ruban de moire, servant
de cravate et de col de chemise, entourait le cou. Le
costume, il faut en convenir, n'était pas mal combiné
pour irriter et scandaliser les philistins. N'allez pas
croire à des enjolivements après coup. Rien de plus
exact. Nous voyons dans *Victor Hugo raconté par un
témoin de sa vie :* « Il n'y eut que l'excentricité des
costumes, qui, du reste, suffit amplement à l'horri-
pilation des loges. On se montrait avec horreur M. Théophile Gautier, dont le gilet flamboyant éclatait ce
soir là sur un pantalon gris tendre, orné au côté
d'une bande de velours noir, et dont les cheveux
s'échappaient à flots d'un chapeau plat à larges bords.
L'impassibilité de sa figure régulière et pâle et le
sang-froid avec lequel il regardait les honnêtes
gens des loges démontraient à quel degré d'abo-

mination et de désolation le théâtre était tombé. »

Oui, nous les regardâmes avec un sang-froid parfait toutes ces larves du passé et de la routine, tous ces ennemis de l'art, de l'idéal, de la liberté et de la poésie, qui cherchaient de leurs débiles mains tremblotantes à tenir fermée la porte de l'avenir; et nous sentions dans notre cœur un sauvage désir de lever leur scalp avec notre tomahawk pour en orner notre ceinture; mais à cette lutte, nous eussions couru le risque de cueillir moins de chevelures que de perruques; car si elle raillait l'école moderne sur ses cheveux, l'école classique, en revanche, étalait au balcon et à la galerie du Théâtre-Français une collection de têtes chauves pareille au chapelet de crânes de la déesse Dourga. Cela sautait si fort aux yeux, qu'à l'aspect de ces moignons glabres sortant de leurs cols triangulaires avec des tons couleur de chair et beurre rance, malveillants malgré leur apparence paterne, un jeune sculpteur de beaucoup d'esprit et de talent, célèbre depuis, dont les mots valent les statues, s'écria au milieu d'un tumulte : « A la guillotine, les genoux ! »

Nous demandons pardon à nos lecteurs de les avoir fait tant attendre sur le seuil d'Hernani, et cela pour leur parler de nous; mais ce n'est pas chez nous un péché d'habitude, et si nous connaissions un moyen de disparaître tout à fait de notre œuvre, nous l'emploierions; — le *je* nous répugne tellement que notre formule expressive est *nous*, dont le pluriel vague efface déjà la personnalité et vous replonge dans la foule. Mais l'apparition surnaturelle, le flamboiement farouche et météorique de notre pourpoint écarlate à l'horizon du Romantisme, ayant été regardé « comme un signe des temps », dirait la *Revue des Deux Mondes,*

et occupé ce dix-neuvième siècle qui avait pourtant
bien autre chose à faire, il a bien fallu faire violence
à notre modestie naturelle et nous mettre en scène
un instant, puisque aussi bien c'est nous qui étions
le moule de ce pourpoint mirifique. — *Cy finit la
légende du gilet rouge.*

Première représentation d'Hernani

25 février 1830 ! Cette date reste écrite dans le fond
de notre passé en caractères flamboyants : la date de
la première représentation d'*Hernani* ! Cette soirée
décida de notre vie ! Là nous reçûmes l'impulsion qui
nous pousse encore après tant d'années et qui nous
fera marcher jusqu'au bout de la carrière. Bien du
temps s'est écoulé depuis, et notre éblouissement est
toujours le même. Nous ne rabattons rien de l'enthousiasme de notre jeunesse, et toutes les fois que retentit
le son magique du cor, nous dressons l'oreille comme
un vieux cheval de bataille prêt à recommencer les
anciens combats.

Le jeune poète, avec sa fière audace et sa grandesse
de génie, aimant mieux d'ailleurs la gloire que le
succès, avait opiniâtrément refusé l'aide de ces cohortes
stipendiées qui accompagnent les triomphes et soutiennent les déroutes. Les claqueurs ont leur goût
comme les académiciens. Ils sont en général classiques.
C'est à contre-cœur qu'ils eussent applaudi Victor
Hugo : leurs hommes étaient alors Casimir Delavigne
et Scribe, et l'auteur courait risque, si l'affaire tournait mal, d'être abandonné au plus fort de la bataille.
On parlait de cabales, d'intrigues ténébreusement

ourdies, de guet-apens presque, pour assassiner la
pièce et en finir d'un seul coup avec la nouvelle École.
Les haines littéraires sont encore plus féroces que les
haines politiques, car elles font vibrer les fibres les
plus chatouilleuses de l'amour-propre, et le triomphe
de l'adversaire vous proclame imbécile. Aussi n'est-il
pas de petites infamies et même de grandes que ne se
permettent, en pareil cas, sans le moindre scrupule
de conscience, les plus honnêtes gens du monde.

On ne pouvait cependant pas, quelque brave qu'il
fût, laisser *Hernani* se débattre tout seul contre un
parterre mal disposé et tumultueux, contre des loges plus calmes en apparence mais non moins dangereuses dans leur hostilité polie, et dont le ricanement
bourdonne si importun au-dessous du sifflet plus franc,
du moins, dans son attaque. La jeunesse romantique
pleine d'ardeur et fanatisée par la préface de *Cromwell*, résolue à soutenir « l'épervier de la montagne »,
comme dit Alarcon du *Tisserand de Ségovie*, s'offrit
au maître qui l'accepta. Sans doute tant de fougue et
de passion était à craindre, mais la timidité n'était
pas le défaut de l'époque. On s'enrégimenta par petites
escouades dont chaque homme avait pour passe le
carré de papier rouge timbré de la griffe *Hierro*.
Tous ces détails sont connus, et il n'est pas besoin d'y
insister.

On s'est plu à représenter dans les petits journaux
et les polémiques du temps ces jeunes hommes, tous
de bonne famille, instruits, bien élevés, fous d'art et
de poésie, ceux-ci écrivains, ceux-là peintres, les uns
musiciens, les autres sculpteurs ou architectes, quelques-uns critiques et occupés à un titre quelconque
de choses littéraires, comme un ramassis de truands
sordides. Ce n'étaient pas les Huns d'Attila qui cam-

paient devant le Théâtre-Français, malpropres, farouches, hérissés, stupides; mais bien les chevaliers de l'avenir, les champions de l'idée, les défenseurs de l'art libre; et ils étaient beaux, libres et jeunes. Oui, ils avaient des cheveux, — on ne peut naître avec des perruques — et ils en avaient beaucoup qui retombaient en boucles souples et brillantes, car ils étaient bien peignés. Quelques-uns portaient de fines moustaches et quelques autres des barbes entières. Cela est vrai, mais cela seyait fort bien à leurs têtes spirituelles, hardies et fières, que les maîtres de la Renaissance eussent aimé à prendre pour modèles.

Ces brigands de la pensée, l'expression est de Philothée O'Neddy, ne ressemblaient pas à de parfaits notaires, il faut l'avouer, mais leur costume où régnaient la fantaisie du goût individuel et le juste sentiment de la couleur, prêtait davantage à la peinture. Le satin, le velours, les soutaches, les brandebourgs, les parements de fourrures, valaient bien l'habit noir à queue de morue, le gilet de drap de soie trop court remontant sur l'abdomen, la cravate de mousseline empesée où plonge le menton, et les pointes des cols en toile blanche faisant œillères aux lunettes d'or. Même le feutre mou et la vareuse des plus jeunes rapins qui n'étaient pas encore assez riches pour réaliser leurs rêves de costume à la Rubens et à la Velasquez, étaient plus élégants à coup sûr que le chapeau en tuyau de poêle et le vieil habit à plis cassés des anciens habitués de la Comédie-Française, horripilés par l'invasion de ces jeunes barbares shakespeariens. Ne croyez donc pas un mot de ces histoires. Il aurait suffi de nous faire entrer une heure avant le public; mais, dans une intention perfide et dans l'espoir sans doute de quelque tumulte qui nécessitât ou prétextât l'inter-

vention de la police, on fit ouvrir les portes à deux
heures de l'après-midi, ce qui faisait huit heures d'attente jusqu'au lever du rideau.

La salle n'était pas éclairée. Les théâtres sont
obscurs le jour et ne s'illuminent que la nuit. Le
soir est leur aurore et la lumière ne leur vient que
lorsqu'elle s'éteint au ciel. Ce renversement s'accorde
avec leur vie factice. Pendant que la réalité travaille,
la fiction dort.

Rien de plus singulier qu'une salle de théâtre pendant la journée. A la hauteur, à l'immensité du vaisseau encore agrandies par la solitude, on se croirait dans
la nef d'une cathédrale. Tout est baigné d'une ombre
vague où filtrent, par quelque ouverture des combles
ou quelque regard de loge, des lueurs bleuâtres, des
rayons blafards contrastant avec les tremblotements
rouges des fanaux de service disséminés en nombre
suffisant, non pour éclairer, mais pour rendre l'obscurité visible. Il ne serait pas difficile à un œil visionnaire, comme celui d'Hoffmann, de trouver là le
décor d'un conte fantastique. Nous n'avions jamais
pénétré dans une salle de spectacle le jour, et lorsque
notre bande, comme le flot d'une écluse qu'on ouvre,
creva à l'intérieur du théâtre, nous demeurâmes surpris de cet effet à la Piranèse.

On s'entassa du mieux qu'on put aux places hautes,
aux recoins obscurs du cintre, sur les banquettes de
derrière des galeries, à tous les endroits suspects et
dangereux où pouvait s'embusquer dans l'ombre une
clef forée, s'abriter un classique furieux, un prudhomme épris de Campistron et redoutant le massacre
des bustes par des septembriseurs d'un nouveau genre.
Nous n'étions là guère plus à l'aise que don Carlos
n'allait l'être tout à l'heure au fond de son armoire;

mais les plus mauvaises places avaient été réservées aux plus dévoués, comme en guerre les postes les plus périlleux aux enfants perdus qui aiment à se jeter dans la gueule même du danger. Les autres, non moins solides, mais plus sages, occupaient le parterre, rangés en bon ordre sous l'œil de leurs chefs, et prêts à donner avec ensemble sur les philistins au moindre signe d'hostilité.

Six ou sept heures d'attente dans l'obscurité, ou tout au moins la pénombre d'une salle dont le lustre n'est pas allumé, c'est long, même lorsqu'au bout de cette nuit *Hernani* doit se lever comme un soleil radieux.

Des conversations sur la pièce s'engagèrent entre nous, d'après ce que nous en connaissions. Quelques-uns, plus avant dans la familiarité du maître, en avaient entendu lire des fragments dont ils avaient retenu quelques vers, qu'ils citaient et qui causaient un vif enthousiasme. On y pressentait un nouveau *Cid*; un jeune Corneille non moins fier, non moins hautain et castillan que l'ancien, mais ayant pris cette fois la palette de Shakespeare. On discutait sur les divers titres qu'avait dû porter le drame. Quelques-uns regrettaient *Trois pour une*, qui leur semblait un vrai titre à la Calderon, un titre de cape et d'épée, bien espagnol et bien romantique, dans le genre de *La vie est un songe*, des *Matinées d'avril et de mai*; d'autres, et avec raison, trouvaient plus de gravité au titre ou plutôt au sous-titre l'*Honneur castillan*, qui contenait l'idée de la pièce.

Le plus grand nombre préférait *Hernani* tout court, et leur avis a prévalu, car c'est ainsi que le drame s'appelle définitivement, et que, pour nous servir de la formule homérique, il voltige, nom ailé, sur la bouche des hommes à la voix articulée.

Dix ans plus tard nous voyagions en Espagne. Entre Astigarraga et Tolosa, nous traversâmes au galop des mules un bourg à demi ruiné par la guerre entre les *christinos* et les *carlistes,* dont nous entrevoyions confusément dans l'ombre les murs historiés d'énormes blasons sculptés au-dessus des portes et les fenêtres noires à serrureries compliquées, grilles et balcons touffus, témoignant d'une ancienne splendeur, et nous demandâmes à notre zagal qui courait près de la voiture, la main posée sur la maigre échine de la mule hors montoir, le nom de ce village; il nous répondit : « Ernani. » — A ces trois syllabes évocatrices, la somnolence qui commençait à nous envahir, après une journée de fatigue, se dissipa tout à coup. A travers le perpétuel tintement de grelots de l'attelage, passa, comme un soupir lointain, une note du cor d'Hernani. Nous revîmes dans un éblouissement soudain le fier montagnard avec sa cuirasse de cuir, ses manches vertes et son pantalon rouge; don Carlos dans son armure d'or, dona Sol, pâle et vêtue de blanc, Ruy Gomez de Silva debout devant les portraits de ses aïeux; tout le drame complet. Il nous semblait même entendre encore la rumeur de la première représentation.

Victor Hugo enfant, revenant d'Espagne en France, après la chute du roi Joseph, a dû traverser ce bourg dont l'aspect n'a pas changé, et recueillir de la bouche d'un postillon ce nom bizarre d'une sonorité éclatante, si bien fait pour la poésie qui, mûrissant plus tard dans son cerveau comme une graine oubliée dans un coin, a produit cette magnifique floraison dramatique.

La faim commençait à se faire sentir. Les plus prudents avaient emporté du chocolat et des petits

pàins, — quelques-uns — *proh! pudor* — des cervelas;
des classiques malveillants disent à l'ail. Nous ne le
pensons pas; d'ailleurs l'ail est classique, Thestysis
en broyait pour les moissonneurs de Virgile. La
dînette achevée, on chanta quelques ballades d'Hugo,
puis on passa à quelques-unes de ces interminables
scies d'atelier, ramenant, comme les norias leurs
godets, leurs couplets versant toujours la même
bêtise; ensuite on se livra à des imitations du cri des
animaux dans l'arche, que les critiques du Jardin des
Plantes auraient trouvés irréprochables. On se livra
à d'innocentes gamineries de rapins; on demanda la
tête ou plutôt le *gazon* de quelque membre de l'Institut; on déclama des *songes tragiques!* et l'on se permit, à l'endroit de Melpomène, toutes sortes de liber-
tés juvéniles qui durent fort étonner la bonne vieille
déesse, peu habituée à sentir chiffonner de la sorte son
peplum de marbre.

Cependant le lustre descendait lentement du plafond avec sa triple couronne de gaz et son scintille-
ment prismatique; la rampe montait, traçant entre
le monde idéal et le monde réel sa démarcation lumineuse. Les candélabres s'allumaient aux avant-scènes
et la salle s'emplissait peu à peu. Les portes des loges
s'ouvraient et se fermaient avec fracas. Sur le rebord
de velours, posant leurs bouquets et leurs lorgnettes,
les femmes s'installaient comme pour une longue
séance, donnant du jeu aux épaulettes de leur corsage
décolleté, s'asseyant bien au milieu de leurs jupes. —
Quoiqu'on ait reproché à notre école l'amour du laid,
nous devons avouer que les belles, jeunes et jolies
femmes furent chaudement applaudies de cette jeunesse ardente, ce qui fut trouvé de la dernière incon-
venance et du dernier mauvais goût par les vieilles et

les laides. Les applaudies se cachèrent derrière leurs bouquets avec un sourire qui pardonnait.

L'orchestre et le balcon étaient pavés de crânes académiques et classiques. Une rumeur d'orage grondait sourdement dans la salle, il était temps que la toile se levât : on en serait peut-être venu aux mains avant la pièce, tant l'animosité était grande de part et d'autre. Enfin les trois coups retentirent. Le rideau se replia lentement sur lui-même, et l'on vit, dans une chambre à coucher du seizième siècle, éclairée par une petite lampe, dona Josefa Duarte, vieille en noir, avec le corps de sa jupe cousu de jais à la mode d'Isabelle la Catholique, écoutant les coups que doit frapper à la porte secrète un galant attendu par sa maîtresse :

> Serait-ce déjà lui ? — C'est bien à l'escalier
> Dérobé —

La querelle était déjà engagée. Ce mot rejeté sans façon à l'autre vers, cet enjambement audacieux, impertinent même, semblait un spadassin de profession, un Saltabadil, un Scoronconcolo allant donner une pichenette sur le nez du classicisme pour le provoquer en duel.

Hernani *(suite)*

— Eh quoi ! dès le premier mot l'orgie en est déjà là ! On casse les vers et on les jette par les fenêtres, dit un classique admirateur de Voltaire avec le sourire indulgent de la sagesse pour la folie.

Il était tolérant d'ailleurs et ne se fût pas opposé à de prudentes innovations, pourvu que la langue fût respectée; mais de telles négligences au début d'un ouvrage devaient être condamnées chez un poète, quels que fussent ses principes, libéral ou royaliste.

— Mais ce n'est pas une négligence, c'est une beauté, répliquait un romantique de l'atelier de Devéria, fauve comme un cuir de Cordoue et coiffé d'épais cheveux rouges comme ceux d'un Giorgione.

C'est bien à l'escalier
Dérobé.

Ne voyez-vous pas que ce mot *dérobé*, rejeté et comme suspendu en dehors du vers, peint admirablement l'escalier d'amour et de mystère qui enfonce sa spirale dans la muraille du manoir! Quelle merveilleuse science architectonique! quel sentiment de l'art du seizième siècle! quelle intelligence profonde de toute une civilisation!

L'ingénieux élève de Devéria voyait sans doute trop de choses dans ce rejet, car ses commentaires, développés outre mesure, lui attirèrent des *chut* et des *à la porte*, dont l'énergie croissante l'obligea bientôt au silence.

Il serait difficile de décrire, maintenant que les esprits sont habitués à regarder comme des morceaux pour ainsi dire classiques les nouveautés qui semblaient alors de pures barbaries, l'effet que produisaient sur l'auditoire ces vers si singuliers, si mâles, si forts, d'un tour si étrange, d'une allure si cornélienne et si shakespearienne à la fois. Nous allons cependant l'essayer. Il faut d'abord bien se figurer qu'à cette époque, en France, dans la poésie et même aussi dans la prose, l'horreur du mot propre était poussé à un degré inimaginable. Quoi qu'on fasse, on ne peut concevoir cette horreur qu'au point de vue historique, comme certains préjugés dont les motifs ou les prétextes ont disparu.

Quand on assiste aujourd'hui à une représentation d'*Hernani*, en suivant le jeu des acteurs sur un vieil exemplaire marqué de coups d'ongle à la marge pour désigner des endroits tumultueux, interrompus ou sifflés, d'où partent d'ordinaire maintenant les applaudissements comme des vols d'oiseaux avec de grands bruits d'ailes et qui étaient jadis des champs de bataille piétinés, des redoutes prises et reprises, des embuscades où l'on s'attendait au détour d'une épithète, des relais de meutes pour sauter à la gorge· d'une métaphore poursuivie, on éprouve une surprise indicible que les générations actuelles, débarrassées de ces niaiseries par nos vaillants efforts, ne comprendront jamais tout à fait. Comment s'imaginer qu'un vers comme celui-ci :

> Est-il minuit ? — Minuit bientôt

ait soulevé des tempêtes et qu'on se soit battu trois jours autour de cet hémistiche ? On le trouvait trivial, familier, inconvenant ; un roi demande l'heure comme un bourgeois et on lui répond comme à un rustre : *minuit*. C'est bien fait. S'il s'était servi d'une belle périphrase, on aurait été poli ; par exemple :

>   — l'heure
> Atteindra bientôt sa dernière demeure.

Si l'on ne voulait pas de mots propres dans les vers, on y supportait aussi fort impatiemment les épithètes, les métaphores, les comparaisons, les mots poétiques enfin, — le lyrisme, pour tout dire, ces échappées rapides vers la nature, ces élans de l'âme au-dessus de la situation, ces ouvertures de la poésie à travers

le drame, si fréquentes dans Shakespeare, Calderon
et Gœthe, si rares chez nos grands auteurs du dix-
septième siècle, que tout le théâtre de ce temps ne
fournit que ces deux vers pittoresques, l'un de Corneille, l'autre de Molière, le premier dans le récit du
Cid, le second dans les propos d'Orgon revenant de
voyage et se chauffant les mains devant le feu. Le
vers de Corneille est une cheville magnifique, taillée
par des mains souveraines dans le cèdre des parvis
célestes pour amener la rime de « voiles » dont il
avait besoin :

Cette obscure clarté qui tombe des étoiles.

Celui de Molière :

La campagne à présent n'est pas beaucoup fleurie

respire un sentiment de bien-être bourgeois et de
satisfaction de ne plus être exposé aux intempéries
de l'air, mais qui cependant fait penser, dans cette
noire maison du vieux Paris où s'enchevêtrent comme
des reptiles les tortuosités de l'intrigue, qu'il y a
encore là-bas, à la campagne, quelque chose de vert
et que l'homme, quoiqu'il ne la regarde guère, est
toujours enveloppé de la nature.

Ce spectacle si nouveau occupait la malveillance.
On suivait, sans la quitter des yeux, cette action si
vivement engagée, et l'on sacrifiait plus d'une fois
le plaisir de chuter ou d'interrompre à celui d'entendre. Le génie du poète dominait par instants les
routines et les mauvais instincts de la foule qui re-
gimbe contre tout ascendant qu'elle ne subissait pas
la veille et trouve qu'elle admire déjà bien assez de
gens comme cela.

Malgré la terreur qu'inspirait la bande d'Hugo répandue par petites escouades et facilement reconnaissable à ses ajustements excentriques et à ses airs féroces, bourdonnait dans la salle cette sourde rumeur des foules agitées qu'on ne comprime pas plus que celle de la mer. La passion qu'une salle contient se dégage toujours et se révèle par des signes irrécusables. Il suffisait de jeter les yeux sur ce public pour se convaincre qu'il ne s'agissait pas là d'une représentation ordinaire; que deux systèmes, deux partis, deux armées, deux civilisations même, — ce n'est pas trop dire — étaient en présence, se haïssant cordialement, comme on se hait dans les haines littéraires, ne demandant que la bataille, et prêts à fondre l'un sur l'autre. L'attitude générale était hostile, les coudes se faisaient anguleux, la querelle n'attendait pour jaillir que le moindre contact, et il n'était pas difficile de voir que ce jeune homme à longs cheveux trouvait ce monsieur à face bien rasée désastreusement crétin et ne lui cacherait pas longtemps cette opinion particulière.

En effet, de petits tumultes aussitôt étouffés éclataient aux plaisanteries romantiques de don Carlos, aux *Saint-Jean d'Avila* de don Ruy Gomez de Silva, et à certaines touches de couleur locale espagnole prise à la palette du *Romancero* pour plus d'exactitude. Mais comme au fond on sentait que ce mélange de familiarité et de grandeur, d'héroïsme et de passion, de sauvagerie chez Hernani, de rabâchage homérique chez le vieux Silva, révoltait profondément la portion du public qui ne faisait pas partie des *salteadores* d'Hugo! *De ta suite — j'en suis!* qui termine l'acte, devint, nous n'avons pas besoin de vous le dire, pour l'immense tribu des *glabres*, le prétexte des plus insupportables scies; mais les vers de la tirade sont si beaux, que dits même par ces canards de Vaucanson, ils semblaient encore admirables.

Mademoiselle Gay, qui fut plus tard madame Delphine de Girardin, et qui était déjà célèbre comme poétesse, attirait les yeux par sa beauté blonde. Elle prenait naturellement la pose et le costume que lui donne le portrait si connu d'Hersent, robe blanche, écharpe bleue, longues spirales de cheveux d'or, bras replié et bout du doigt appuyé sur la joue dans l'attitude de l'attention admirative; cette Muse avait toujours l'air d'écouter un Apollon. Lamartine et Victor Hugo étaient ses grands amis; elle se tint en adoration devant leur génie jusqu'au dernier jour, et sa belle main pâle ne laissa tomber l'encensoir que glacée. Ce soir-là, ce grand soir à jamais mémorable d'*Hernani*, elle applaudissait, comme un simple rapin entré avant deux heures avec un billet rouge, les beautés choquantes, les traits de génie révoltants. .

. . . .
. . . .*

* Article inachevé. — Ces lignes sur *Hernani* sont les dernières que le bon Théo ait écrites. Il mourut peu après. — Voir ci-dessus notre *introduction*, p. x et suivantes.

VICTOR HUGO[1]

Génie plastique et visionnaire*

[Lorsque Victor Hugo dessine] c'est bien toujours
le grand poète qui tient la plume. Seulement, cette
fois elle ne trace pas ces mots colorés comme la lumière,
vibrants comme le cristal, profonds comme l'infini,
que retiennent toutes les mémoires; mais elle s'amuse
n'étant plus dirigée, à griffonner, sur les marges de
l'idée qui rêve, les vagues profils des souvenirs, les
visions entrevues à travers les brouillards, les chimères
de la fantaisie et les caprices fortuits de la main inconsciente. Que de fois, lorsqu'il nous était donné d'être
admis presque tous les jours dans l'intimité de l'illustre écrivain, n'avons-nous pas suivi d'un œil émerveillé la transformation d'une tache d'encre ou de
café sur une enveloppe de lettre, sur le premier bout
de papier venu, en paysage, en château, en marine
d'une originalité étrange, où, du choc des rayons et
des ombres, naissait un effet inattendu, saisissant,
mystérieux, et qui étonnait même les peintres de
profession. Tout en laissant courir les hachures négli-
gentes, le grand poète causait comme il écrit, tantôt

---

* (Pages extraites d'une étude sur les *Dessins de Victor Hugo*, 1862.)

sublime, tantôt familier, toujours admirable; et
l'heure de se retirer venue, chacun se disputait les
dessins rayés par la griffe du lion, qu'accompagnait
ordinairement quelque dédicace aimable, latine, espagnole ou française selon le caractère du croquis et
de la personne qui l'emportait. Il n'est guère de disciple ou de fidèle du maître qui n'ait gardé religieusement une de ces œuvres improvisées, plus rares et
plus curieuses qu'un autographe, car elles montraient
l'écrivain sous un jour inconnu...

Il n'est pas difficile de deviner, au prodigieux sentiment plastique de l'écrivain, qu'il eût été aussi aisément grand peintre que grand poète; la puissance
d'objectivité qu'il possède lui eût servi pour des tableaux
comme elle lui sert pour des pages et pour des livres.
Mais il n'a pas poussé au delà du simple délassement
cette faculté naturelle, sachant que ce n'est pas trop
de tout un homme pour un seul art. Le dessin n'est
donc pas une prétention chez Victor Hugo, et si parfois on a vu d'illustres maîtres tirer plus de vanité
d'un talent secondaire que de l'art qui faisait leur
gloire, ce n'est pas le cas de notre poète...

On sait, lui-même y fait mainte allusion dans ses
vers, quel infatigable promeneur c'est que Victor
Hugo. Pensif et mystérieux rôdeur que la muse toujours
accompagne, il aime à surprendre la solitude dans
l'abandon de ses attitudes secrètes, à venir chez la
nature aux heures où, n'attendant personne, elle
reste en déshabillé et ne compose pas son visage. Il
erre à travers les prairies, lorsque sur les rougeurs du
soir les files de peupliers prennent des silhouettes
étranges et ressemblent à des processions de fantômes, et le matin, quand le frisson de l'aube fait gre-
lotter le vieil orme convulsif au bord d'une route

baignée d'ombre : un passant rêveur a remarqué ce
tremblement noir sur les blancheurs livides de l'aurore, et vous le retrouverez dans une strophe ou dans
un dessin. Le poète possède cet œil visionnaire dont
il parle à propos d'Albert Dürer; il voit les choses
par leur angle bizarre, et la vie cachée sous les formes
se révèle à lui dans son activité merveilleuse. La
forêt fourmille étrangement; les racines fouillent le
sol de leurs griffes, pareilles à des serpents rentrant
dans leurs repaires; les branches aux coudes noueux,
aux doigts difformes s'étendent comme des bras de
spectre; les nœuds des vieux troncs semblent des
yeux qui vous regardent, et, sous les feuilles remuées,
on croit voir des fuites de robes ou de suaires.

Ce regard qui dégage de l'aspect naturel l'aspect
fantastique, Victor Hugo n'en est pas moins doué
à l'endroit de l'architecture. Il rend aussi bien la
terreur froide des ruines que l'horreur secrète des
forêts. A son génie se mêle quelque chose du génie
de Piranèse, le Smarra architectural, dont les noires
eaux-fortes donnent la sensation du rêve et du
cauchemar. Comme lui, il aime à se promener dans
les décombres des édifices abandonnés, à descendre
les escaliers chancelants qui mènent aux lieux profonds, à errer dans le dédale obscur des couloirs
sans issue, la lanterne sourde d'Anne Radcliffe à
la main. Il est inutile d'insister plus longtemps sur
cette faculté extraordinaire. Tout le monde a lu et
relu *Notre-Dame de Paris* qui, on peut le dire, a sauvé
l'art du moyen âge en France et donné à l'archéo-
logie une impulsion lyrique.

Ainsi donc voici notre rêveur parti : une strophe
volette dans son cerveau avec un frémissement d'ailes
qui se déplient et cherchent à prendre leur vol. Il

marche de ce pas lent et machinal que ne commande
plus la volonté. Déjà il a quitté la ville, et les objets
se peignent dans son œil qui ne regarde pas, mais
qui voit. Les tableaux se succèdent, composés de réalité
et de chimère, de ténèbres et de rayons, se mêlant à
la vision intérieure et s'y teignant de reflets surnaturels; tantôt c'est, à travers quelques bouquets
d'arbres, le clocher de Wordsworth montrant le ciel
de son doigt silencieux comme pour faire souvenir
la terre que Dieu est là-haut; tantôt, sur une zone
claire du couchant, où se traîne comme un crocodile
au ventre écaillé de lumière un long nuage sombre
et gonflé de pluie, se profile en vigueur la dentelure
d'un vieux château demi fantastique, hérissée de toits
en éteignoir, d'aiguilles, de cheminées et de clochetons
bulbeux, ayant pour premier plan une gerbe d'arbres
singuliers. Plus loin, dans le pli d'un vallon, une chaumière presque enfouie sous les ramures, trahit sa
présence par un filet de fumée et dit qu'une âme
habite là. Au bout d'un vallon, qui s'étrangle et s'es-
carpe en gorge abrupte, une forteresse démantelée,
éventrée, effondrée, se dresse avec ses pans de murs
dont les pierres continuent la roche. Un arbre mort,
tordant son squelette, fait face à l'édifice mort où rien
n'est resté debout que le clocher de la chapelle. Sur
le versant opposé, un rocher à configuration mons-
trueusement humaine semble un Volney romantique
méditant sur les ruines. Le poëte marche toujours;
un groupe de strophes s'est détaché de son front songeur, et voici qu'au sommet d'un pic, comme une
couronne aux pointes aiguës, une flèche gothique,
ouvrée et fenestrée à jour, s'élance à l'escalade du
ciel avec une folle ardeur d'ascension, sans s'inquiéter
si les autres aiguilles plus humbles la peuvent suivre

à ces hauteurs vertigineuses. Une ville jaillit d'un
gouffre sombre sur le plateau d'une montagne, comme
Ronda ou Constantine, découpant sur le ciel orageux
ses remparts lézardés par la brèche, ses tours au profil
écorné, ses clochers à renflements, ses échauguettes, ses
pignons en escalier et ses cheminées noires. Le promeneur a débouché dans la plaine. Le soleil disparaît
à l'horizon parmi les braises et les fumées du couchant
derrière la silhouette d'une ville à dômes et à tours,
incendiée de reflets ardents où l'imagination peut voir
l'embrasement de Sodome ou de Moscou. Puis la nuit
vient; l'immensité se tend de crêpes lugubres, qu'égra-
tignent comme des fils de paillon quelques vagues
traînées de lumière. Les ruines d'un vieil édifice
inconnu s'ébauchent obscurément sous une blafarde
lueur et s'écrasent au milieu des rochers et des brous-
sailles. Un burg s'élève au centre d'un cercle de montagnes farouches, comme Barberousse entouré de
chevaliers en révolte. Mais la pièce de vers est finie.
La rime suprême a répondu à l'appel de sa sœur; il
est temps de rentrer au logis, où la famille attend sur le
seuil le retour du rêveur pour l'agape du soir. Il n'y
a plus que le bois à traverser. Sur la face argentée
de la lune, les déchiquetures entrecroisées des ramures
font l'effet d'une voilette de Chantilly sur un visage
pâle. Dans les herbes, les ombres et les lueurs prolongent
leurs stries bizarres et les effarements nocturnes se
tapissent derrière les taillis difformes: Tout le frisson
des grands bois aux heures sombres palpite sous ces
hachures désordonnées, où l'œil inattentif ne verrait
qu'un griffonnage.

Après les causeries du dessert, le poète confie au
papier les vers qu'il a butinés pendant sa longue pro-
menade, et s'il reste une place blanche, parfois de

la même plume dont il vient de fixer des strophes
immortelles, il esquisse en traits rapides et non-
chalants les images confusément perçues à droite
et à gauche de la route. Nous ne répondrions pas
que toujours il ait vu réellement ce qu'il dessine :
un colombier de ferme a peut-être été le point de départ
de ce burg sourcilleux; un village enflammé par le
couchant est devenu l'incendie d'une cité babylo-
nienne; les grossissements et les déformations du
crépuscule ont fait d'une humble chaumière une forteresse sinistre et formidable, et des ondulations
d'un tertre une sierra aux crêtes chenues; ce qui n'était
qu'un arbre s'est contourné en fantôme, et les objets
les plus simples ont pris des apparences spectrales.
Car le talent de Victor Hugo, qu'il écrive ou qu'il
dessine, a cela de particulier qu'il est à la fois exact
et chimérique. Il rend l'aspect visible des choses avec
une précision que nul n'a égalée, mais il rend aussi
l'aspect invisible au vulgaire; derrière la réalité, il met
le fantastique comme l'ombre derrière le corps, et
n'oublie jamais qu'en ce monde toute figure, belle ou
difforme, est suivie d'un spectre noir comme d'un
page ténébreux.

VENTE DU MOBILIER DE VICTOR HUGO
EN 1852 *

S'il y a quelque chose de triste au monde, c'est
une vente après décès. La foule entre de plain-pied
dans un intérieur fermé jusque-là, et qui ne s'ouvrait

---

* Sur les causes de cette vente, voir la note 5, page 344.

qu'à la parenté ou qu'à l'amitié; elle se promène partout, avide et curieuse, surtout si le mort a joui de quelque célébrité, profanant les recoins secrets, bourdonnant autour de l'autel des lares domestiques. Ces meubles, qui gardent encore l'empreinte de la vie, ces livres laissés ouverts sur une table, comme pour en reprendre plus tard la lecture; ces pendules au balancier immobile où l'œil du maître a lu sa dernière heure; ces portraits des aïeux ou d'êtres plus chers encore; ces tableaux orgueil de la maison; tous ces petits objets familiers, dont se compose la physionomie d'une maison, s'en vont dispersés comme des feuilles éparpillées au vent, deçà, delà, perdant le sens que leur donnait leur réunion, commencer ailleurs une autre existence, souvenirs abolis, hiéroglyphes indéchiffrables désormais. Certes, c'est là un spectacle navrant, plein d'idées lugubres et de réflexions amères ! Mais ce qu'il y a encore de plus morne et de plus pénible à voir, c'est la vente du mobilier d'un homme vivant, surtout quand cet homme se nomme Victor Hugo, c'est-à-dire le plus grand poète de la France, maintenant en exil comme Dante, et qui apprend par expérience combien il est douloureusement vrai le vers du vieux gibelin :

Il est dur de monter par l'escalier d'autrui.

Nous avons sous les yeux, au moment où nous écrivons ces lignes, une mince brochure bleue dont voici le titre :

« Catalogue sommaire d'un bon mobilier, d'objets d'art et de curiosité, meubles anciens en bois de chêne sculpté, bois doré et laque du Japon, pendules en marqueterie de Boule, bronzes, porcelaines de Saxe, de Chine, du Japon, faïences anciennes, verreries de Venise, terres cuites, bustes en marbre, médaillons en bronze, tableaux, dessins, livres, Voyage en Égypte, armes anciennes, rideaux, tentures, tapis et tapisseries, couchers, porcelaines, batterie de cuisine, etc., dont la vente aux enchères publiques aura lieu pour cause du départ de M. Victor Hugo, rue de la Tour-d'Auvergne, nᵒ 37, par le ministère de Mᵉ Ridel, commissaire-priseur rue Saint-Honoré, 335, assisté de M. Manheim, marchand de curiosités, rue de la paix, 8, chez lesquels se distribue le présent catalogue. »

Nulle élégie ne nous a plus ému que cette simple nomenclature qui, sous son aridité de style, de vérité, cache un poème de muette douleur. C'est comme une nénie de séparation éternelle, comme l'adieu d'un voyage sans retour. A quoi bon des meubles à celui qui n'a plus de foyer, et qui va errer de rivage en rivage sur la terre étrangère, suivi du petit groupe de la famille, hélas ! déjà diminué par la mort. Pourquoi conserver cette maison veuve où le maître ne rentrera plus ? Que ferait d'un lit, d'une table, d'un fauteuil, le poète qui n'a plus que le monde pour patrie ?

Fatales nécessités, sur lesquelles nous devons nous taire, et qu'il ne nous appartient pas de discuter, mais qu'il nous est permis au moins de déplorer, car nous avons été le disciple, l'admirateur, et nous sommes toujours l'ami du grand homme ainsi frappé. Qui nous eût dit, — après les soirées triomphales d'*Hernani*, de *Lucrèce Borgia*, de *Ruy Blas*, lorsque perdu, nous l'un des plus obscurs, dans un flot de jeunesse enthousiaste, nous suivions le poète, attendant un sourire, un mot amical, une poignée de main, — que le maître suprême, le dieu de la poésie, que nous n'abordions qu'avec des terreurs et des tremblements, aurait un jour besoin du secours de notre plume, afin d'annoncer la vente de son mobilier *pour cause de départ*, et d'ajouter, par la publicité, quelque obole à son pécule d'exil !

Il nous répugne vraiment par trop de dépoétiser par une énumération de commissaire-priseur cet intérieur où nous avons passé des heures si douces, dans une charmante intimité, écoutant une de ces conversations d'art, de voyage ou de philosophie, comme on n'en entendra plus. Nous aimons mieux en retracer la physionomie vivante, et, par ce léger crayon fait à la hâte, conserver la figure des lieux et la place des objets. Ces quelques lignes seront peut-être plus tard consultées comme documents pour la biographie du poète.

M. Victor Hugo, après un long séjour à la place Royale, avait transporté, rue de la Tour-d'Auvergne, dans une vaste, calme et solitaire maison propice à la rêverie et au travail, et des fenêtres de laquelle on aperçoit Paris en panorama, espèce d'Océan immobile qui a sa grandeur comme l'autre. On traversait une cour déserte, l'on montait, et au premier l'on trouvait le logis hospitalier du poète, modeste demeure pour un si grand nom, et où les étrangers, venus de loin pour le saluer, s'étonnaient de ne trouver ni portiques ni colonnes de marbre.

Dès l'antichambre, le goût particulier du poète se déclarait, car nul n'a plus imprimé le cachet de sa fantaisie aux lieux qu'il habitait : des fontaines chinoises, des vases en faïence de Rouen, des armoires en laque du Japon, décoraient cette première pièce.

Le petit salon d'attente, revêtu de cuir de Cordoue gaufré et doré, encadrant deux panneaux de tapisserie gothique de très vieille date, plus ancienne même que la tapisserie de Bayeux, s'éclairait par une fenêtre à vitraux allemands ou suisses ; une cheminée en chêne sculptée, une glace à cadre de terre cuite où se déroulaient, à travers les arabesques de l'ornementation, les principales scènes du roman de *Notre-Dame de Paris*, un buste de nègre en pierre de touche, quelques fragments de boiserie ancienne, une grande pendule en marqueterie, en écaille et en cuivre, une chaise longue et un fauteuil en bambou de Chine, tel était l'ameublement de ce petit salon, dont la plus grande singularité consistait en un lutrin mobile tournant comme une roue, et destiné à porter des in-folio sur ses palettes; une vieille Bible ouverte et posée sur ses rayons faisait comprendre l'usage et l'utilité de ce meuble de bénédictin.

Nous n'en avons pas encore dit la principale richesse, un dessin magnifique représentant les bords du Rhin, illustration du livre exécutée par la main qui l'a écrit.

Victor Hugo, s'il n'était pas poète, serait un peintre de premier ordre; il excelle à mêler, dans des fantaisies sombres et farouches, les effets de clair obscur de Goya à la terreur architecturale de Piranèse; il sait, au milieu d'ombres menaçantes, ébaucher d'un rayon de lune ou d'un éclat de foudre, les tours d'un bourg démantelé, et sur un rayon livide de soleil couchant découper en noir la silhouette d'une ville lointaine avec sa série d'aiguilles, de clochers et de beffrois. Bien des décorateurs lui envieraient cette qualité étrange de créer des donjons, des vieilles rues, des châteaux, des églises en ruine; d'un style insolite, d'une architecture inconnue, pleine d'amour et de mystère, dont l'aspect vous oppresse comme un cauchemar.

De ce petit salon on entre dans la chambre à coucher du poète, qui ressemble un peu à la chambre de la Tisbé. Un lit à colonnes salomoniques et à dossiers dorés en occupe le fond avec ses amples pentes de vieux damas des Indes. Les murs sont tapissés de tentures de Chine, et le plafond est orné d'une peinture allégorique de Châtillon, représentant une femme couchée, souriant à un personnage vêtu comme Pétrarque et qui étudie dans un grand livre. Dans la cheminée, faite de morceaux raccordés de bas-reliefs gothiques, se prélassent deux mornes chenets de fer, enlevés sans doute à l'âtre colossal de quelque burg du Rhin, et sur lesquels Job et Magnus ont peut-être appuyé leurs pieds chaussés d'acier.

Tout un monde de chimères, de potiches, de sculptures d'ivoire, jonche les étagères, reflétées par des miroirs de Venise au cadre de cuivre estampé; un beau banc de bois de chêne, du travail gothique le plus délicatement fenestré et fleuri, y sert de canapé. — Dans un coin se cache la petite table sur laquelle ont été écrits tant de beaux vers, de drames pathétiques et de pages impérissables. Une boussole ancienne, des cachets, un encrier, un coffret de fer précieusement ouvragé, chargent le vieux tapis qui la recouvre. Aux murs sont appendus plusieurs dessins de maître, dont quelques-uns portent des épigraphes.

Le salon, tendu en damas de soie bleue, est plafonné d'une grande tapisserie à sujets, tirés de *Télémaque*; des nègres en bois doré supportent des torchères; une cheminée en velours rouge avec des figures en plâtre aussi doré; des glaces anciennes, des tableaux de Saint-Evre, de Paul Huet, de Nanteuil, de Boulanger; des portraits du poète, de sa femme et de ses enfants, un buste monumental par David, des portes de laque du Japon, et un grand meuble de satin blanc à fleurs, forment la décoration de cette pièce, la plus vaste du logis.

La salle à manger qui la précède est tendue de tapisseries anciennes, garnie de dressoirs en chêne sculpté, de torchères et de lustres hollandais.

Sur les étagères et les bahuts s'entassent des porcelaines du Japon, des faïences de Rouen et de Vincennes, des verres de Bohême ou de Venise, mille curiosités entassées une à une par la fantaisie patiente du poète en furetant les vieux quartiers des villes qu'il a parcourues.

Tout ce poème domestique va être démembré et vendu hémistiche par hémistiche, nous voulons dire fauteuil par fauteuil, rideau par rideau. Espérons que les nombreux admirateurs du poète s'empresseront à cette triste vente qu'ils auraient dû empêcher, en achetant par souscription le mobilier et la maison qui le renferme, pour les rendre plus tard à leur maître ou à la France s'il ne doit pas revenir. En tout cas qu'ils songent que ce ne sont pas des meubles qu'ils achètent, mais des reliques.

BALZAC[*]

Vers 1835, nous habitions deux petites chambres dans l'impasse du Doyenné, à la place à peu près qu'occupe aujourd'hui le pavillon Mollien. Quoique situé au centre de Paris, en face des Tuileries, à deux pas du Louvre, l'endroit était désert et sauvage, et il fallait certes de la persistance pour nous y découvrir. Cependant un matin nous vîmes un jeune homme aux façons distinguées, à l'air cordial et spirituel, franchir notre seuil en s'excusant de s'introduire lui-même; c'était Jules Sandeau : il venait nous recruter de la part de Balzac pour la *Chronique de Paris*, un journal hebdomadaire dont on a sans doute gardé le souvenir, mais qui ne réussit pas pécuniairement comme il le méritait. Balzac, nous dit Sandeau, avait lu *Mademoiselle de Maupin*, tout récemment parue alors, et il en avait fort admiré le style; aussi désirait-il assurer notre collaboration à la feuille qu'il patronnait et dirigeait. Un rendez-vous fut pris pour nous mettre en rapport, et de ce jour date entre nous une amitié que la mort seule rompit.

Si nous avons raconté cette anecdote, ce n'est pas

---

* Balzac mourut en 1850. — Au printemps de 1858, Gautier écrivit les souvenirs qu'on va lire. (Voir aussi note 6, page 345).

parce qu'elle est flatteuse pour nous, mais parce qu'elle honore Balzac, qui, déjà illustre, faisait chercher un jeune écrivain obscur, débutant d'hier, et l'associait à ses travaux sur un pied de camaraderie et d'égalité parfaites. En ce temps, il est vrai, Balzac n'était pas encore l'auteur de la *Comédie humaine*, mais il avait fait, outre plusieurs nouvelles, la *Physiologie du Mariage*, la *Peau de chagrin*, *Louis Lambert*, *Seraphita*, *Eugénie Grandet*, l'*Histoire des Treize*, le *Médecin de Campagne*, le *Père Goriot*, c'est-à-dire, en temps ordinaire, de quoi fonder cinq ou six réputations. Sa gloire naissante, renforcée chaque mois de nouveaux rayons, brillait de toutes les splendeurs de l'aurore ; et certes il fallait un vif éclat pour luire sur ce ciel où éclataient à la fois Lamartine, Victor Hugo, de Vigny, de Musset, Sainte-Beuve, Alexandre Dumas, Mérimée, George Sand, et tant d'autres encore ; mais à aucune époque de sa vie Balzac ne se posa en grand Lama littéraire, et il fut toujours bon compagnon ; il avait de l'orgueil, mais était entièrement dénué de vanité.

Il demeurait en ce temps-là au bout du Luxembourg, près de l'Observatoire, dans une petite rue peu fréquentée baptisée du nom de Cassini, sans doute à cause du voisinage astronomique. Sur le mur du jardin qui en occupait presque tout un côté, et au bout duquel se trouvait le pavillon habité par Balzac, on lisait : l'*Absolu, marchand de briques*. Cette enseigne bizarre, qui subsiste encore si nous ne nous trompons, nous frappa beaucoup ; *la Recherche de l'absolu* n'eut peut-être pas d'autre point de départ. Ce nom fatidique a probablement suggéré à l'auteur l'idée de Balthasar Claes au pourchas de son rêve impossible.

Quand nous le vîmes pour la première fois, Balzac, plus âgé d'un an que le siècle, avait environ trente-six

ans et sa physionomie était de celles qu'on n'oublie
plus. En sa présence la phrase de Shakespeare sur
César vous revenait à la mémoire : Devant lui la nature
pouvait se lever hardiment et dire à l'univers : « C'est là
un homme ! »

Le cœur nous battait fort, car jamais nous n'avons
abordé sans tremblement un maître de la pensée, et tous
les discours que nous avions préparés en chemin nous
restèrent à la gorge pour ne laisser passer qu'une
phrase stupide équivalent à celle-ci : « Il fait aujour-
d'hui une belle température. » Balzac, qui vit notre
embarras, nous eut bientôt mis à l'aise, et pendant le
déjeuner le sang-froid nous revint assez pour l'examiner
en détail.

Il portait dès lors en guise de robe de chambre ce froc
de cachemire ou de flanelle blanche retenu à la ceinture
par une cordelière, dans lequel quelque temps plus tard
il se fit peindre par Louis Boulanger. Quelle fantaisie
l'avait poussé à choisir, de préférence à un autre, ce costume qu'il ne quitta jamais, nous l'ignorons ; peut-être
symbolisait-il à ses yeux la vie claustrale à laquelle le
condamnaient ses labeurs, et, bénédictin du roman, en
avait-il pris la robe ? Toujours est-il que ce froc blanc
lui seyait à merveille. Il se vantait en nous montrant ses
manches intactes de n'en avoir jamais altéré la pureté
par la moindre tache d'encre, « car, disait-il, le vrai littérateur doit être propre dans son travail. »

Son froc rejeté en arrière laissait à découvert son col
d'athlète ou de taureau, rond comme un tronçon de
colonne, sans muscles apparents et d'une blancheur
satinée qui contrastait avec le ton plus coloré de la
face. A cette époque, Balzac, dans toute la force de
l'âge, présentait les signes d'une santé violente peu en
harmonie avec les pâleurs et les verdeurs romantiques

à la mode. Son pur sang tourangeau fouettait ses joues
pleines d'une pourpre vivace et colorait chaudement
ses bonnes lèvres épaisses et sinueuses, faciles au rire;
de légères moustaches et une mouche en accentuaient
les contours sans les cacher; le nez carré du bout, partagé en deux lobes, coupé de narines bien ouvertes,
avait un caractère tout à fait original et particulier;
aussi Balzac, en posant pour son buste, le recomman-
mandait-il à David d'Angers : « Prenez garde à mon
nez; — mon nez, c'est un monde ! » Le front était beau,
vaste, noble, sensiblement plus blanc que le masque,
sans autre pli qu'un sillon perpendiculaire à la racine
du nez; les protubérances de la mémoire des lieux
formaient une saillie très prononcée au-dessus des arcades sourcilières; les cheveux abondants, longs, durs
et noirs, se rebroussaient en arrière comme une crinière
léonine. Quant aux yeux, il n'en exista jamais de pareils.
Ils avaient une vie, une lumière, un magnétisme incon-
cevables. Malgré les veilles de chaque nuit, la sclé-
rotique en était pure, limpide, bleuâtre, comme celle
d'un enfant ou d'une vierge, et enchâssait deux diamants noirs qu'éclairaient par instants de riches reflets
d'or : c'étaient des yeux à faire baisser la prunelle
aux aigles, à lire à travers les murs et les poitrines, à
foudroyer une bête fauve furieuse, des yeux de souverain, de voyant, de dompteur.

Madame Émile de Girardin, dans son roman intitulé :
La canne de M. de Balzac, parle de ces yeux écla-
tants :

« Tancrède aperçut alors, au front de cette sorte de
massue, des turquoises, de l'or, des ciselures merveilleuses; et derrière tout cela deux grands yeux noirs plus
brillants que les pierreries ».

Ces yeux extraordinaires, dès qu'on avait rencontré

leur regard, empêchaient de remarquer ce que les
autres traits pouvaient présenter de trivial ou d'irrégulier.

L'expression habituelle de la figure était une sorte
d'hilarité puissante, de joie rabelaisienne et monacale
— le froc contribuait sans doute à faire naître cette
idée — qui vous faisaient penser à frère Jean des
Entommeures, mais agrandi et relevé par un esprit de
premier ordre.

Selon son habitude, Balzac s'était levé à minuit et
avait travaillé jusqu'à notre arrivée. Ses traits n'ac-
cusaient cependant aucune fatigue, à part une légère
couche de bistre sous les paupières, et il fut pendant
tout le déjeuner d'une gaieté folle. Peu à peu la conversation dériva vers la littérature, et il se plaignit de
l'énorme difficulté de la langue française. Le style le
préoccupait beaucoup, et il croyait sincèrement n'en pas
avoir. Il est vrai qu'alors on lui refusait généralement
cette qualité. L'école de Victor Hugo, amoureuse du
seizième siècle et du moyen âge, savante en coupes, en
rhythmes, en structures, en périodes, riche de mots,
brisée à la prose par la gymnastique du vers, opérant
d'ailleurs d'après un maître aux procédés certains, ne
faisait cas que de ce qui était bien *écrit*, c'est-à-dire
travaillé et monté de ton outre mesure, et trouvait de
plus la représentation des mœurs modernes inutile,
bourgeoise et manquant de lyrisme. Balzac, malgré
la vogue dont il commençait à jouir dans le public,
n'était donc pas admis parmi les dieux du romantisme,
et il le savait. Tout en dévorant ses livres, on ne s'arrêtait pas à leur côté sérieux, et, même pour ses admirateurs, il resta longtemps « le plus fécond de nos
romanciers », et pas autre chose ; — cela surprend
aujourd'hui, mais nous pouvons répondre de la vérité

de notre assertion. Aussi se donnait-il un mal horrible afin d'arriver au style, et, dans son souci de correction, consultait-il des gens qui lui étaient cent fois inférieurs. Il avait, disait-il, avant de rien signer, écrit, sous différents pseudonymes (Horace de Saint-Aubin, L. de Villerglé, etc.), une centaine de volumes « pour se délier la main ». Cependant il possédait déjà sa forme sans en avoir la conscience.

Mais revenons à notre déjeuner. Tout en causant, Balzac jouait avec son couteau ou sa fourchette, et nous remarquâmes ses mains qui étaient d'une beauté rare, de vraies mains de prélat, blanches, aux doigts menus et potelés, aux ongles roses et brillants ; il en avait la coquetterie et souriait de plaisir quand on les regardait. Il y attachait un sens de race et d'aristocratie. Lord Byron dit, dans une note, avec une visible satisfaction, qu'Ali-Pacha lui fit compliment de la petitesse de son oreille, et en inféra qu'il était bon gentilhomme. Une semblable remarque sur ses mains eût également flatté Balzac et plus que l'éloge d'un de ses livres. Il avait même une sorte de prévention contre ceux dont les extrémités manquaient de finesse. Le repas était assez délicat ; un pâté de foie gras y figurait, mais c'était une dérogation à la frugalité habituelle, comme il le fit remarquer en riant, et pour « cette solennité », il avait emprunté des couverts d'argent à son libraire !

Nous nous retirâmes après avoir promis des articles pour la *Chronique de Paris*, où parurent *un Tour en Belgique*, *la Morte amoureuse*, *la Chaîne d'or*, et autres travaux littéraires. Charles de Bernard, appelé aussi par Balzac, y fit *la Femme de Quarante ans*, *la Rose jaune*, et quelques nouvelles recueillies depuis en volumes. Balzac, comme on sait, avait inventé la femme de trente ans ; son imitateur ajouta deux lustres à cet âge déjà vénérable, et son héroïne n'en obtint pas moins de succès.

Avant d'aller plus loin, arrêtons-nous un peu et donnons quelques détails sur la vie de Balzac antérieurement à notre connaissance avec lui. Nos autorités seront madame de Surville sa sœur, et lui-même.

Balzac naquit à Tours le 16 mai 1799, le jour de la fête de saint Honoré, dont on lui donna le nom, qui parut bien sonnant et de bon augure. Le petit Honoré ne fut pas un enfant prodige; il n'annonça pas prématurément qu'il ferait la *Comédie humaine*. C'était un garçon frais, vermeil, bien portant, joueur, aux yeux brillants et doux, mais que rien ne distinguait des autres, du moins à des regards peu attentifs. A sept ans, au sortir d'un externat de Tours, on le mit au collége de Vendôme, tenu par des oratoriens, où il passa pour un élève très médiocre.

La première partie de *Louis Lambert* contient sur ce temps de la vie de Balzac de curieux renseignements. Dédoublant sa personnalité, il s'y peint comme ancien condisciple de Louis Lambert, tantôt parlant en son nom, et tantôt prêtant ses propres sentiments à ce personnage imaginaire, mais pourtant très réel, puisqu'il est une sorte d'objectif de l'âme même de l'écrivain.

« Situé au milieu de la ville, sur la petite rivière du Loir qui en baigne les bâtiments, le collége forme une vaste enceinte où sont enfermés les établissements nécessaires à une institution de ce genre : une chapelle, un théâtre, une infirmerie, une boulangerie, des cours d'eau. Ce collége, le plus célèbre foyer d'instruction que possèdent les provinces du centre, est alimenté par elles et par nos colonies. L'éloignement ne permet donc pas aux parents d'y venir souvent voir leurs enfants; la règle interdisait d'ailleurs les vacances externes. Une fois

entrés, les élèves ne sortaient du collége qu'à la fin de
leurs études. A l'exception des promenades faites exté-
rieurement sous la conduite des Pères, tout avait été cal-
culé pour donner à cette maison les avantages de la discipline conventuelle. De mon temps, le correcteur était
encore un vivant souvenir, et la férule de cuir y jouait
avec honneur son terrible rôle. »

C'est ainsi que Balzac peint ce formidable collége, qui
laissa dans son imagination de si persistants souvenirs.

Il serait curieux de comparer la nouvelle intitulée
William Wilson, où Edgar Poe décrit, avec les mystérieux grossissements de l'enfance, le vieux bâtiment du
temps de la reine Élisabeth où son héros est élevé avec
un compagnon non moins étrange que Louis Lambert;
mais ce n'est pas ici le lieu de faire ce rapprochement
que nous nous contentons d'indiquer.

Balzac souffrit prodigieusement dans ce collége, où sa
nature rêveuse était meurtrie à chaque instant par une
règle inflexible. Il négligeait de faire ses devoirs; mais,
favorisé par la complicité tacite d'un répétiteur de
mathématiques, en même temps bibliothécaire, et
occupé de quelque ouvrage transcendantal, il ne prenait
pas sa leçon et emportait les livres qu'il voulait. Tout
son temps se passait à lire en cachette. Aussi fut-il
bientôt l'élève le plus puni de sa classe. Les pensums,
les retenues absorbèrent bientôt le temps des récréations; à certaines natures d'écoliers, les châtiments
inspirent une sorte de rébellion stoïque, et ils opposent
aux professeurs exaspérés la même impassibilité dédaigneuse que les guerriers sauvages captifs aux ennemis
qui les torturent. Ni le cachot, ni la privation d'ali-
ments, ni la férule ne parviennent à leur arracher la
moindre plainte; ce sont alors entre le maître et l'élève
des luttes horribles, inconnues des parents, où la cons-

tance des martyrs et l'habileté des bourreaux se trouvent égalées. Quelques professeurs nerveux ne peuvent supporter le regard plein de haine, de mépris et de menace par lequel un bambin de huit ou dix ans les brave.

Rassemblons ici quelques détails caractéristiques qui, sous le nom de Louis Lambert, reviennent à Balzac.

« Accoutumé au grand air, à l'indépendance d'une éducation laissée au hasard, caressé par les tendres soins d'un vieillard qui le chérissait, habitué à penser sous le soleil, il lui fut bien difficile de se plier à la règle du collége, de marcher dans le rang, de vivre entre les quatre murs d'une salle où quatre-vingts jeunes gens étaient silencieux, assis sur un banc de bois, chacun devant son pupitre. Ses sens possédaient une perfection qui leur donnait une exquise délicatesse, et tout souffrit chez lui de cette vie en commun; les exhalaisons par lesquelles l'air était corrompu, mêlées à la senteur d'une classe toujours sale et encombrée des débris de nos déjeuners et de nos goûters, affectèrent son odorat, ce sens qui, plus directement en rapport que les autres avec le système cérébral, doit causer par ses altérations d'invisibles ébranlements aux organes de la pensée; outre ces causes de corruption atmosphérique, il se trouvait dans nos salles d'étude des baraques où chacun mettait son butin, des pigeons tués pour les jours de fête ou les mets dérobés au réfectoire. Enfin nos salles contenaient encore une pierre immense où restaient en tout temps deux seaux pleins d'eau où nous allions chaque matin nous débarbouiller le visage et nous laver les mains à tour de rôle, en présence du maître. Nettoyé une seule fois par jour, avant notre réveil, notre local demeurait toujours malpropre. Puis, malgré le nombre des fenêtres et la hauteur de la porte, l'air y était incessamment vicié par les émanations du lavoir, de la baraque, par les mille industries de chaque écolier, sans compter nos quatre-vingts corps réunis. — Cette espèce d'humus collégial, mêlé sans cesse à la boue que nous rapportions des cours, formait un fumier d'une insupportable puanteur.

La privation de l'air pur et parfumé des campagnes dans lequel il avait jusqu'alors vécu, le changement de ses habitudes, la discipline, tout contrista Lambert. La tête toujours appuyée sur sa main gauche et le bras accoudé à son pupitre, il passait les heures d'étude à regarder dans la cour le feuillage des arbres ou les nuages du ciel. Il semblait étudier ses leçons; mais, voyant sa plume immobile ou sa page restée blanche, le régent lui criait : « Vous ne faites rien, Lambert ! »...

Cousons ici quelques lignes curieuses sur la faculté de lecture attribuée à Louis Lambert, c'est-à-dire à Balzac.

« En trois ans, Louis Lambert s'était assimilé la substance des livres qui, dans la bibliothèque de son oncle, méritaient d'être lus. L'absorption des idées par la lecture était devenu chez lui un phénomène curieux : son œil embrassait sept ou huit lignes d'un coup, et son esprit en appréciait le sens avec une vélocité pareille à celle de son regard. Souvent même un mot dans la phrase suffisait pour lui en faire saisir le suc. Sa mémoire était prodigieuse. Il se souvenait avec une même fidélité des pensées acquises par la lecture et de celles que la réflexion ou la conversation lui avaient suggérées. Enfin il possédait toutes les mémoires : celles des lieux, des noms, des mots, des choses, des figures; non seulement il se rappelait les objets à volonté, mais encore il les revoyait en lui-même éclairés et colorés comme ils l'étaient au moment où il les avait aperçus. Cette puissance s'appliquait également aux actes les plus insaisissables de l'entendement. Il se souvenait, suivant son expression, non seulement du gisement des pensées dans le livre où il les avait prises, mais encore des dispositions de son âme à des époques éloignées. »

Ce merveilleux don de sa jeunesse, Balzac le conserva toute sa vie, accru encore, et c'est par lui que peuvent s'expliquer ses immenses travaux, — véritables travaux d'Hercule.

Les professeurs effrayés écrivirent aux parents de

Balzac de le venir chercher en toute hâte. Sa mère
accourut et l'enleva pour le ramener à Tours. L'étonnement de la famille fut grand lorsqu'elle vit l'enfant
maigre et chétif que le collége lui renvoyait à la place
du chérubin qu'il avait reçu, et la grand'mère d'Honoré
en fit la douloureuse remarque. Non seulement il avait
perdu ses belles couleurs, son frais embonpoint, mais
encore, sous le coup d'une congestion d'idées, il paraissait imbécile. Son attitude était celle d'un extatique,
d'un somnambule qui dort les yeux ouverts; perdu
dans une rêverie profonde, il n'entendait pas ce qu'on
lui disait, ou son esprit, revenu de loin, arrivait trop
tard à la réponse.

Mais le grand air, le repos, le milieu caressant de la
famille, les distractions qu'on le forçait de prendre
et l'énergique sève de l'adolescence eurent bientôt
triomphé de cet état maladif. Le tumulte causé
dans cette jeune cervelle par le bourdonnement des
idées s'apaisa. Les lectures confuses se classèrent peu
à peu; aux abstractions vinrent se mêler des images
réelles, des observations faites silencieusement sur le
vif; tout en se promenant et en jouant, il étudiait les
jolis paysages de la Loire, les types de province, la
cathédrale de Saint-Gatien et les physionomies caractéristiques des prêtres et des chanoines; plusieurs
cartons qui servirent plus tard à la grande fresque de
la *Comédie* furent certainement esquissés pendant
cette inaction féconde. Pourtant, pas plus dans la
famille qu'au collége, l'intelligence de Balzac ne fut
devinée ou comprise. Même, s'il lui échappait quelque
chose d'ingénieux, sa mère, femme supérieure cependant, lui disait : « Sans doute, Honoré, tu ne comprends
pas ce que tu dis là ? » Et Balzac de rire, sans s'expliquer davantage, de ce bon rire qu'il avait. M. de Balzac

père, qui tenait à la fois de Montaigne, de Rabelais et de
l'oncle Toby, par sa philosophie, son originalité et sa
bonté (c'est madame de Surville qui parle), avait un
peu meilleure opinion de son fils, d'après certains systèmes génésiaques qu'il s'était faits et d'où il résultait
qu'un enfant procréé par lui ne pouvait être un sot;
toutefois il ne soupçonnait nullement le futur grand
homme.

La famille de Balzac étant revenue à Paris, il fut mis
en pension chez M. Lepitre, rue Saint-Louis, et chez
MM. Scanzer et Beuzelin, rue Thorigny au Marais. Là,
comme au collége de Vendôme, son génie ne se décela
point, et il resta confondu parmi le troupeau des écoliers ordinaires. Aucun pion enthousiasmé ne lui dit :
— *Tu, Marcellus eris!* — ou : *Sic itur ad astra!*

Ses classes finies, Balzac se donna cette seconde éducation qui est la vraie; il étudia, se perfectionna, suivit
les cours de la Sorbonne et fit son droit, tout en travaillant chez l'avoué et le notaire. Ce temps, perdu en
apparence, puisque Balzac ne fut ni avoué, ni notaire,
ni avocat, ni juge, lui fit connaître le personnel de la
Basoche et le mit à même d'écrire plus tard, de façon à
émerveiller les hommes du métier, ce que nous pourrions appeler le contentieux de la *Comédie humaine.*

Les examens passés, la grande question de la carrière
à prendre se présenta. On voulait faire de Balzac un notaire; mais le futur grand écrivain, qui, bien que personne ne crût à son génie, en avait la conscience, refusa
le plus respectueusement du monde, quoiqu'on lui eût
ménagé une charge à des conditions très favorables. Son
père lui accorda deux ans pour faire ses preuves, et
comme la famille retournait en province, madame Balzac
installa Honoré dans une mansarde, en lui allouant une
pension suffisant à peine aux plus stricts besoins espé-

rant qu'un peu de vache enragée le rendrait plus sage.

Cette mansarde était perchée rue de Lesdiguières, nº 9, près de l'Arsenal, dont la bibliothèque offrait ses ressources au jeune travailleur. Sans doute, passer d'une maison abondante et luxueuse à un misérable réduit serait une chose dure à un tout autre âge qu'à vingt et un ans, âge qui était celui de Balzac; mais si le rêve de tout enfant est d'avoir des bottes, celui de tout jeune homme est d'avoir une chambre, une chambre bien à lui, dont il ait la clef dans sa poche, ne pût-il se tenir debout qu'au milieu : une chambre, c'est la robe virile, c'est l'indépendance, la personnalité, l'amour !

Voilà donc maître Honoré juché près du ciel, assis devant sa table, et s'essayant au chef-d'œuvre qui devait donner raison à l'indulgence de son père et démentir les horoscopes défavorables des amis. — Chose singulière, Balzac débuta par une tragédie, par un *Cromwell* ! Vers ce temps-là, à peu près, Victor Hugo mettait la dernière main à son *Cromwell*, dont la préface fut le manifeste de la jeune école dramatique.

II

En relisant avec attention la *Comédie humaine* lorsqu'on a connu familièrement Balzac, on y retrouve épars une foule de détails curieux sur son caractère et sur sa vie, surtout dans ses premiers ouvrages, où il n'est pas encore tout à fait dégagé de sa personnalité, et à défaut de *sujets* s'observe et se dissèque lui-même. Nous avons dit qu'il commença le rude noviciat de la vie littéraire dans une mansarde de la rue Lesdiguières,

près de l'Arsenal. — La nouvelle de *Facino Cane*, datée
de Paris, mars 1836, et dédiée à Louise, contient quelques indications précieuses sur l'existence que menait
dans ce nid aérien le jeune aspirant à la gloire.

« Je demeurais alors dans une rue que vous ne con-
naissez sans doute pas, la rue de Lesdiguières : elle com-
mence rue Saint-Antoine, en face d'une fontaine, près de
la place de la Bastille, et débouche dans la rue de la
Cerisaie. L'amour de la science m'avait jeté dans une
mansarde où je travaillais pendant la nuit et je passais le
jour dans une bibliothèque voisine, celle de Monsieur ; je
vivais frugalement, j'avais accepté toutes les conditions
de la vie monastique, si nécessaire aux travailleurs.
Quand il faisait beau, à peine me promenais-je sur le boulevard Bourdon. — Une seule passion m'entraînait en
dehors de mes habitudes studieuses; mais n'était-ce pas
encore de l'étude ? J'allais observer les mœurs du faubourg, ses habitants et leurs caractères. Aussi mal vêtu
que les ouvriers, indifférent au décorum, je ne les mettais point en garde contre moi : je pouvais me mêler à
leurs groupes, les voir concluant leurs marchés, et se
disputant à l'heure où ils quittent le travail. Chez moi
l'observation était déjà devenue intuitive, elle pénétrait
l'âme sans négliger le corps; ou plutôt elle saisissait si
bien les détails extérieurs qu'elle allait sur-le-champ au
delà; elle me donnait la faculté de vivre de la vie de
l'individu sur laquelle elle s'exerçait en me permettant de
me substituer à lui, comme le derviche des *Mille et une
Nuits* prenait le corps et l'âme des personnes sur lesquelles il prononçait certaines paroles.

« Lorsque, entre onze heures et minuit, je rencontrais
un ouvrier et sa femme revenant ensemble de l'Ambigu-
Comique, je m'amusais à les suivre depuis le boulevard
du Pont-aux-Choux jusqu'au boulevard Beaumarchais.
Ces braves gens parlaient d'abord de la pièce qu'ils
avaient vue : de fil en aiguille ils arrivaient à leurs affaires; la mère tirait son enfant par la main sans écouter
ni ses plaintes ni ses demandes. Les deux époux comp-
taient l'argent qui leur serait payé le lendemain. Ils le
dépensaient de vingt manières différentes. C'étaient alors

des détails de ménage, des doléances sur le prix excessif
des pommes de terre ou sur la longueur de l'hiver et le
renchérissement des mottes, des représentations énergi-
ques sur ce qui était dû au boulanger, enfin des discussions
qui s'envenimaient et où chacun déployait son caractère
en mots pittoresques. En entendant ces gens je pouvais
épouser leur vie, je me sentais leurs guenilles sur le dos,
je marchais les pieds dans leurs souliers percés ; leurs
désirs, leurs besoins, tout passait dans mon âme et mon
âme passait dans la leur ; c'était le rêve d'un homme
éveillé. Je m'échauffais avec eux contre les chefs d'atelier
qui les tyrannisaient ou contre les mauvaises pratiques
qui les faisaient revenir plusieurs fois sans les payer.
Quitter ses habitudes, devenir un autre que soi par
l'ivresse des facultés morales et jouer ce jeu à volonté,
telle était ma distraction. A quoi dois-je ce don ? Une
seconde vue ? Est-ce une de ces qualités dont l'abus
mènerait à la folie ? Je n'ai jamais recherché les causes
de cette puissance ; je la possède et je m'en sers, voilà
tout. »

Nous avons transcrit ces lignes, doublement intéres-
santes, parce qu'elles éclairent un côté peu connu de la
vie de Balzac, et qu'elles montrent chez lui la conscience de cette puissante faculté d'intuition qu'il possédait déjà à un si haut degré et sans laquelle la réalisation de son œuvre eût été impossible. Balzac, comme
Vichnou, le dieu indien, possédait le don d'*avatar*
c'est-à-dire celui de s'incarner dans des corps différents
et d'y vivre le temps qu'il voulait ; seulement, le nombre
des *avatars* de Vichnou est fixé à dix, ceux de Balzac
ne se comptent pas, et de plus il pouvait les provoquer
à volonté. — Quoique cela semble singulier à dire en
plein dix-neuvième siècle, Balzac fut un *voyant*. Son
mérite d'observateur, sa perspicacité de physiologiste,
son génie d'écrivain ne suffisent pas pour expliquer
l'infinie variété des deux ou trois mille types qui jouent
un rôle plus ou moins important dans *la Comédie*

humaine. Il ne les copiait pas, il les vivait idéalement, revêtait leurs habits, contractait leurs habitudes, s'entourait de leur milieu, était eux-mêmes tout le temps nécessaire. De là viennent ces personnages soutenus, logiques, ne se démentant et ne s'oubliant jamais, doués d'une existence intime et profonde, qui, pour nous servir d'une de ses expressions, font concurrence à l'état civil. Un véritable sang rouge circule dans leurs veines au lieu de l'encre qu'infusent à leurs créations les auteurs ordinaires.

Cette faculté, Balzac ne la possédait d'ailleurs que pour le présent. Il pouvait transporter sa pensée dans un marquis, dans un financier, dans un bourgeois, dans un homme du peuple, dans une femme du monde, dans une courtisane, mais les ombres du passé n'obéissaient pas à son appel : il ne sut jamais, comme Gœthe, évoquer du fond de l'antiquité la belle Hélène et lui faire habiter le manoir gothique de Faust. Sauf deux ou trois exceptions, toute son œuvre est moderne; il s'était assimilé les vivants, il ne ressuscitait pas les morts. — L'histoire même le séduisait peu, comme on peut le voir par ce passage de l'avant-propos qui précède la *Comédie humaine* : « En lisant les sèches et rebutantes nomenclatures de faits appelées *histoires*, qui ne s'est aperçu que les écrivains ont oublié dans tous les temps, en Égypte, en Perse, en Grèce, à Rome, de nous donner l'histoire des mœurs ? Le morceau de Pétrone sur la vie privée des Romains irrite plutôt qu'il ne satisfait notre curiosité. »

Cette lacune laissée par les historiens des sociétés disparues, Balzac se proposa de la combler pour la nôtre, et Dieu sait s'il remplit fidèlement le programme qu'il s'était tracé...

Mais retournons à la mansarde de la rue de Lesdiguières. Balzac n'avait pas conçu le plan de l'œuvre qui devait l'immortaliser ; il se cherchait encore avec inquiétude, anhélation et labeur, essayant tout et ne réussissant à rien, pourtant il possédait déjà cette opiniâtreté de travail à laquelle Minerve, quelque revêche qu'elle soit, doit un jour ou l'autre céder ; il ébauchait des opéras-comiques, faisait des plans de comédies, de drames et de romans dont madame de Surville nous a conservé les titres : *Stella, Coqsigrue, les Deux Philosophes*, sans compter le terrible *Cromwell*, dont les vers, qui lui coûtaient tant de peine, ne valaient pas beaucoup mieux que celui par lequel commençait son poème épique des *Incas*.

Figurez-vous le jeune Honoré les jambes entortillées d'un carrick rapiécé, le haut du corps protégé par un vieux châle maternel, coiffé d'une sorte de calotte dantesque dont madame de Balzac connaissait seule la coupe, sa cafetière à gauche, son encrier à droite, labourant à plein poitrail et le front penché, comme un bœuf à la charrue, le champ pierreux et non défriché pour lui de la pensée où il traça plus tard des sillons si fertiles. La lampe brille comme une étoile au fond de la maison noire, la neige descend en silence sur les tuiles disjointes ; le vent souffle à travers la porte et la fenêtre « comme Tulou dans sa flûte, mais moins agréablement ».

Si quelque passant attardé eût levé les yeux vers cette petite lueur obstinément tremblotante, il ne se serait certes pas douté que c'était l'aurore d'une des plus grandes gloires de notre siècle.

Veut-on voir un croquis de l'endroit, transposé, il est vrai, mais très exact, dessiné par l'auteur dans la *Peau de chagrin*, cette œuvre qui contient tant de lui-même ?

«... Une chambre qui avait vue sur les cours des mai-

sons voisines, par les fenêtres desquelles passaient de
longues perches chargées de linge; rien n'était plus horrible que cette mansarde aux murs jaunes et sales, qui
sentait la misère et appelait son savant. La toiture s'y
abaissait régulièrement, et les tuiles disjointes laissaient
voir le ciel; il y avait place pour un lit, une table, quelques chaises, et sous l'angle aigu du toit je pouvais loger
mon piano... Je vécus dans ce sépulcre aérien pendant
près de trois ans, travaillant nuit et jour, sans relâche,
avec tant de plaisir que l'étude me semblait être le plus
beau thème, la plus heureuse solution de la vie humaine.
Le calme et le silence nécessaires au savant ont je ne sais
quoi de doux et d'enivrant comme l'amour... L'étude
prête une sorte de magie à tout ce qui nous environne.
Le bureau chétif sur lequel j'écrivais et la basane brune
qui le couvrait, mon piano, mon lit, mon fauteuil, les
bizarreries du papier de tenture, mes meubles, toutes ces
choses s'animèrent et devinrent pour moi d'humbles
amis, les silencieux complices de mon avenir. Combien
de fois ne leur ai-je pas communiqué mon âme en les
regardant ? »...

Il écrivit vers cette époque un grand nombre de
volumes qu'il ne signa pas et désavoua toujours. Le
Balzac que nous connaissons et que nous admirons
était encore dans les limbes et luttait vainement pour
s'en dégager. Ceux qui ne le jugeaient capable que
d'être expéditionnaire avaient en apparence raison;
peut-être même cette ressource lui aurait-elle manqué,
car sa *belle écriture* devait déjà s'être altérée dans les
brouillons chiffonnés, raturés, surchargés, presque
hiéroglyphiques de l'écrivain luttant avec l'idée et ne
se souciant plus de la beauté du caractère.

Ainsi, rien n'était résulté de cette claustration rigoureuse, de cette vie d'ermite dans la Thébaïde dont
Raphaël trace le budget :

« Trois sous de pain, deux sous de lait, trois sous de
charcuterie m'empêchaient de mourir de faim et tenaient

mon esprit dans un état de lucidité singulière. Mon logement me coûtait trois sous par jour; je brûlais pour trois
sous d'huile par nuit, je faisais moi-même ma chambre,
je portais des chemises de flanelle pour ne dépenser que
deux sous de blanchissage par jour. Je me chauffais avec
du charbon de terre, dont le prix divisé par les jours de
l'année n'a jamais donné plus de deux sous pour chacun.
J'avais des habits, du linge, des chaussures pour trois
années : je ne voulais m'habiller que pour aller à certains
cours publics et aux bibliothèques; ces dépenses réunies
ne faisaient que dix-huit sous : il restait deux sous pour
les choses imprévues. Je ne me souviens pas d'avoir,
pendant cette longue période de travail, passé le pont des
Arts, ni jamais acheté d'eau. »

Sans doute Raphaël exagère un peu l'économie, mais
la correspondance de Balzac avec sa sœur montre que
le roman ne diffère pas beaucoup de la réalité. La
vieille femme désignée dans ses lettres sous le titre
d'Iris la Messagère, et qui avait soixante-dix ans, ne
pouvait être une ménagère bien active; aussi Balzac
écrit-il :

« Les nouvelles de mon ménage sont désastreuses, les
travaux nuisent à la propreté. Ce coquin de *Moi-même* se
néglige de plus en plus, il ne descend que tous les trois
ou quatre jours pour les achats, va chez les marchands
les plus voisins et les plus mal approvisionnés du quartier : les autres sont trop loin, et le garçon économise au
moins ses pas; de sorte que ton frère (destiné à tant de
célébrité) est déjà nourri absolument comme un grand
homme, c'est-à-dire qu'il meurt de faim.

« Autre sinistre : le café fait d'affreux gribouillis par
terre. Il faut beaucoup d'eau pour réparer le dégât; or,
l'eau ne montant pas à ma *céleste* mansarde (elle y descend seulement les jours d'orage), il faudra aviser, après
l'achat du piano, à l'établissement d'une machine hy-
draulique si le café continue à s'enfuir pendant que le
maître et le serviteur bayent aux corneilles. »

Ailleurs, continuant la plaisanterie, il gourmande le

paresseux *Moi-même* qui laisse pendre au plafond les toiles d'araignée, les *moutons* se promener sous le lit et la poussière aveuglante se tamiser sur les vitres.

Dans une autre lettre il écrit : « J'ai mangé deux melons... il faudra les payer à force de noix et de pain sec ! »

Une des rares récréations qu'il se permettait, c'était d'aller au Jardin des Plantes ou au Père-Lachaise. Du haut de la colline funèbre il dominait Paris comme Rastignac à l'enterrement du père Goriot. Son regard planait sur cet océan d'ardoises et de tuiles qui recouvrent tant de luxe, de misère, d'intrigues et de passions. Comme un jeune aigle, il couvait sa proie du regard, mais il n'avait encore ni les ailes, ni le bec, ni les serres, quoique son œil déjà pût se fixer sur le soleil. — Il disait, en contemplant les tombes : « Il n'y a de belles épitaphes que celles-ci : La Fontaine, Masséna, Molière : un seul nom qui dit tout et qui fait rêver ! »

Cette phrase contient comme une vague aperception prophétique que l'avenir réalisa, hélas ! trop tôt. Au penchant de la colline, sur une pierre sépulcrale, au-dessous d'un buste en bronze coulé d'après le marbre de David, ce mot : BALZAC dit tout et fait rêver le promeneur solitaire.

Le régime diététique préconisé par Raphaël pouvait être favorable à la lucidité du cerveau; mais, certes, il ne valait rien pour un jeune homme habitué au confort de la vie de famille. Quinze mois passés sous ces plombs intellectuels, plus tristes, à coup sûr, que ceux de Venise, avaient fait du frais Tourangeau aux joues satinées et brillantes un squelette parisien, hâve et jaune, presque méconnaissable. Balzac rentra dans la maison paternelle, où le veau gras fut tué pour le retour de cet enfant peu prodigue.

Nous glisserons légèrement sur le temps de sa vie où il essaya de s'assurer l'indépendance par des spéculations de librairie, auxquelles ne manquèrent que des capitaux pour être heureuses. Ces tentatives l'endettèrent, engagèrent son avenir, et malgré les secours dévoués, mais trop tardifs peut-être, de sa famille, lui imposèrent ce rocher de Sisyphe qu'il remonta tant de fois jusqu'au bord du plateau, et qui retombait toujours plus écrasant sur ses épaules d'Atlas chargées en outre de tout un monde.

Cette dette qu'il se faisait un devoir sacré d'acquitter, car elle représentait la fortune d'êtres chers, fut la Nécessité au fouet armé de pointes, à la main pleine de clous de bronze qui le harcela nuit et jour, sans trêve ni pitié, lui faisant regarder comme un vol une heure de repos ou de distraction. Elle domina douloureusement toute sa vie et la rendit souvent inexplicable pour qui n'en possédait pas le secret.

Ces indispensables détails biographiques indiqués, arrivons à nos impressions directes et personnelles sur Balzac.

Balzac, cet immense cerveau, ce physiologiste si pénétrant, cet observateur si profond, cet esprit si intuitif, ne possédait pas le don littéraire : chez lui s'ouvrait un abîme entre la pensée et la forme. Cet abîme, surtout dans les premiers temps, il désespéra de le franchir. Il y jetait sans le combler volume sur volume, veille sur veille, essai sur essai; toute une bibliothèque de livres inavoués y passa. Une volonté moins robuste se fût découragée mille fois, mais par bonheur Balzac avait une confiance inébranlable dans son génie méconnu de tout le monde. Il voulait être un grand homme et il le fut par d'incessantes projections de ce fluide plus puissant que l'électricité, et dont il fait de si subtiles analyses dans *Louis Lambert*.

Contrairement aux écrivains de l'école romantique, qui tous se distinguèrent par une hardiesse et une facilité d'exécution étonnantes, et produisirent leurs fruits presque en même temps que leurs fleurs, dans une éclosion pour ainsi dire involontaire, Balzac, l'égal de tous comme génie, ne trouvait pas son moyen d'expression, ou ne le trouvait qu'après des peines infinies. Hugo disait dans une de ses préfaces, avec sa fierté castillane : « Je ne sais pas l'art de souder une beauté à la place d'un défaut, et je me corrige dans un autre ouvrage. » Mais Balzac zébrait de ratures une dixième épreuve, et lorsqu'il nous voyait renvoyer à la *Chronique de Paris* l'épreuve d'un article fait d'un jet sur le coin d'une table avec les seules corrections typographiques, il ne pouvait croire, quelque content qu'il en fût d'ailleurs, que nous y eussions mis tout notre talent. « En le remaniant encore deux ou trois fois il eût été mieux », nous disait-il.

Se donnant pour exemple, il nous prêchait une étrange hygiène littéraire. Il fallait nous cloîtrer deux ou trois ans, boire de l'eau, manger des lupins détrempés comme Protogène, nous coucher à six heures du soir, nous lever à minuit, et travailler jusqu'au matin, employer la journée à revoir, étendre, émonder, perfectionner, polir le travail nocturne, corriger les épreuves, prendre les notes, faire les études nécessaires, et vivre surtout dans la chasteté la plus absolue. Il insistait beaucoup sur cette dernière recommandation, bien rigoureuse pour un jeune homme de vingt-quatre ou vingt-cinq ans. Selon lui, la chasteté réelle développait au plus haut degré les puissances de l'esprit, et donnait à ceux qui la pratiquaient des facultés inconnues. Nous objections timidement que

les plus grands génies ne s'étaient interdit ni l'amour,
ni la passion, ni même le plaisir, et nous citions des
noms illustres. Balzac hochait la tête, et répondait :
« Ils auraient fait bien autre chose sans les femmes. »

Toute la concession qu'il pût nous accorder, et
encore la regrettait-il, fut de voir la personne aimée
une demi-heure chaque année. Il permettait des
lettres : « cela formait le style. »

Moyennant ce régime, il promettait de faire de nous,
avec les dispositions naturelles qu'il se plaisait à nous
reconnaître, un écrivain de premier ordre. On voit
bien à nos œuvres que nous n'avons pas suivi ce plan
d'études si sage.

Il ne faut pas croire que Balzac plaisantât en nous
traçant cette règle que des trappistes ou des char-
treux eussent trouvée dure. Il était parfaitement
convaincu et parlait avec une éloquence telle, qu'à
plusieurs reprises nous essayâmes consciencieusement
de cette méthode d'avoir du génie ; nous nous levâmes
plusieurs fois à minuit, et après avoir pris le café ins-
pirateur, fait selon la formule, nous nous assîmes
devant notre table sur laquelle le sommeil ne tardait
pas à pencher notre tête. La *Morte amoureuse*, insérée
dans la *Chronique de Paris*, fut notre seule œuvre nocturne.

Vers cette époque, Balzac avait fait pour une revue
Facino Cane, l'histoire d'un noble vénitien qui, prison-
nier dans les Puits du palais ducal, était tombé, en
faisant un souterrain pour s'évader, dans le trésor
secret de la République, dont il avait emporté une
bonne part avec l'aide d'un geôlier gagné. Facino
Cane, devenu aveugle et joueur de clarinette sous le
nom vulgaire du père Canet, avait conservé malgré
sa cécité la double vue de l'or ; il le devinait à travers

les murs et les voûtes, et il offrait à l'auteur, dans une noce du faubourg Saint-Antoine, de le guider, s'il voulait lui payer les frais du voyage, vers cet immense amas de richesses dont la chute de la république vénitienne avait fait perdre le gisement. Balzac, comme nous l'avons dit, vivait ses personnages, et en ce moment il était Facino Cane lui-même, moins la cécité toutefois, car jamais yeux plus étincelants ne scintillèrent dans une face humaine. Il ne rêvait donc que tonnes d'or, monceaux de diamants et d'escarboucles, et au moyen du magnétisme, avec les pratiques duquel il était depuis longtemps familiarisé, il faisait rechercher à des somnambules la place des trésors enfouis et perdus. Il prétendait avoir appris ainsi de la manière la plus précise l'endroit où, près du morne de la Pointe-à-Pitre, Toussaint-Louverture avait fait enterrer son butin par des nègres aussitôt fusillés. — *Le Scarabée d'or*, d'Edgard Poe, n'égale pas en finesse d'induction, en netteté de plan, en divination de détails, le récit enfiévrant qu'il nous fit de l'expédition à tenter pour se rendre maître de ce trésor, bien autrement riche que celui enfoui par Tom Kidd au pied du Talipot à la tête de mort.

Nous prions le lecteur de ne pas trop se moquer de nous, si nous lui avouons en toute humilité que nous partageâmes bientôt la conviction de Balzac. — Quelle cervelle eût pu résister à sa vertigineuse parole ? Jules Sandeau fut aussi bientôt séduit, et comme il fallait deux amis sûrs, deux compagnons dévoués et robustes pour faire les fouilles nocturnes sur l'indication du voyant, Balzac voulut bien nous admettre pour un quart chacun à cette prodigieuse fortune. Une moitié lui revenait de droit, comme ayant découvert la chose et dirigé l'entreprise.

Nous devions acheter des pics, des pioches et des
pelles, les embarquer secrètement à bord du vaisseau,
nous rendre au point marqué par des chemins différents pour ne pas exciter de soupçons, et, le coup fait,
transborder nos richesses sur un brick frété d'avance;—
bref, c'était tout un roman, qui eût été admirable si
Balzac l'eût écrit au lieu de le parler.

Il n'est pas besoin de dire que nous ne déterrâmes
pas le trésor de Toussaint-Louverture. L'argent nous
manquait pour payer notre passage; à peine avions-
nous à nous trois de quoi acheter les pioches.

Ce rêve d'une fortune subite, due à quelque moyen
étrange et merveilleux, hantait souvent le cerveau de
Balzac; quelques années auparavant (en 1833), il
avait fait un voyage en Sardaigne pour examiner les
scories des mines d'argent abandonnées par les Romains, et qui, traitées par des procédés imparfaits,
devaient selon lui contenir encore beaucoup de métal.
L'idée était juste, et, imprudemment confiée, fit la fortune d'un autre.

III

Nous avons raconté l'anecdote du trésor enfoui par
Toussaint-Louverture, non pour le plaisir de narrer une
historiette bizarre, mais parce qu'elle se rattache à une
idée dominante de Balzac, — l'argent. — Certes, personne ne fut moins avare que l'auteur de *la Comédie
humaine*, mais son génie lui faisait pressentir le rôle
immense que devait jouer dans l'art ce héros métal-
lique, plus intéressant pour la société moderne que les
Grandisson, les Desgrieux, les Oswald, les Werther,

les Malek-Adhel, les René, les Lara, les Waverley, les
Quentin-Durward, etc.

Jusqu'alors le roman s'était borné à la peinture d'une
passion unique, l'amour, mais l'amour dans une sphère
idéale en dehors des nécessités et des misères de la vie.
Les personnages de ces récits tout psychologiques ne
mangeaient, ni ne buvaient, ni ne logeaient, ni n'avaient
de compte chez leur tailleur. Ils se mouvaient dans un
milieu abstrait comme celui de la tragédie. Voulaient-
ils voyager, ils mettaient, sans prendre de passe-port,
quelques poignées de diamants au fond de leur poche,
et payaient de cette monnaie les postillons, qui ne
manquaient pas à chaque relais de crever leurs chevaux ;
des châteaux d'architecture vague les recevaient au
bout de leurs courses, et avec leur sang ils écrivaient à
leurs belles d'interminables épîtres datées de la tour
du Nord. Les héroïnes, non moins immatérielles, ressemblaient à des *aqua-tinta* d'Angelica Kauffmann :
grand chapeau de paille, cheveux demi-défrisés à
l'anglaise, longue robe de mousseline blanche, serrée
à la taille par une écharpe d'azur.

Avec son profond instinct de la réalité, Balzac comprit que la vie moderne qu'il voulait peindre était
dominée par un grand fait, — l'argent, — et dans *la
Peau de chagrin*, il eut le courage de représenter un
amant inquiet non seulement de savoir s'il a touché
le cœur de celle qu'il aime, mais encore s'il aura assez
de monnaie pour payer le fiacre dans lequel il la re-
conduit. — Cette audace est peut-être une des plus
grandes qu'on se soit permises en littérature, et seule
elle suffirait pour immortaliser Balzac. La stupéfac-
tion fut profonde, et les purs s'indignèrent de cette
infraction aux lois du genre, mais tous les jeunes gens
qui, allant en soirée chez quelque dame avec des gants

blancs repassés à la gomme élastique, avaient traversé Paris en danseurs, sur la pointe de leurs escarpins, et redoutant une mouche de boue plus qu'un
coup de pistolet, compatirent, pour les avoir éprouvées,
aux angoisses de Valentin, et s'intéressèrent vivement
à ce chapeau qu'il ne peut renouveler et conserve avec
des soins si minutieux. Aux moments de misère suprême, la trouvaille d'une des pièces de cent sous glis-
sées entre les papiers du tiroir, par la pudique commi-
sération de Pauline, produisait l'effet des coups de
théâtre les plus romanesques ou de l'intervention d'une
Péri dans les contes arabes. Qui n'a pas découvert aux
jours de détresse, oublié dans un pantalon ou dans un
gilet, quelque glorieux écu apparaissant à propos et
vous sauvant du malheur que la jeunesse redoute le
plus : rester en affront devant une femme aimée pour une
voiture, un bouquet, un petit banc, un programme de
spectacle, une gratification à l'ouvreuse ou quelque
vétille de ce genre ?

Balzac excelle d'ailleurs dans la peinture de la jeunesse pauvre comme elle l'est presque toujours, s'essayant aux premières luttes de la vie, en proie aux
tentations des plaisirs et du luxe, et supportant de
profondes misères à l'aide de hautes espérances. Valentin, Rastignac, Bianchon, d'Arthez, Lucien de
Rubempré, Lousteau, ont tous tiré à belles dents les
durs beefsteaks de la vache enragée, nourriture for-
tifiante pour les estomacs robustes, indigeste pour
les estomacs débiles ; il ne les loge pas, tous ces beaux
jeunes gens sans le sou, dans des mansardes de convention tendues de perse, à fenêtre festonnée de pois
de senteur et donnant sur des jardins ; il ne leur fait
pas manger « des mets simples, apprêtés par les mains
de la nature », et ne les habille pas de vêtements sans

luxe, mais propres et commodes; il les met en pension
bourgeoise chez la maman Vauquer, ou les accroupit
sous l'angle aigu d'un toit, les accoude aux tables
grasses des gargotes infimes, les affuble d'habits noirs
aux coutures grises, et ne craint pas de les envoyer
au Mont-de-Piété, s'ils ont encore, chose rare, la montre
de leur père.

O Corinne, toi qui laisses, au cap Misène, pendre ton
bras de neige sur ta lyre d'ivoire, tandis que le fils d'Al-
bion, drapé d'un superbe manteau neuf et chaussé de
bottes à cœur parfaitement cirées, te contemple et t'é-
coute dans une pose élégante; Corinne, qu'aurais-tu dit
de semblables héros ? Ils ont pourtant une petite qualité qui manquait à Oswald, — ils vivent, et d'une vie
si forte qu'il semble qu'on les ait rencontrés mille fois; —
aussi Pauline, Delphine de Nucingen, la princesse
de Cadignan, madame de Bargeton, Coralie, Esther,
en sont-elles follement éprises.

A l'époque où parurent les premiers romans signés
de Balzac, on n'avait pas, au même degré qu'aujour-
d'hui, la préoccupation, ou pour mieux dire la fièvre
de l'or; La Californie n'était pas découverte; il existait à peine quelques lieues de voies ferrées dont on
ne soupçonnait guère l'avenir, et qu'on regardait
comme des espèces de glissoires devant succéder aux
montagnes russes, tombées en désuétude; le public
ignorait, pour ainsi dire, ce qu'on nomme aujourd'hui
« les affaires », et les banquiers seuls jouaient à la
Bourse. Ce remuement de capitaux, ce ruissellement
d'or, ces calculs, ces chiffres, cette importance donnée
à l'argent dans des œuvres qu'on prenait encore pour
de simples fictions romanesques et non pour de sérieuses
peintures de la vie, étonnaient singulièrement les
abonnés des cabinets de lecture, et la critique faisait

le total des sommes dépensées ou mises en jeu par l'auteur. Les millions du père Grandet donnaient lieu à des discussions arithmétiques, et les gens graves, émus de l'énormité des totaux, mettaient en doute la capacité financière de Balzac, capacité très grande cependant, et reconnue plus tard. — Stendhal disait avec une sorte de fatuité dédaigneuse du style : « Avant d'écrire, je lis toujours trois ou quatre pages du Code civil pour me donner le ton. » Balzac, qui avait si bien compris l'argent, découvrit aussi des poèmes et des drames dans le Code : le *Contrat de mariage*, où il met aux prises, sous les figures de Matthias et de Solonnet, l'ancien et le nouveau notariat, a tout l'intérêt de la comédie de cape et d'épée la plus incidentée. La banqueroute, dans *Grandeur et Décadence de César Birotteau*, vous fait palpiter comme l'histoire d'une chute d'empire; la lutte du château et de la chaumière des *Paysans* offre autant de péripéties que le siège de Troie. Balzac sait donner la vie à une terre, à une maison, à un héritage, à un capital, et en fait des héros et des héroïnes dont les aventures se dévorent avec une anxieuse avidité.

Ces éléments nouveaux introduits dans le roman ne plurent pas tout d'abord, —les analyses philosophiques, les peintures détaillées de caractères, les descriptions d'une minutie qui semble avoir en vue l'avenir, étaient regardées comme des longueurs fâcheuses, et le plus souvent on les passait pour courir à la fable. Plus tard, on reconnut que le but de l'auteur n'était pas de tisser des intrigues plus ou moins bien ourdies, mais de peindre la société dans son ensemble du sommet à la base avec son personnel et son mobilier, et l'on admira l'immense variété de ses types. N'est-ce pas Alexandre Dumas qui disait de Shakespeare : « Shakespeare, l'homme qui a le plus créé après Dieu »; le mot serait encore plus juste appliqué à Balzac; jamais, en effet, tant de créatures vivantes ne sortirent d'un cerveau humain.

Dès cette époque (1836), Balzac avait conçu le plan de sa *Comédie humaine* et possédait la pleine conscience de son génie. Il rattacha adroitement les œuvres déjà parues à son idée générale et leur trouva place dans des catégories philosophiquement tracées. Quelques nouvelles de pure fantaisie ne s'y raccrochent pas trop bien, malgré les agrafes ajoutées après coup; mais ce sont là des détails qui se perdent dans l'immensité de l'ensemble, comme des ornements d'un autre style dans un édifice grandiose.

Nous avons dit que Balzac travaillait péniblement, et, fondeur obstiné, rejetait dix ou douze fois au creuset le métal qui n'avait pas rempli exactement le moule; comme Bernard Palissy, il eût brûlé les meubles, le plancher et jusqu'aux poutres de sa maison pour entretenir le feu de son fourneau et ne pas manquer l'expérience; les nécessités les plus dures ne lui firent jamais livrer une œuvre sur laquelle il n'eût pas mis le dernier effort, et il donna d'admirables exemples de conscience littéraire. Ses corrections, si nombreuses qu'elles équivalaient presque à des éditions différentes de la même idée, furent portées à son compte par les éditeurs dont elles absorbaient les bénéfices, et son salaire, souvent modique, pour la valeur de l'œuvre et la peine qu'elle avait coûtée, en était diminué d'autant. Les sommes promises n'arrivaient pas toujours aux échéances, et pour soutenir ce qu'il appelait en riant sa dette flottante, Balzac déploya des ressources d'esprit prodigieuses et une activité qui eût absorbé complétement la vie d'un homme ordinaire. Mais, lorsque assis devant sa table, dans son froc de moine,

au milieu du silence nocturne, il se trouvait en face
de feuilles blanches sur lesquelles se projetait la lueur
de son flambeau à sept bougies, concentrée par un
abat-jour vert, en prenant la plume il oubliait tout,
et alors commençait une lutte plus terrible que la
lutte de Jacob avec l'ange, celle de la forme et de
l'idée.

Dans ces batailles de chaque nuit, dont au matin
il sortait brisé mais vainqueur, lorsque le foyer éteint
refroidissait l'atmosphère de la chambre, sa tête
fumait et de son corps s'exhalait un brouillard
visible comme du corps des chevaux en temps d'hiver.
Quelquefois une phrase seule occupait toute une veille;
elle était prise, reprise, tordue, pétrie, martelée, allongée, raccourcie, écrite de cent façons différentes, et,
chose bizarre! la forme nécessaire, absolue, ne se présentait qu'après l'épuisement des formes approxi-
matives; sans doute le métal coulait souvent d'un jet
plus plein et plus dru, mais il est bien peu de pages
dans Balzac qui soient restées identiques au premier
brouillon.

Sa manière de procéder était celle-ci : quand il
avait longtemps porté et vécu un sujet, d'une écriture rapide, heurtée, pochée, presque hiéroglyphique,
il traçait une espèce de scenario en quelques pages,
qu'il envoyait à l'imprimerie d'où elles revenaient en
placards, c'est-à-dire en colonnes isolées au milieu de
larges feuilles. Il lisait attentivement ces placards, qui
donnaient déjà à son embryon d'œuvre ce caractère
impersonnel que n'a pas le manuscrit, et il appliquait
à cette ébauche la haute faculté critique qu'il possédait, comme s'il se fût agi d'un autre. Il opérait sur
quelque chose; s'approuvant ou se désapprouvant, il
maintenait ou corrigeait, mais surtout ajoutait. Des

lignes partant du commencement, du milieu ou de la fin des phrases, se dirigeaient vers les marges, à droite, à gauche, en haut, en bas, conduisant à des développements, à des intercalations, à des incises, à des épithètes, à des adverbes. Au bout de quelques heures de travail, on eût dit le bouquet d'un feu d'artifice dessiné par un enfant. Du texte primitif partaient des fusées de style qui éclataient de toutes parts. Puis c'étaient des croix simples, des croix recroisetées comme celles du blason, des étoiles, des soleils, des chiffres arabes ou romains, des lettres grecques ou françaises, tous les signes imaginables de renvoi qui venaient se mêler aux rayures. Des bandes de papier, collées avec des pains à cacheter, piquées avec des épingles, s'ajoutaient aux marges insuffisantes, zébrées de lignes en fins caractères pour ménager la place, et pleines elles-mêmes de ratures, car la correction à peine faite était déjà corrigée. Le placard imprimé disparaissait presque au milieu de ce grimoire d'apparence cabalistique, que les typographes se passaient de main en main, ne voulant pas faire chacun plus d'une heure de Balzac.

Le jour suivant, on rapportait les placards avec les corrections faites, et déjà augmentés de moitié.

Balzac se remettait à l'œuvre, ampliant toujours, ajoutant un trait, un détail, une peinture, une observation de mœurs, un mot caractéristique, une phrase à effet, faisant serrer l'idée de plus près par la forme, se rapprochant toujours davantage de son tracé intérieur, choisissant comme un peintre parmi trois ou quatre contours la ligne définitive. Souvent ce terrible travail terminé avec cette intensité d'attention dont lui seul était capable, il s'apercevait que la pensée avait gauchi à l'exécution, qu'un épisode prédominait, qu'une figure qu'il voulait secondaire pour l'effet général saillait hors de son plan, et d'un trait de plume il abattait courageusement le résultat de quatre ou cinq nuits de labeur. Il était héroïque dans ces circonstances.

Six, sept, et parfois dix épreuves revenaient raturées, remaniées, sans satisfaire le désir de perfection de l'auteur. Nous avons vu aux Jardies, sur les rayons d'une bibliothèque composée de ses œuvres seules, chaque épreuve différente du même ouvrage reliée en un volume séparé depuis le premier jet jusqu'au livre définitif; la comparaison de la pensée de Balzac à ses divers états offrirait une étude bien curieuse et contiendrait de profitables leçons littéraires. Près de ces volumes un bouquin à physionomie sinistre, relié en maroquin noir, sans fers ni dorure, attira nos regards : « Prenez-le, nous dit Balzac, c'est une œuvre inédite et qui a bien son prix. » Le titre portait : *Comptes mélancoliques*, il contenait la liste des dettes, les échéances des billets à payer, les mémoires des fournisseurs et toute la paperasserie menaçante que légalise le Timbre. Ce volume, par une espèce de contraste railleur, était placé à côté des *Contes drôlatiques*, « auxquels il ne faisait pas suite », ajoutait en riant l'auteur de *la Comédie humaine*.

Malgré cette façon laborieuse d'exécuter, Balzac produisait beaucoup, grâce à sa volonté surhumaine servie par un tempérament d'athlète et une reclusion de moine. Pendant deux ou trois mois de suite, lorsqu'il avait quelque œuvre importante en train, il travaillait seize ou dix-huit heures sur vingt-quatre; il n'accordait à l'animalité que six heures d'un sommeil lourd, fiévreux, convulsif, amené par la torpeur de la digestion après un repas pris à la hâte. Il disparaissait alors

complétement, ses meilleurs amis perdaient sa trace ;
mais il sortait bientôt de dessous terre, agitant un
chef-d'œuvre au-dessus de sa tête, riant de son large
rire, s'applaudissant avec une naïveté parfaite et
s'accordant des éloges que, du reste, il ne demandait à
personne. Nul auteur ne fut plus insoucieux que lui
des articles et des réclames à l'endroit de ses livres ;
il laissait sa réputation se faire toute seule, sans y
mettre la main, et jamais il ne courtisa les journalistes
— Cela d'ailleurs lui eût pris du temps : il livrait sa
copie, touchait l'argent et s'enfuyait pour le distri-
buer à des créanciers qui souvent l'attendaient dans
la cour du journal, comme, par exemple, les maçons
des Jardies.

Quelquefois, le matin, il nous arrivait haletant,
épuisé, étourdi par l'air frais, comme Vulcain s'échappant de sa forge, et il tombait sur un divan ; sa longue
veille l'avait affamé et il pilait des sardines avec du
beurre en faisant une sorte de pommade qui lui rappelait les rillettes de Tours, et qu'il étendait sur du
pain. C'était son mets favori ; il n'avait pas plutôt
mangé qu'il s'endormait, en nous priant de le réveiller
au bout d'une heure. Sans tenir compte de la consigne,
nous respections ce sommeil si bien gagné, et nous faisions taire toutes les rumeurs du logis. Quand Balzac
s'éveillait de lui-même, et qu'il voyait le crépuscule
du soir répandre ses teintes grises dans le ciel, il bon-
dissait et nous accablait d'injures, nous appelant
traître, voleur, assassin ; nous lui faisions perdre dix
mille francs, car étant éveillé il aurait pu avoir l'idée
d'un roman qui lui aurait rapporté cette somme (sans
les réimpressions). Nous étions cause des catastrophes
les plus graves et de désordres inimaginables. Nous
lui avions fait manquer des rendez-vous avec des

banquiers, des éditeurs, des duchesses; il ne serait
pas en mesure pour ses échéances; ce fatal sommeil
coûterait des millions. Mais nous étions habitué déjà
à ces prodigieuses martingales que Balzac, partant du
chiffre le plus chétif, poussait à toute outrance jusqu'aux sommes les plus monstrueuses, et nous nous
consolions aisément en voyant ses belles couleurs tou-
rangelles reparues sur ses joues reposées.

Balzac habitait alors à Chaillot, rue des Batailles, une
maison d'où l'on découvrait une vue admirable, le
cours de la Seine, le Champ de Mars, l'École militaire,
le dôme des Invalides, une grande portion de Paris et
plus loin les coteaux de Meudon. Il s'était arrangé là un
intérieur assez luxueux, car il savait qu'à Paris on ne
croit guère au talent pauvre, et que le *paraître* y amène
souvent l'*être*. C'est à cette période que se rapportent
ses velléités d'élégance et de dandysme, le fameux
habit bleu à boutons d'or massif, la massue à pommeau
de turquoises, les apparitions aux Bouffes et à l'Opéra,
et les visites plus fréquentes dans le monde, où sa
verve étincelante le faisait rechercher, visites utiles
d'ailleurs, car il y rencontra plus d'un modèle. Il n'était
pas facile de pénétrer dans cette maison, mieux gardée
que le jardin des Hespérides. Deux ou trois mots de
passe étaient exigés. Balzac, de peur qu'ils ne s'ébrui-
tassent, les changeait souvent. Nous nous souvenons
de ceux-ci : Au portier l'on disait : « La saison des
prunes est arrivée », et il vous laissait franchir le seuil;
au domestique accouru sur l'escalier au son de la
cloche, il fallait murmurer : « J'apporte des dentelles
de Belgique », et si vous assuriez au valet de chambre
que « madame Bertrand était en bonne santé », on
vous introduisait enfin.

Ces enfantillages amusaient beaucoup Balzac; ils

étaient peut-être nécessaires pour écarter les fâcheux
et d'autres visiteurs plus désagréables encore.

Dans *la Fille aux yeux d'or* se trouve une description du salon de la rue des Batailles. Elle est de la
plus scrupuleuse fidélité, et l'on ne sera pas fâché peut-
être de voir l'antre du lion peint par lui-même; il n'y
a pas un détail d'ajouté ou de retranché.

« La moitié du boudoir décrivait une ligne circulaire
mollement gracieuse, qui s'opposait à l'autre partie parfaitement carrée, au milieu de laquelle brillait une cheminée en marbre blanc et or. On entrait par une porte
latérale que cachait une riche portière en tapisserie et
qui faisait face à une fenêtre. Le fer-à-cheval était orné
d'un véritable divan turc, c'est-à-dire un matelas posé
par terre, mais un matelas large comme un lit, un divan
de cinquante pieds de tour en cachemire blanc, relevé
par des bouffettes en soie noire et ponceau, disposées en
losanges; le dossier de cet immense lit s'élevait de plusieurs pouces au-dessus des nombreux coussins qui l'enri-
chissaient encore par le goût de leurs agréments. Ce boudoir était tendu d'une étoffe rouge sur laquelle était posée
une mousseline des Indes cannelée comme l'est une
colonne corinthienne, par des tuyaux alternativement
creux et ronds, arrêtés en haut et en bas dans une bande
d'étoffe couleur ponceau, sur laquelle étaient dessinées
des arabesques noires. Sous la mousseline, le ponceau
devenait rose, couleur amoureuse que répétaient les
rideaux de la fenêtre, qui étaient en mousseline des Indes
doublée de taffetas rose et ornés de franges ponceau
mélangé de noir. Six bras en vermeil supportant chacun
deux bougies étaient attachés sur la tenture à d'égales
distances, pour éclairer le divan. Le plafond, au milieu
duquel pendait un lustre en vermeil mat, étincelait de
blancheur, et la corniche était dorée. Le tapis ressemblait à un châle d'Orient, il en offrait les dessins et rappelait les poésies de la Perse, où des mains d'esclaves
l'avaient travaillé. Les meubles étaient couverts en cachemire blanc, rehaussé par des agréments noir et ponceau.
La pendule, les candélabres, tout était en marbre blanc

et or. La seule table qu'il y eût avait un cachemire pour tapis; d'élégantes jardinières contenant des roses de toutes les espèces, des fleurs ou blanches ou rouges. »

Nous pouvons ajouter que sur la table était posée une magnifique écritoire en or et en malachite, don, sans doute, de quelque admirateur étranger.

Ce fut avec une satisfaction enfantine que Balzac nous montra ce boudoir pris dans un salon carré, et laissant nécessairement des vides aux encoignures de la moitié arrondie. Quand nous eûmes assez admiré les splendeurs coquettes de cette pièce, dont le luxe paraîtrait moindre aujourd'hui, Balzac ouvrit une porte secrète et nous fit pénétrer dans un couloir obscur qui circulait autour de l'hémicycle : à l'une des encoignures était placée une étroite couchette de fer, espèce de lit de camp du travail; dans l'autre, il y avait une table « avec tout ce qu'il faut pour écrire », comme dit M. Scribe dans ses indications de mise en scène : c'était là que Balzac se réfugiait pour piocher à l'abri de toute surprise et de toute investigation.

Plusieurs épaisseurs de toile et de papier matelassaient la cloison de manière à intercepter tout bruit d'un côté comme de l'autre; pour être sûr qu'aucune rumeur ne pouvait transpirer du salon au dehors, Balzac nous pria de rentrer dans la pièce et de crier de toutes les forces de nos poumons : on entendait encore un peu; il fallait coller quelque feuille de papier gris pour éteindre tout à fait le son. Tout ce mystère nous intriguait fort et nous en demandâmes le motif. Balzac nous en donna un qu'eût approuvé Stendhal, mais que la pruderie moderne empêche de rapporter. Le fait est qu'il arrangeait déjà dans sa tête la scène de Henry de Marsay et de Paquita, et il s'inquiétait de savoir si d'un salon ainsi disposé les cris de la victime parviendraient aux oreilles des autres habitants de la maison.

Il nous donna dans ce même boudoir un dîner splendide, pour lequel il alluma de sa main toutes les bougies des bras en vermeil, et du lustre et des candélabres. Les convives étaient le marquis de B***, le peintre L. B. : quoique très sobre et abstème d'habitude, Balzac ne craignait pas de temps à autre « un tronçon de chière lie »; il mangeait avec une joviale gourmandise qui inspirait l'appétit, et il buvait d'une façon pantagruélique. Quatre bouteilles de vin blanc de Vouvray, un des plus capiteux qu'on connaisse, n'altéraient en rien sa forte cervelle et ne faisaient que donner un pétillement plus vif à sa gaieté. Que de bons contes il nous fit au dessert ! Rabelais, Beroalde de Verville, Eutrapel, le Pogge, Straparole, la reine de Navarre et tous les docteurs de la gaie science eussent reconnu en lui un disciple et un maître !

Trait caractéristique ! A ce festin splendide fourni par Chevet il n'y avait pas de pain ! Mais quand on a le superflu à quoi bon le nécessaire ?

Après le dîner, notre Amphitryon nous emmena aux Italiens dans une superbe remise. La soirée était déjà fort avancée, mais Balzac ne voulait pas manquer disait-il, « *la descente de l'escalier* », spectacle, selon lui, éminemment instructif.

Nous devons dire qu'allourdis par la bonne chère et les vins fins, enveloppés de la chaude atmosphère de la salle, nous nous endormîmes tous les trois du sommeil des justes pour ne nous réveiller qu'à la *felicita* finale.

Le public dut s'amuser beaucoup de ce trio somnolent.

Dans ce même appartement de la rue des Batailles,

dont nous avons décrit le salon avec le texte même de Balzac, nous nous souvenons d'avoir vu une magnifique esquisse de Louis Boulanger d'après le bas-relief de Léda et du Cygne attribué à Michel-Ange. C'était le seul tableau qu'il contînt, car l'auteur de la *Comédie humaine* n'avait pas encore le goût de la peinture et des curiosités qui lui vint ensuite, et son luxe d'alors, comme on a pu le voir, cherchait plutôt la richesse que l'art. Son peintre était Girodet. Quelques-unes de ses premières nouvelles portent des traces de cette admiration arriérée qui lui valait, de notre part, des plaisanteries qu'il acceptait de bonne grâce.

IV

Un des rêves de Balzac était l'amitié héroïque et dévouée, deux âmes, deux courages, deux intelligences fondues dans la même volonté. Pierre et Jaffier de la *Venise sauvée*, d'Otway, l'avaient beaucoup frappé et il en parle à plusieurs reprises. L'*Histoire des Treize* n'est que cette idée agrandie et compliquée : une unité puissante composée d'êtres multiples agissant tous aveuglément pour un but accepté et convenu. On sait quels effets saisissants, mystérieux et terribles il a tirés de ce point de départ dans *Ferragus, la Duchesse de Langeais, la Fille aux yeux d'or ;* mais la vie réelle et la vie intellectuelle ne se séparaient pas nettement chez Balzac comme chez certains auteurs, et ses créations le suivaient hors de son cabinet d'étude. Il voulut former une association dans le goût de celle qui réunissait Ferragus, Montriveau, Ronquerolles et leurs compagnons. Seulement il ne s'agissait pas de

coups si hardis; un certain nombre d'amis devaient
se prêter aide et secours en toute occasion, et travailler selon leurs forces au succès ou à la fortune de celui
qui serait désigné, — à charge de revanche, bien
entendu. Fort infatué de son projet, Balzac recruta
quelques affiliés qu'il ne mit en rapport les uns avec
les autres qu'en prenant des précautions comme s'il
se fût agi d'une société politique, ou d'une *vente* de
carbonari. Ce mystère, très inutile du reste, l'amusait
considérablement, et il apportait à ses démarches le
plus grand sérieux. Lorsque le nombre fut complet, il
assembla les adeptes et déclara le but de la Société.
Il n'est pas besoin de dire que chacun opina du bonnet,
et que les statuts furent votés d'enthousiasme. Personne plus que Balzac ne possédait le don de troubler,
de surexciter et d'enivrer les cervelles les plus froides,
les raisons les plus rassises. Il avait une éloquence
débordée, tumultueuse, entraînante, qui vous emportait quoi qu'on en eût : pas d'objection possible avec
lui; il vous noyait aussitôt dans un tel déluge de paroles
qu'il fallait bien se taire. D'ailleurs il avait réponse à
tout; puis il vous lançait des regards si fulgurants, si illuminés, si chargés de fluide, qu'il vous infusait son désir.

L'association, qui comptait parmi ses membres
G. de C., L. G., L. D., J. S., Merle, qu'on appelait le
beau Merle, nous et quelques autres qu'il est inutile
de désigner, s'appelait *le Cheval rouge*. Pourquoi le
Cheval rouge, allez-vous dire, plutôt que le Lion d'or
ou la Croix de Malte ? La première réunion des affiliés
eut lieu chez un restaurateur, sur le quai de l'Entrepôt,
au bout du pont de la Tournelle, dont l'enseigne était
un quadrupède *rubricâ pictus*, ce qui avait donné à
Balzac l'idée de cette désignation suffisamment bizarre,
inintelligible et cabalistique.

Lorsqu'il fallait concerter quelque projet, convenir de certaines démarches, Balzac élu par acclamation grand maître de l'Ordre, envoyait par un affidé à chaque *cheval* (c'était le nom argotique que prenaient les membres entre eux) une lettre dans laquelle était dessiné un petit cheval rouge avec ces mots : « Écurie, tel jour, tel endroit »; le lieu changeait chaque fois, de peur d'éveiller la curiosité ou le soupçon. Dans le monde, quoique nous nous connussions tous et de longue main pour la plupart, nous devions éviter de nous parler ou ne nous aborder que froidement pour écarter toute idée de connivence. Souvent, au milieu d'un salon, Balzac feignait de me rencontrer pour la première fois, et par des clins d'yeux et des grimaces comme en font les acteurs dans leurs apartés, m'avertissait de sa finesse et semblait me dire : Regardez comme je joue bien mon jeu !

Quel était le but du *Cheval rouge* ? Voulait-il changer le gouvernement, poser une religion nouvelle, fonder une école philosophique, dominer les hommes, séduire les femmes ? Beaucoup moins que cela. On devait s'emparer des journaux, envahir les théâtres, s'asseoir dans les fauteuils de l'Académie, se former des brochettes de décorations, et finir modestement pair de France, ministre et millionnaire. — Tout cela était facile, selon Balzac; il ne s'agissait que de s'entendre, et par des ambitions si médiocres nous prouvions bien la modération de nos caractères. Ce diable d'homme avait une telle puissance de vision qu'il nous décrivait à chacun, dans les plus menus détails, la vie splendide et glorieuse que l'association nous procurerait. En l'entendant, nous nous croyions déjà appuyé, au fond d'un bel hôtel, contre le marbre blanc de la cheminée, un cordon rouge au col, une plaque en brillants sur le cœur, recevant d'un air affable les sommités politiques, les artistes et les littérateurs, étonnés de notre fortune mystérieuse et rapide. Pour Balzac, le futur n'existait pas, tout était au présent; l'avenir évoqué se dégageait de ses brumes, et prenait la netteté des choses palpables; l'idée était si vive qu'elle devenait réelle en quelque sorte : parlait-il d'un dîner, il le mangeait en le racontant; d'une voiture, il en sentait sous lui les moelleux coussins et la traction sans secousse; un parfait bien être, une jubilation profonde se peignaient alors sur sa figure, quoique souvent il fût à jeun, et qu'il trottât sur le pavé pointu avec des souliers éculés.

Toute la bande devait pousser, vanter, prôner, par des articles, des réclames et des conversations, celui des membres qui venait de faire paraître un livre ou jouer un drame. Quiconque s'était montré hostile à l'un des *chevaux* s'attirait les ruades de toute l'écurie; *le Cheval rouge* ne pardonnait pas : le coupable devenait passible d'éreintements, de scies, de coups d'épingle, de rengaines et autres moyens de désespérer un homme, bien connus des petits journaux.

Nous sourions en trahissant après tant d'années l'innocent secret de cette franc-maçonnerie littéraire, qui n'eut d'autre résultat que quelques réclames pour un livre dont le succès n'en avait pas besoin. Mais, dans le moment, nous prenions la chose au sérieux, nous nous imaginions être *les Treize* eux-mêmes, en personne, et nous étions surpris de ne point passer à travers les murs; mais le monde est si mal machiné ! Quel air important et mystérieux nous avions, en coudoyant les autres hommes, pauvres bourgeois qui ne se doutaient nullement de notre puissance !

Après quatre ou cinq réunions, *le Cheval rouge* cessa

d'exister, la plupart des chevaux n'avaient pas de quoi payer leur avoine à la mangeoire symbolique ; et l'association qui devait s'emparer de tout fut dissoute, parce que ses membres manquaient souvent des quinze francs, prix de l'écot. Chacun se replongea donc seul dans la mêlée de la vie, combattant avec ses propres armes, et c'est ce qui explique pourquoi Balzac ne fut pas de l'Académie et mourut simple chevalier de la Légion d'honneur.

L'idée cependant était bonne, car Balzac, comme il le dit de Nucingen, ne pouvait avoir une mauvaise idée. D'autres, qui sont parvenus, l'ont mise en œuvre sans l'entourer de la même fantasmagorie romanesque.

Désarçonné d'une chimère, Balzac en remontait bien vite une nouvelle, et il repartait pour un autre voyage dans le bleu avec cette naïveté d'enfant qui chez lui s'alliait à la sagacité la plus profonde et à l'esprit le plus retors.

Que de projets bizarres il nous a déroulés, que de paradoxes étranges il nous a soutenus, toujours avec la même bonne foi ! — Tantôt il posait qu'on devait vivre en dépensant neuf sous par jour, tantôt il exigeait cent mille francs pour le plus étroit confortable. Une fois, sommé par nous d'établir le compte en chiffres, il répondit à l'objection qu'il restait encore trente mille francs à employer : « Eh bien ! c'est pour le beurre et les radis. Quelle est la maison un peu propre où l'on ne mange pas trente mille francs de radis et de beurre ? » Nous voudrions pouvoir peindre le regard de souverain mépris qu'il laissa tomber sur nous, en donnant cette raison triomphale ; ce regard disait : « Décidément le Théo n'est qu'un pleutre, un rat pelé, un esprit mesquin ; il n'entend rien à la grande exis-

tence et n'a mangé toute sa vie que du beurre de Bre-
tagne salé. »

Les *Jardies* préoccupèrent beaucoup l'attention
publique, lorsque Balzac les acheta dans l'intention
honorable de constituer un gage à sa mère. En passant
en wagon, sur le chemin de fer qui longe Ville-d'Avray,
chacun regardait avec curiosité cette petite maison,
moitié cottage, moitié chalet, qui se dressait au milieu
d'un terrain en pente et d'apparence glaiseuse.

Ce terrain, selon Balzac, était le meilleur du monde ;
autrefois, prétendait-il, un certain cru célèbre y poussait, et les raisins, grâce à une exposition sans pareille,
s'y cuisaient comme les grappes de Tokay sur les coteaux
de Bohême. Le soleil, il est vrai, avait toute liberté de
mûrir la vendange en ce lieu, où il n'existait qu'un
seul arbre. Balzac essaya d'enclore cette propriété de
murs, qui devinrent fameux par leur obstination à
s'écrouler ou à glisser tout d'une pièce sur l'escarpe-
ment trop abrupt, et il rêvait pour cet endroit privi-
légié du ciel les cultures les plus fabuleuses et les plus
exotiques. Ici se place naturellement l'anecdote des
ananas, qu'on a si souvent répétée que nous ne la
redirions pas si nous ne pouvions y ajouter un trait
vraiment caractéristique. — Voici le projet : cent mille
pieds d'ananas étaient plantés dans le clos des Jardies,
métamorphosé en serres qui n'exigeraient qu'un
médiocre chauffage, vu la torridité du site. Les ananas
devaient être vendus cinq francs au lieu d'un louis
qu'ils coûtent ordinairement, soit cinq cent mille
francs ; il fallait déduire de ce prix cent mille francs
pour les frais de culture, de châssis, de charbon ; restaient donc quatre cent mille francs nets qui consti-
tuaient à l'heureux propriétaire une rente splendide,
— « sans la moindre copie », ajoutait-il.

Ceci n'est rien, Balzac eut mille projets de ce genre ;
mais le beau est que nous cherchâmes ensemble, sur
le boulevard Montmartre, une boutique pour la vente
des ananas encore en germe. La boutique devait être
peinte en noir et rechampie de filets d'or, et porter
sur son enseigne en lettres énormes : « ANANAS
DES JARDIES ».

Pour Balzac, les cent mille ananas hérissaient déjà
leur aigrette de feuilles dentelées au-dessus de leurs
gros cônes d'or quadrillés sous d'immenses voûtes de
cristal : il les voyait ; il se dilatait à la haute température de la serre, il en aspirait le parfum tropical de
ses narines passionnément ouvertes ; et quand, rentré
chez lui, il regardait, accoudé à la fenêtre, la neige
descendre silencieusement sur les pentes décharnées,
à peine se détrompait-il de son illusion.

Il se rendit pourtant à notre conseil de ne louer la
boutique que l'année suivante, pour éviter des frais
inutiles.

Nous écrivons nos souvenirs à mesure qu'ils nous
reviennent, sans essayer de mettre de la suite à ce qui
n'en peut avoir. — D'ailleurs, comme le disait Boileau
les transitions sont la grande difficulté de la poésie,
— et des articles, ajouterons-nous, mais les journalistes
modernes n'ont pas autant de conscience ni surtout
autant de loisir que le législateur du Parnasse.

Madame de Girardin professait pour Balzac une vive
admiration à laquelle il était sensible et dont il se
montrait reconnaissant par de fréquentes visites, lui
si avare à bon droit de son temps et de ses heures de
travail. Jamais femme ne posséda à un si haut degré
que Delphine, comme nous nous permettions de l'appeler familièrement entre nous, le don d'exciter l'esprit de ses hôtes. Avec elle, on se trouvait toujours en

verve et chacun sortait du salon émerveillé de lui-
même. Il n'était caillou si brut dont elle ne fît jaillir
une étincelle, et sur Balzac, comme vous le pensez,
il ne fallait pas battre le briquet longtemps; il pétillait
tout de suite et s'allumait. Balzac n'était pas précisément ce qu'on appelle un causeur, alerte à la réplique,
jetant un mot fin et décisif dans une discussion;
changeant de sujet au fil de l'entretien, effleurant toute
chose avec légèreté, et ne dépassant pas le demi sourire :
il avait une verve, une éloquence, et un brio irrésistibles; et, comme chacun se taisait pour l'écouter,
avec lui, à la satisfaction générale, la conversation
dégénérait vite en soliloque. Le point de départ était
bientôt oublié et il passait d'une anecdote à une réflexion
philosophique, d'une observation de mœurs à une
description locale; à mesure qu'il parlait son teint se
colorait, ses yeux devenaient d'un lumineux particulier, sa voix prenait des inflexions différentes, et
parfois il se mettait à rire aux éclats, égayé par les
apparitions bouffonnes qu'il *voyait* avant de les peindre.
Il annonçait ainsi, par une sorte de fanfare, l'entrée
de ses caricatures et de ses plaisanteries, et son hilarité
était bientôt partagée par les assistants.

Quoique ce fût l'époque des rêveurs échevelés comme
des saules, des pleurards à nacelle et des désillusionnés
byroniens, Balzac avait cette joie robuste et puissante
qu'on suppose à Rabelais, et que Molière ne montra
que dans ses pièces. Son large rire épanoui sur ses
lèvres sensuelles était celui d'un Dieu bon enfant
qu'amuse le spectacle des marionnettes humaines,
et qui ne s'afflige de rien parce qu'il comprend tout
et saisit à la fois les deux côtés des choses. Ni les
soucis d'une situation souvent précaire, ni les ennuis
d'argent, ni la fatigue de travaux excessifs, ni les

claustrations de l'étude, ni le renoncement à tous les plaisirs de la vie, ni la maladie même ne purent abattre cette jovialité herculéenne, selon nous, un des caractères les plus frappants de Balzac. Il assommait les hydres en riant, déchirait allègrement les lions en deux, et portait comme un lièvre le sanglier d'Erymanthe sur son épaule montueuse de muscles. A la moindre provocation cette gaieté éclatait et soulevait sa forte poitrine, — elle surprenait même quelque délicat, mais il fallait bien la partager quelque effort qu'on fît pour tenir son sérieux. Ne croyez pas cependant que Balzac cherchât à divertir sa galerie ! il obéissait à une sorte d'ivresse intérieure et peignait en traits rapides, avec une intensité comique et un talent bouffe incomparables, les fantasmagories bizarres qui dansaient dans la chambre noire de son cerveau. Nous ne saurions mieux comparer l'impression produite par certaines de ses conversations qu'à celle qu'on éprouve en feuilletant les étranges dessins des *Songes drôlatiques*, de maître Alcofribas Nasier. Ce sont des personnages monstrueux, composés des éléments les plus hybrides. Les uns ont pour tête un soufflet dont le trou représente l'œil, les autres pour nez une flûte d'alambic; ceux-ci marchent avec des roulettes qui leur tiennent lieu de pieds; ceux-là s'arrondissent en panse de marmite et sont coiffés d'un couvercle en guise de toque, mais une vie intense anime ces êtres chimériques, et l'on reconnaît dans leurs masques grimaçants les vices, les folies et les passions de l'homme. Quelques-uns, quoique absurdement en dehors du possible, vous arrêtent comme des portraits. On leur donnerait un nom.

Quand on écoutait Balzac, tout un carnaval de fantoches extravagants et réels vous cabriolait devant

les yeux, se jetant sur l'épaule une phrase bariolée,
agitant de longues manches d'épithètes, se mouchant
avec bruit dans un adverbe, se frappant d'une batte
d'antithèses, vous tirant par le pan de votre habit,
et vous disant vos secrets à l'oreille d'une voix déguisée
et nasillarde, pirouettant, tourbillonnant au milieu
d'une scintillation de lumières et de paillettes. Rien
n'était plus vertigineux, et au bout d'une demi-heure,
on sentait, comme l'étudiant après le discours de
Méphistophélès, une meule de moulin vous tourner
dans la cervelle.

Il n'était pas toujours si lancé, et alors une de ses
plaisanteries favorites était de contrefaire le jargon
allemand de Nucingen ou de Schmuke, ou bien encore
de parler en *rama*, comme les habitués de la pension
bourgeoise de madame Vauquer (née de Conflans). —
A l'époque où il composa *Un Début dans la vie* sur un
canevas de madame de Surville, il cherchait des proverbes par à peu près pour le rapin Mistigris, à qui plus
tard, l'ayant trouvé spirituel, il donna une belle position dans *la Comédie humaine*, sous le nom du grand
paysagiste Léon de Lora. Voici quelques-uns de ces
proverbes : « Il est comme un âne en plaine. » « Je
suis comme le lièvre : je meurs ou je m'arrache. » « Les
bons comptes font les bons tamis. » « Les extrêmes se
bouchent. » « La claque sent toujours le hareng »; et
ainsi de suite. Une trouvaille de ce genre le mettait en
belle humeur, et il faisait des gentillesses et des gam-
bades d'éléphant, à travers les meubles, autour du salon.
De son côté, madame de Girardin était en quête de mots
pour la fameuse dame aux *sept petites chaises* du *Courrier
de Paris*. L'on requérait quelquefois notre concours, et
si un étranger fût entré, à voir cette belle Delphine
peignant de ses doigts blancs les spirales de sa cheve-

lure d'or, d'un air profondément rêveur; Balzac,
assis sur les épaules dans le grand fauteuil capitonné
où dormait d'habitude M. de Girardin, les mains
crispées au fond de ses goussets, son gilet rebroussé
au-dessus de son ventre, dandinant une jambe avec
un rhythme monotone, exprimant, par les muscles
contractés de son masque, une contention d'esprit
extraordinaire; nous accroupi entre deux coussins
du divan, comme un thiériaki halluciné; — cet étranger, certes, n'aurait pu soupçonner ce que nous faisions là, dans un si grand recueillement; il eût supposé
que Balzac pensait à une nouvelle madame Firmiani,
madame de Girardin à un rôle pour mademoiselle
Rachel, et nous à quelque sonnet. Mais il n'en était
rien. Quant au calembour, Balzac, bien que son ambition secrète fût d'y atteindre, dut, après des efforts
consciencieux, reconnaître son incapacité notoire à cet
endroit, et s'en tenir aux proverbes par à peu près,
qui précédèrent les calembours approximatifs mis en
vogue par l'école du bon sens. Quelles bonnes soirées
qui ne reviendront plus! Nous étions loin alors de
prévoir que cette grande et superbe femme, taillée
en plein marbre antique, que cet homme trapu, robuste,
vivace, qui résumait en lui les vigueurs du sanglier et
du taureau, moitié hercule, moitié satyre, fait pour
dépasser cent ans, s'en iraient sitôt dormir, l'une à
Montmartre, l'autre au Père-Lachaise, et que, des
trois, nous resterions seul pour fixer ces souvenirs
déjà lointains et près de se perdre.

Comme son père, qui mourut accidentellement plus
qu'octogénaire, et se flattait de faire sauter la tontine
Lafarge, Balzac croyait à sa longévité. Souvent il
faisait avec nous des projets d'avenir. Il devait ter-
miner la *Comédie humaine*, écrire la *Théorie de la*

Démarche, faire la *Monographie de la Vertu*, une cinquantaine de drames, arriver à une grande fortune, se marier et avoir deux enfants, « mais pas davantage : deux enfants font bien, dit-il, sur le devant d'une calèche ». Tout cela ne laissait pas que d'être long, et nous lui faisions observer que, ces besognes accomplies, il aurait environ quatre-vingts ans. « Quatre-vingts ans ! s'écria-t-il, bah ! c'est la fleur de l'âge. » M. Flourens, avec ses consolantes doctrines, n'eût pas mieux dit.

Un jour que nous dînions ensemble chez M. Émile de Girardin, il nous raconta une anecdote sur son père, pour montrer à quelle forte race il appartenait. M. de Balzac père, placé chez un procureur, mangeait, suivant l'usage du temps, à la table du patron avec les autres clercs. On servit des perdrix. La procureuse, qui guignait de l'œil le nouveau venu, lui dit : « M. Balzac, savez-vous découper ? — Oui, madame, » répondit le jeune homme, rouge jusqu'aux oreilles; et il empoigna bravement le couteau et la fourchette. Ignorant tout à fait l'anatomie culinaire, il divisa la perdrix en quatre, mais avec tant de vigueur qu'il fendit l'assiette, trancha la nappe et entama le bois de la table. Ce n'était pas adroit, mais c'était fort : la procureuse sourit, et à dater de ce jour, ajoutait Balzac, le jeune clerc fut traité fort doucement dans la maison.

Cette historiette racontée semble froide, mais il fallait voir la mimique de Balzac imitant sur son assiette l'exploit paternel, l'air effaré et résolu à la fois qu'il prenait, la façon dont il saisissait son couteau après avoir retroussé sa manche et dont il enfonçait sa fourchette dans une perdrix imaginaire; Neptune chassant des monstres marins ne manie pas son trident d'un poing plus vigoureux, et quelle pesée immense il

faisait ! Ses joues s'en empourpraient, les yeux lui
en sortaient de la tête, mais l'opération terminée,
comme il promenait sur l'assemblée un regard de
satisfaction naïve, cherchant à se voiler sous la
modestie !

Au reste, Balzac, avait en lui l'étoffe d'un grand
acteur : il possédait une voix pleine, sonore, cuivrée,
d'un timbre riche et puissant, qu'il savait modérer
et rendre très douce au besoin, et il lisait d'une manière
admirable, talent qui manque à la plupart des acteurs.
Ce qu'il racontait, il le jouait avec des intonations,
des grimaces et des gestes qu'aucun comédien n'a
dépassés, à notre avis.

Nous trouvons dans *Marguerite*, de madame de
Girardin, ce souvenir de Balzac. C'est un personnage
du livre qui parle.

Il raconta que Balzac avait dîné chez lui la veille, et
qu'il avait été plus brillant, plus étincelant que jamais.
Il nous a bien amusés avec le récit de son voyage en
Autriche. Quel feu ! Quelle verve ! Quelle puissance
d'imitation ! C'était merveilleux. Sa manière de payer
les postillons est une invention qu'un romancier de génie pouvait seul trouver. « J'étais très embarrassé à
chaque relais, disait-il, comment faire pour payer ? Je
ne savais pas un mot d'allemand, je ne connaissais pas
la monnaie du pays. C'était très difficile. Voilà ce que
j'avais imaginé. J'avais un sac rempli de petites pièces
d'argent, de kreutzers... Arrivé au relais, je prenais
mon sac ; le postillon venait à la portière de la voiture ;
je le regardais attentivement entre les deux yeux, et je
lui mettais dans la main un kreutzer,... deux kreutzers,...
puis trois, puis quatre, etc., jusqu'à ce que je le visse
sourire... Dès qu'il souriait, je comprenais que je lui
donnais un kreutzer de trop... Vite je reprenais ma pièce
et mon homme était payé. »

Aux Jardies, il nous lut *Mercadet*, — le *Mercadet*

primitif, bien autrement ample, compliqué et touffu
que la pièce arrangée pour le Gymnase par d'Ennery,
avec tant de tact et d'habileté. Balzac, qui lisait
comme Tieck, sans indiquer ni les actes, ni les scènes,
ni les noms, affectait une voix particulière et parfaitement reconnaissable à chaque personnage; les organes
dont il dotait les différentes espèces de créanciers
étaient d'un comique désopilant; il y en avait de
rauques, de mielleux, de précipités, de traînards, de
menaçants, de plaintifs. Cela glapissait, cela miaulait,
cela grondait, cela grommelait, cela hurlait sur tous
les tons possibles et impossibles. La Dette chantait
d'abord un solo que soutenait bientôt un chœur
immense. Il sortait des créanciers de partout, de derrière
le poêle, de dessous le lit, des tiroirs de commode;
le tuyau de la cheminée en vomissait; il en filtrait par
le trou de la serrure; d'autres escaladaient la fenêtre
comme des amants; ceux-ci jaillissaient du fond d'une
malle pareils aux diables de joujoux à surprises, ceux-
là passaient à travers les murs comme à travers une
trappe anglaise, et c'était une cohue, un tapage, une
invasion, une vraie marée montante. Mercadet avait
beau les secouer, il en revenait toujours d'autres à
l'assaut, et jusqu'à l'horizon on devinait un sombre
fourmillement de créanciers en marche, arrivant
comme des légions de termites pour dévorer leur proie.
Nous ne savons si la pièce était meilleure ainsi, mais
jamais représentation ne nous produisit un tel effet.

Balzac, pendant cette lecture de *Mercadet*, occupait à demi couché un long divan dans le salon des
Jardies, car il s'était foulé le pied, en glissant comme
ses murs sur la glaise de sa propriété. Quelque brin-
dille, passant à travers l'étoffe, piquait la peau de
sa jambe et l'incommodait. « La perse est trop mince,

le foin la traverse; il faudrait mettre une toile épaisse
dessous, dit-il, en arrachant la pointe qui le gênait. »

François, le Caleb de ce Ravenswood, n'entendait
pas raillerie sur les splendeurs du manoir. — Il reprit
son maître et dit : *le crin.* « Le tapissier m'a donc
trompé? répondit Balzac. Ils sont tous les mêmes.
J'avais recommandé de mettre du foin ! Sacré voleur ! »

Les magnificences des Jardies n'existaient guère
qu'à l'état de rêve. Tous les amis de Balzac se souviennent d'avoir vu écrit au charbon sur les murs
nus ou plaqués de papiers gris; « boiserie de palis-
sandre, — tapisserie des Gobelins, — glace de Venise,
— tableaux de Raphaël. » Gérard de Nerval avait
déjà décoré un appartement de cette manière, et cela
ne nous étonnait pas. Quant à Balzac, il se croyait
littéralement dans l'or, le marbre et la soie; mais,
s'il n'acheva pas les Jardies et s'il prêta à rire par ses
chimères, il sut du moins se bâtir une demeure éternelle, un monument « plus durable que l'airain », une
cité immense, peuplée de ses créations et dorée par les
rayons de sa gloire.

V

Par une bizarrerie de nature qui lui est commune
avec plusieurs des écrivains les plus poétiques de ce
siècle, tels que Chateaubriand, madame de Staël,
George Sand, Mérimée, Janin, Balzac ne possédait
ni le don ni l'amour du vers, quelque effort qu'il
fît d'ailleurs pour y arriver. Sur ce point, son jugement
si fin, si profond, si sagace faisait défaut; il admirait
un peu au hasard et en quelque sorte d'après la noto-
riété publique. Nous ne croyons pas, bien qu'il pro-

fessât un grand respect pour Victor Hugo, qu'il ait jamais été fort sensible aux qualités lyriques du poète, dont la prose sculptée et colorée à la fois l'émerveillait. Lui, si laborieux pourtant et qui retournait une phrase autant de fois qu'un versificateur peut remettre un alexandrin sur l'enclume, il trouvait le travail métrique puéril, fastidieux et sans utilité. Il eût volontiers récompensé d'un boisseau de pois ceux qui parvenaient à faire passer l'idée par l'anneau étroit du rhythme, comme fit Alexandre pour le Grec habile à lancer de loin des boulettes dans une bague; le vers, avec sa forme arrêtée et pure, sa langue elliptique et peu propre à la multiplicité du détail, lui semblait un obstacle inventé à plaisir, une difficulté superflue ou un moyen de mnémonique à l'usage des temps primitifs. Sa doctrine était là-dessus à peu de chose près celle de Stendhal : « L'idée qu'un ouvrage a été fait à cloche-pied peut-elle ajouter au plaisir qu'il produit ? »

L'école romantique contenait dans son sein quelques adeptes, partisans de la vérité absolue, qui rejetaient le vers comme peu ou point naturel. Si Talma disait : « Pas de beaux vers ! » Beyle disait : « Pas de vers du tout. » C'était au fond le sentiment de Balzac, quoique pour paraître large, compréhensif, universel, il fît quelquefois dans le monde semblant d'admirer la poésie, de même que les bourgeois simulent un grand enthousiasme pour la musique qui les ennuie profondément. Il s'étonnait toujours de nous voir faire des vers et du plaisir que nous y prenions. — « Ce n'était pas de la copie », disait-il, et s'il nous estimait, nous le devions à notre prose. Tous les écrivains, jeunes alors, qui se rattachaient au mouvement littéraire représenté par Hugo, se servaient, comme le maître, de la lyre ou de la plume : Alfred de Vigny, Sainte-Beuve, Alfred de Musset, parlaient indifféremment la langue des dieux et la langue des hommes. Nous-même, s'il nous est permis de nous citer après des noms si glorieux, nous avons eu dès le début cette double faculté. Il est toujours facile aux poètes de descendre à la prose. L'oiseau peut marcher au besoin, mais le lion ne vole pas. Les prosateurs-nés ne s'élèvent jamais à la poésie, quelque poétiques qu'ils soient d'ailleurs. C'est un don particulier que celui de la parole rhythmée, et tel le possède sans pour cela être un grand génie, tandis qu'il est refusé souvent à des esprits supérieurs. Parmi les plus fiers qui le dédaignent en apparence, plus d'un garde même à son insu comme une secrète rancune de ne pas l'avoir.

Dans les deux mille personnages de *la Comédie humaine*, il se trouve deux poètes : le Canalis, de *Modeste Mignon*, et le Lucien de Rubempré, de *Splendeurs et Misères des courtisanes*. Balzac les a représentés l'un et l'autre sous des traits peu favorables. Canalis est un esprit sec, froid, stérile, plein de petitesses, un adroit arrangeur de mots, un joaillier en faux, qui sertit du strass dans de l'argent doré, et compose des colliers en perles de verre. Ses volumes à blancs multipliés, à grandes marges, à larges intervalles, ne contiennent qu'un néant mélodieux, qu'une musique monotone, propre à endormir ou faire rêver les jeunes pensionnaires. Balzac, qui épouse ordinairement avec chaleur les intérêts de ses personnages, semble prendre un secret plaisir à ridiculiser celui-ci et à le mettre dans des positions embarrassantes : il crible sa vanité de mille ironies et de mille sarcasmes, et finit par lui ôter Modeste Mignon avec sa grande fortune, pour la donner à Ernest de la Brière. Ce dénoû-

ment, contraire au commencement de l'histoire, pétille
de malice voilée et de fine moquerie. On dirait que
Balzac est personnellement heureux du bon tour qu'il
joue à Canalis. Il se venge, à sa façon, des anges, des
sylphes, des lacs, des cygnes, des saules, des nacelles,
des étoiles et des lyres prodigués par le poète.

Si dans Canalis nous avons le faux poète, économi-
sant sa maigre veine et lui mettant des barrages pour
qu'elle puisse couler, écumer et bruire pendant quelques
minutes, de manière à simuler la cascade, l'homme
habile se servant de ses succès littéraires laborieusement préparés pour ses ambitions politiques, l'être
positif, aimant l'argent, les croix, les pensions et les
honneurs, malgré ses attitudes élégiaques et ses poses
d'ange regrettant le ciel, Lucien de Rubempré nous
montre le poète paresseux, frivole, insouciant, fantasque
et nerveux comme une femme, incapable d'effort
suivi, sans force morale, vivant aux crocs des comé-
diennes et des courtisanes, marionnette dont le terrible Vautrin, sous le pseudonyme de Carlos Herrera,
tire les ficelles à son gré. Malgré tous ses vices, il est
vrai, Lucien est séduisant; Balzac l'a doté d'esprit,
de beauté, de jeunesse, d'élégance; les femmes l'adorent
mais il finit par se pendre à la Conciergerie. Balzac
a fait tout ce qu'il a pu pour mener à bien le
mariage de Clotilde de Grandlieu avec l'auteur des
Marguerites; par malheur les exigences de la morale
étaient là, et qu'eût dit le faubourg Saint-Germain de
la Comédie humaine, si l'élève du forçat Jacques Collin
avait épousé la fille d'un duc ?

A propos de l'auteur des *Marguerites*, consignons
ici un petit renseignement qui pourra amuser les
curieux littéraires. Les quelques sonnets que Lucien
de Rubempré fait voir comme échantillon de son

volume de vers au libraire Dauriat ne sont pas de
Balzac, qui ne faisait pas de vers, et demandait à ses
amis ceux dont il avait besoin. Le sonnet sur la *Marguerite* est de madame de Girardin, le sonnet sur le
Camelia de Lassailly, celui sur la *Tulipe* de votre
serviteur.*

Modeste Mignon renferme aussi une pièce de vers,
mais nous en ignorons l'auteur.

Comme nous l'avons dit à propos de *Mercadet*,
Balzac était un admirable lecteur, et il voulut bien,
un jour, nous lire quelques-uns de nos propres vers. —
Il nous récita, entre autres, *la Fontaine du Cimetière.*
Comme tous les prosateurs, il lisait pour le sens, et
tâchait de dissimuler le rhythme que les poètes, lorsqu'ils
débitent leurs vers tout haut, accentuent au contraire
d'une façon insupportable à tout le monde, mais qui
les ravit tout seuls, et nous eûmes ensemble, à ce
propos, une longue discussion, qui ne servit, comme
toujours, qu'à nous entêter chacun dans notre opinion
particulière.

Le grand homme littéraire de *la Comédie humaine*
est Daniel d'Arthez, un écrivain sérieux, piocheur,
et longtemps enfoui, avant d'arriver à la gloire, dans
d'immenses études de philosophie, d'histoire et de
linguistique. Balzac avait peur de la facilité, et il ne
croyait pas qu'une œuvre rapide pût être bonne. Sous
ce rapport, le journalisme lui répugnait singulièrement, et il regardait le temps et le talent qu'on y
consacrait comme perdus; il n'aimait guère non plus
les journalistes, et lui, si grand critique pourtant,
méprisait la critique. Les portraits peu flattés qu'il

----

* On trouvera ce sonnet dans le *Choix de poésies* publié à la suite
de *Emaux et Camées* (Garnier frères, p. 295.)

a tracés d'Étienne Lousteau, de Nathan, de Vernisset, d'Andoche Finot, représentent assez bien son opinion réelle à l'endroit de la presse. Émile Blondet, mis dans cette mauvaise compagnie pour représenter le *bon écrivain*, est récompensé de ses articles aux « *Débats* » imaginaires de *la Comédie humaine* par un riche mariage avec la veuve d'un général, qui lui permet de quitter le journalisme.

Du reste, Balzac ne travailla jamais au point de vue du journal. Il portait ses romans aux revues et aux feuilles quotidiennes tels qu'ils étaient venus, sans préparer de suspensions et de traquenards d'intérêt à la fin de chaque feuilleton, pour faire désirer la suite. La chose était coupée en tartines à peu près d'égale longueur, et quelquefois la description d'un fauteuil commencée la veille finissait le lendemain. Avec raison, il ne voulait pas diviser son œuvre en petits tableaux de drame ou de vaudeville ; il ne pensait qu'au livre. Cette façon de procéder nuisit souvent au succès immédiat que le journalisme exige des auteurs qu'il emploie. Eugène Sue, Alexandre Dumas l'emportèrent fréquemment sur Balzac dans ces batailles de chaque matin qui passionnaient alors le public. Il n'obtint pas de ces vogues immenses, comme celles des *Mystères de Paris* et du *Juif-Errant*, des *Mousquetaires* et de *Monte-Cristo*. — *Les Paysans*, ce chef-d'œuvre, provoquèrent même un grand nombre de désabonnements à la *Presse*, où en parut la première partie. On dut interrompre la publication. Tous les jours arrivaient des lettres qui demandaient qu'on en finît. — On trouvait Balzac ennuyeux !

On n'avait pas encore bien compris la grande idée de l'auteur de *la Comédie humaine* — prendre la société moderne — et faire sur Paris et notre époque ce livre

qu'aucune civilisation antique ne nous a malheureusement laissé. L'édition compacte de *la Comédie humaine,*
en rassemblant toutes ses œuvres éparses, mit en relief
l'intention philosophique de l'écrivain. A dater de là,
Balzac grandit considérablement dans l'opinion, et
l'on cessa enfin de le considérer « comme le plus fécond
de nos romanciers », phrase stéréotypée qui l'irritait
autant que celle-ci « l'auteur *d'Eugénie Grandet* ».

On a fait nombre de critiques sur Balzac et parlé de
lui de bien des façons, mais on n'a pas insisté sur un
point très caractéristique à notre avis; — ce point est
la modernité absolue de son génie. Balzac ne doit rien
à l'antiquité; — pour lui il n'y a ni Grecs ni Romains,
et il n'a pas besoin de crier qu'on l'en délivre. On
ne retrouve dans la composition de son talent aucune
trace d'Homère, de Virgile, d'Horace, pas même du
de Viris illustribus; personne n'a jamais été moins
classique.

Balzac, comme Gavarni, a vu ses contemporains;
et, dans l'art, la difficulté suprême c'est de peindre
ce qu'on a devant les yeux, on peut traverser son
époque sans l'apercevoir, et c'est ce qu'ont fait beaucoup d'esprits éminents.

Être de son temps, — rien ne paraît plus simple et
rien n'est plus malaisé ! Ne porter aucunes lunettes
ni bleues ni vertes, penser avec son propre cerveau,
se servir de la langue actuelle, ne pas recoudre en
centons les phrases de ses prédécesseurs ! Balzac posséda ce rare mérite. Les siècles ont leur perspective
et leur recul; à cette distance les grandes masses se
dégagent, les lignes s'arrêtent, les détails papillotants
disparaissent; à l'aide des souvenirs classiques, des
noms harmonieux de l'antiquité, le dernier rhétori-
cien venu fera une tragédie, un poème, une étude

historique. Mais, se trouver dans la foule, coudoyé par elle et en saisir l'aspect, en comprendre les courants, y démêler les individualités, dessiner les physionomies de tant d'êtres divers, montrer les motifs de leurs actions, voilà qui exige un génie tout spécial, et ce génie, l'auteur de *la Comédie humaine* l'eut à un degré que personne n'égala et n'égalera probablement.

Cette profonde compréhension des choses modernes rendait, il faut le dire, Balzac peu sensible à la beauté plastique. Il lisait d'un œil négligent les blanches strophes de marbre où l'art grec chanta la perfection de la forme humaine. Dans le Musée des antiques, il regardait la Vénus de Milo sans grande extase, mais la Parisienne, arrêtée devant l'immortelle statue drapée de son long cachemire filant sans un pli de la nuque au talon, coiffée de son chapeau à voilette de Chantilly, gantée de son étroit gant Jouvin, avançant sous l'ourlet de sa robe à volants le bout verni de sa bottine claquée, faisait pétiller son œil de plaisir. Il en analysait les coquettes allures, il en dégustait longuement les grâces savantes, tout en trouvant comme elle que la déesse avait la taille bien lourde et ne ferait pas bonne figure chez mesdames de Beauséant, de Listomère ou d'Espard. La beauté idéale, avec ses lignes sereines et pures, était trop simple, trop froide, trop unie, pour ce génie compliqué, touffu et divers. — Aussi dit-il quelque part : « Il faut être Raphaël pour faire beaucoup de Vierges. » — Le *caractère* lui plaisait plus que le *style*, et il préférait la physionomie à la beauté. Dans ses portraits de femme il ne manque jamais de mettre un signe, un pli, une ride, une plaque rose, un coin attendri et fatigué, une veine trop apparente, quelque détail indiquant les meurtrissures de la vie, qu'un poète, traçant la même image, eût à coup sûr supprimé, à tort sans doute.

Nous n'avons nullement l'intention de critiquer Balzac en cela. Ce *défaut* est sa principale *qualité*. Il n'accepta rien des mythologies et des traditions du passé, et il ne connut pas, heureusement pour nous, cet idéal fait avec les vers des poètes, les marbres de la Grèce et de Rome, les tableaux de la Renaissance, qui s'interpose entre les yeux des artistes et la réalité. Il aima la femme de nos jours telle qu'elle est, et non pas une pâle statue; il l'aima dans ses vertus, dans ses vices, dans ses fantaisies, dans ses châles, dans ses robes, dans ses chapeaux, et la suivit à travers la vie, bien au delà du point de la route où l'amour la quitte. Il en prolongea la jeunesse de plusieurs saisons, lui fit des printemps avec les étés de la Saint-Martin, et en dora le couchant des plus splendides rayons. On est si classique, en France, qu'on ne s'est pas aperçu, après deux mille ans, que les roses, sous notre climat, ne fleurissent pas en avril comme dans les descriptions des poètes antiques, mais en juin, et que nos femmes commencent à être belles à l'âge où celles de la Grèce, plus précoces, cessaient de l'être. Que de types charmants il a imaginés ou reproduits : madame Firmiani, la duchesse de Maufrigneuse, la princesse de Cadignan, madame de Mortsauf, lady Dudley, la duchesse de Langeais, madame Jules, Modeste Mignon, Diane de Chaulieu, sans compter les bourgeoises, les grisettes et les dames aux camélias de son demi-monde.

Et comme il aimait et connaissait ce Paris moderne, dont en ce temps-là les amateurs de couleur locale et de pittoresque appréciaient si peu la beauté! Il le parcourait en tous sens de nuit et de jour; il n'est pas de ruelle perdue, de passage infect, de rue étroite,

boueuse et noire, qui ne devînt sous sa plume une eau-
forte digne de Rembrandt, pleine de ténèbres four-
millantes et mystérieuses où scintille une tremblotante
étoile de lumière. Richesses et misères, plaisirs et
souffrances, hontés et gloires, grâces et laideurs, il
savait tout de sa ville chérie; c'était pour lui un monstre
énorme, hybride, formidable, un polype aux cent
mille bras qu'il écoutait et regardait vivre, et qui formait à ses yeux comme une immense individualité.
— Voyez à ce propos les merveilleuses pages placées
au commencement de *la Fille aux yeux d'or*, dans
lesquelles Balzac, empiétant sur l'art du musicien,
a voulu, comme dans une symphonie à grand orchestre,
faire chanter ensemble toutes les voix, tous les san-
glots, tous les cris, toutes les rumeurs, tous les grin-
cements de Paris en travail!

De cette *modernité* sur laquelle nous appuyons à
dessein provenait, sans qu'il s'en doutât, la difficulté
de travail qu'éprouvait Balzac dans l'accomplissement de son œuvre : la langue française, épurée par
les classiques du dix-septième siècle, n'est propre lorsqu'on veut s'y conformer qu'à rendre des idées géné-
rales, et qu'à peindre des figures conventionnelles dans
un milieu vague. Pour exprimer cette multiplicité de
détails, de caractères, de types, d'architectures, d'ameu-
blements, Balzac fut obligé de se forger une langue
spéciale, composée de toutes les technologies, de tous
les argots de la science, de l'atelier, des coulisses, de
l'amphithéâtre même. Chaque mot qui disait quelque
chose était le bienvenu et la phrase, pour le recevoir,
ouvrait une incise, une parenthèse, et s'allongeait
complaisamment. — C'est ce qui a fait dire aux critiques superficiels que Balzac ne savait pas écrire. —
Il avait, bien qu'il ne le crût pas, un style et un très

beau style, — le style nécessaire, fatal et mathématique
de son idée !

VI

Personne ne peut avoir la prétention de faire une biographie complète de Balzac; toute ·liaison avec lui
était nécessairement coupée de lacunes, d'absences,
de disparitions. Le travail commandait absolument
la vie de Balzac, et si, comme il le dit lui-même avec
un accent de touchante sensibilité dans une lettre à
sa sœur, il a sacrifié sans peine à ce dieu jaloux les
joies et les distractions de l'existence, il lui en a
coûté de renoncer à tout commerce un peu suivi
d'amitié. Répondre quelques mots à une longue missive
devenait pour lui dans ses accablements de besogne
une prodigalité qu'il pouvait rarement se permettre;
il était l'esclave de son œuvre et l'esclave volontaire.
Il avait, avec un cœur très bon et très tendre, l'égoïsme
du grand travailleur. Et qui eût songé à lui en vouloir
de négligences forcées et d'oublis apparents, lorsqu'on
voyait les résultats de ses fuites ou de ses reclu-
sions ? Quand, l'œuvre parachevée, il reparaissait, on
eût dit qu'il vous eût quitté la veille, et il reprenait
la conversation interrompue, comme si quelquefois
six mois et plus ne se fussent pas écoulés. Il faisait
des voyages en France pour étudier les localités où
il plaçait ses *Scènes de province*, et se retirait chez
des amis, en Touraine, ou dans la Charente, trouvant là
un calme que ses créanciers ne lui laissaient pas toujours à Paris. Après quelque grand ouvrage, il se permettait parfois une excursion plus longue en Allemagne, dans la haute Italie, ou en Suisse; mais ces

courses faites rapidement, avec des préoccupations
d'échéances à payer, de traités à remplir, et un viatique
assez borné, le fatiguaient peut-être plus qu'elles ne le
reposaient. — Son grand œil buvait les cieux, les horizons, les montagnes, les paysages, les monuments,
les maisons, les intérieurs pour les confier à cette
mémoire universelle et minutieuse qui ne lui fit
jamais défaut. Supérieur en cela aux poètes descriptifs,
Balzac voyait l'homme en même temps que la nature;
il étudiait les physionomies, les mœurs, les passions,
les caractères du même regard que les sites, les costumes et le mobilier. Un détail lui suffisait, comme à
Cuvier le moindre fragment d'os, pour supposer et
reconstituer juste une personnalité entrevue en passant.
L'on a souvent loué chez Balzac et, avec raison, son
talent d'observateur; mais, quelque grand qu'il
fût, il ne faut pas s'imaginer que l'auteur de *la Comédie
humaine* copiât toujours d'après nature ses portraits
d'une vérité si frappante d'ailleurs. Son procédé ne
ressemble nullement à celui de Henri Monnier, qui
suit dans la vie réelle un individu pour en faire le
croquis au crayon et à la plume, dessinant ses moindres
gestes, écrivant ses phrases les plus insignifiantes de
façon à obtenir à la fois une plaque de daguerréotype
et une page de sténographie. Enseveli la plupart du
temps dans les fouilles de ses travaux, Balzac n'a pu
matériellement observer les deux mille personnages
qui jouent leur rôle dans sa comédie aux cent actes;
mais tout homme, quand il a l'œil intérieur, contient
l'humanité : c'est un microcosme où rien ne manque.

Il a, non pas toujours, mais souvent observé en
lui-même les types nombreux qui vivent dans son
œuvre. C'est pour cela qu'ils sont si complets. — Nul
ne saurait suivre absolument la vie d'un autre; en

pareil cas, il y a des motifs qui restent obscurs, des détails inconnus, des actions dont on perd la trace. Dans le portrait même le plus fidèle, il faut une part de création. Balzac a donc créé beaucoup plus qu'il n'a vu. Ses rares facultés d'analyste, de physiologiste, d'anatomiste, ont servi seulement chez lui le poète, de même qu'un préparateur sert le professeur en chaire lorsqu'il lui passe les substances dont il a besoin pour ses démonstrations.

Ce serait peut-être ici le lieu de définir la *vérité* telle que l'a comprise Balzac; en ce temps de réalisme, il est bon de s'entendre sur ce point. La vérité de l'art n'est point celle de la nature; tout objet rendu par le moyen de l'art contient forcément une part de convention : faites-la aussi petite que possible, elle existe toujours, ne fût-ce en peinture que la perspective, en littérature que la langue. Balzac accentue, grandit, grossit, élague, ajoute, ombre, éclaire, éloigne ou rapproche les hommes ou les choses, selon l'effet qu'il veut produire. Il est *vrai*, sans doute, mais avec les augmentations et les sacrifices de l'*art*. Il prépare des fonds sombres et frottés de bitume à ses figures lumineuses, il met des fonds blancs derrière ses figures brunes. Comme Rembrandt, il pique à propos la paillette de jour sur le front ou le nez du personnage; — quelquefois, dans la description, il obtient des résultats fantastiques et bizarres, en plaçant, sans en rien dire, un miscrocope sous l'œil du lecteur; les détails apparaissent alors avec une netteté surnaturelle, une minutie exagérée, des grossissements incompréhensibles et formidables; les tissus, les squames, les pores, les villosités, les grains, les fibres, les filets capillaires prennent une importance énorme, et font d'un visage insignifiant à l'œil nu une sorte de mascaron chimérique aussi amusant que les masques sculptés sous la corniche du pont Neuf et vermiculés par le temps. Les caractères sont aussi poussés à outrance, comme il convient à des types : si le baron Hulot est un libertin, il personnifie en outre la luxure : c'est un homme et un vice, une individualité et une abstraction; il réunit en lui tous les traits épars du caractère. Où un écrivain de moindre génie eût fait un portrait, Balzac a fait une figure. Les hommes n'ont pas tant de muscles que Michel-Ange leur en met pour donner l'idée de la force. Balzac est plein de ces exagérations utiles, de ces traits noirs qui nourrissent et soutiennent le contour; il imagine en copiant, à la façon des maîtres, et imprime sa touche à chaque chose. Comme ce n'est pas une critique littéraire, mais une étude biographique que nous faisons, nous ne pousserons pas plus loin ces remarques, qu'il suffit d'indiquer. Balzac, que l'école réaliste semble vouloir revendiquer pour maître, n'a aucun rapport de tendance avec elle.

Contrairement à certaines illustrations littéraires qui ne se nourrissent que de leur propre génie, Balzac lisait beaucoup et avec une rapidité prodigieuse. Il aimait les livres, et il s'était formé une belle bibliothèque qu'il avait l'intention de laisser à sa ville natale, idée dont l'indifférence de ses compatriotes à son endroit le fit plus tard revenir. Il absorba en quelques jours les œuvres volumineuses de Swedenborg, que possédait madame Balzac mère, assez préoccupée de mysticisme à cette époque, et cette lecture nous valut *Séraphita-Séraphitus*, une des plus étonnantes productions de la littérature moderne. Jamais Balzac n'approcha, ne serra de plus près la beauté idéale que dans ce livre : l'ascension sur la montagne a quelque chose d'éthéré, de surnaturel, de lumineux, qui vous

enlève à la terre. Les deux seules couleurs employées
sont le bleu céleste, le blanc de neige avec quelques
tons nacrés pour ombre. Nous ne connaissons rien
de plus enivrant que ce début. Le panorama de la
Norvége, découpée par ses bords et vue de cette hauteur, éblouit et donne le vertige.

Louis Lambert se ressent aussi de la lecture de Swedenborg; mais bientôt Balzac, qui avait emprunté les
ailes d'aigles des mystiques pour planer dans l'infini,
redescendit sur la terre où nous sommes, bien que ses
robustes poumons pussent respirer indéfiniment l'air
subtil, mortel pour les faibles : il abandonna l'extra-
monde après cet essor, et rentra dans la vie réelle.
Peut-être son beau génie eût-il été trop vite hors de
vue s'il avait continué à s'élever vers les insondables
immensités de la métaphysique, et devons-nous considérer comme une chose heureuse qu'il se soit borné
à *Louis Lambert* et à *Séraphita-Séraphitus*, qui représentent suffisamment, dans *la Comédie humaine*, le
côté supernaturel, et ouvrent une porte assez large
sur le monde invisible.

Passons maintenant à quelques détails plus intimes.
Le grand Gœthe avait trois choses en horreur : une de
ces choses était la fumée de tabac, on nous dispensera
de dire les deux autres. Balzac, comme le Jupiter de
l'Olympe poétique allemand, ne pouvait souffrir le
tabac, sous quelque forme que ce fût; il anathématisait
la pipe, et proscrivait le cigare. Il n'admettait même
pas le léger papelito espagnol; le narguilhé asiatique
trouvait seul grâce devant lui, et encore ne le souf-
frait-il que comme *bibelot* curieux et à cause de sa
couleur locale. Dans ses philippiques contre l'herbe
de Nicot, il n'imitait pas ce docteur qui, pendant une
dissertation sur les inconvénients du tabac, ne cessait

de puiser d'amples prises à une large tabatière placée près de lui. Il ne fuma jamais. Sa *Théorie des excitants* contient un réquisitoire en forme à l'endroit du tabac, et nul doute que s'il eût été sultan, comme Amurath, il n'eût fait couper la tête aux fumeurs relaps et obstinés. Il réservait toutes ses prédilections pour le café, qui lui fit tant de mal et le tua peut-être, quoiqu'il fût organisé pour devenir centenaire.

Balzac avait-il tort ou raison? Le tabac, comme il le prétendait, est-il un poison mortel et intoxique-t-il ceux qu'il n'abrutit pas? Est-ce l'opium de l'Occident, l'endormeur de la volonté et de l'intelligence? C'est une question que nous ne saurions résoudre.

Cette aversion, du reste, est commune à presque tous les hommes nés avec le siècle ou un peu avant. Les marins et les soldats seuls fumaient alors; à l'odeur de la pipe ou du cigare, les femmes s'évanouissaient : elles se sont bien aguerries depuis, et plus d'une lèvre rose presse avec amour le bout doré d'un *puro*, dans le boudoir changé en tabagie. Les douairières et les mères à turban ont seules conservé leur vieille antipathie, et voient stoïquement leurs salons réfractaires désertés par la jeunesse.

Toutes les fois que Balzac est obligé, pour la vraisemblance du récit, de laisser un de ses personnages s'adonner à cette habitude horrible, sa phrase brève et dédaigneuse trahit un secret blâme : « Quant à de Marsay, dit-il, il était occupé à fumer ses cigares. » Et il faut qu'il aime bien ce condottiere du dandysme, pour lui permettre de fumer dans son œuvre.

Une femme délicate et petite-maîtresse avait sans doute imposé cette aversion à Balzac. C'est un point que nous ne saurions résoudre. Toujours est-il qu'il ne fit pas gagner un sou à la régie. A propos de femmes,

Balzac, qui les a si bien peintes, devait les connaître, et l'on sait le sens que la Bible attache à ce mot. Dans une des lettres qu'il écrit à madame de Surville, sa sœur, Balzac, tout jeune et complétement ignoré, pose l'idéal de sa vie en deux mots : « être célèbre et être aimé. » La première partie de ce programme, que se tracent du reste tous les artistes a été réalisée de point en point. La seconde a-t-elle reçu son accomplissement ? L'opinion des plus intimes amis de Balzac est qu'il pratiqua la chasteté qu'il recommandait aux autres, et n'eut tout au plus que des amours platoniques; mais madame de Surville sourit à cette idée, avec un sourire d'une finesse féminine et tout plein de pudiques réticences. Elle prétend que son frère était d'une discrétion à toute épreuve, et que s'il eût voulu parler, il eût eu beaucoup de choses à dire. Cela doit être, et sans doute la cassette de Balzac contenait plus de petites lettres à l'écriture fine et penchée que la boîte en laque de Canalis. Il y a, dans son œuvre, comme une odeur de femme : *odor di femina*; quand on y entre, on entend derrière les portes qui se referment sur les marches de l'escalier dérobé des frou-frou de soie et des craquements de bottines. Le salon semi-circulaire et matelassé de la rue des Batailles, dont nous avons cité la description placée par l'auteur dans *la Fille aux yeux d'or*, ne resta donc pas complétement virginal, comme plusieurs de nous le supposèrent. Dans le cours de notre intimité, qui dura de 1836 jusqu'à sa mort, une seule fois Balzac fit allusion, avec les termes les plus respectueux et les plus attendris, à un attachement de sa première jeunesse, et encore ne nous livra-t-il que le prénom de la personne dont, après tant d'années, le souvenir lui faisait les yeux humides. Nous en eût-il dit davan-

tage, nous n'abuserions certes pas de ses confidences ;
le génie d'un grand écrivain appartient à tout le
monde, mais son cœur est à lui. Nous effleurons en passant ce côté tendre et délicat de la vie de Balzac, parce
que nous n'avons rien à dire qui ne lui fasse honneur.
Cette réserve et ce mystère sont d'un galant homme.
S'il fut aimé comme il le souhaitait dans ses rêves de
jeunesse, le monde n'en sut rien.

N'allez pas vous imaginer d'après cela que Balzac
fût austère et pudibond en paroles : l'auteur des
Contes drôlatiques était trop nourri de Rabelais et trop
pantagruéliste pour ne pas avoir le mot pour rire ; il
savait de bonnes histoires et en inventait : ses grasses
gaillardises entrelardées de crudités gauloises eussent
fait crier *shocking* au *cant* épouvanté ; mais ses lèvres
rieuses et bavardes étaient scellées comme le tombeau
lorsqu'il s'agissait d'un sentiment sérieux. A peine
laissa-t-il deviner à ses plus chers son amour pour une
étrangère de distinction, amour dont on peut parler,
puisqu'il fut couronné par le mariage. C'est à cette
passion conçue depuis longtemps qu'il faut rapporter
ses excursions lointaines, dont le but resta jusqu'au
dernier jour un mystère pour ses amis.

Absorbé par son œuvre, Balzac ne pensa qu'assez
tard au théâtre, pour lequel l'opinion générale jugea,
à tort selon nous, d'après quelques essais plus ou moins
chanceux, qu'il n'était guère propre. Celui qui créa
tant de types, analysa tant de caractères, fit mouvoir
tant de personnages, devait réussir à la scène ; mais,
comme nous l'avons dit, Balzac n'était pas prime-sautier
et l'on ne peut pas corriger les épreuves d'un drame.
S'il eût vécu, au bout d'une douzaine de pièces, il eût
assurément trouvé sa forme et atteint le succès ; il
s'en est fallu de bien peu que *la Marâtre*, jouée au

Théâtre-Historique, ne fût un chef-d'œuvre. *Mercadet*, légèrement ébarbé par un arrangeur intelligent, obtint une longue vogue posthume au Gymnase.

Cependant, ce qui détermina ses tentatives fut plutôt, nous devons le dire, l'idée d'un gros gain qui le libérerait d'un seul coup de ses embarras financiers, qu'une vocation bien réelle. Le théâtre, on le sait, rapporte beaucoup plus que le livre; la continuité des représentations, sur lesquelles un droit assez fort est prélevé, produit vite par l'accumulation des sommes considérables. Si le travail de combinaison est plus grand, la besogne matérielle est moindre. Il faut plusieurs drames pour remplir un volume, et pendant que vous vous promenez ou que vous restez, noncha-lamment, les pieds dans vos pantoufles, les rampes s'allument, les décors descendent des frises, les acteurs déclament et gesticulent, et vous vous trouvez avoir gagné plus d'argent qu'en griffonnant toute une semaine courbé péniblement sur votre pupitre. Tel mélodrame a valu à son auteur plus que *Notre-Dame de Paris* à Victor Hugo et les *Parents pauvres* à Balzac.

Chose singulière, Balzac, qui méditait, élaborait et corrigeait ses romans avec une méticulosité si opi-niâtre, semblait, lorsqu'il s'agissait de théâtre, pris du vertige de la rapidité. Non seulement il ne refaisait pas huit ou dix fois ses pièces comme ses volumes, il ne les faisait même pas du tout. L'idée première à peine fixée, il prenait jour pour la lecture et appelait ses amis à la confection de la chose; Ourliac, Lassailly, Laurent-Jan, nous et d'autres, avons été souvent convoqués au milieu de la nuit ou à des heures fabu-leusement matinales. Il fallait tout quitter; chaque minute de retard faisait perdre des millions.

Un mot pressant de Balzac nous somma un jour de

nous rendre à l'instant même rue de Richelieu, 104, où il avait un pied-à-terre dans la maison de Buisson, le tailleur. Nous trouvâmes Balzac enveloppé de son froc monacal, et trépignant d'impatience sur le tapis bleu et blanc d'une coquette mansarde aux murs tapissés de percale carmélite agrémentée de bleu, car, malgré sa négligence apparente, il avait l'instinct de l'arrangement intérieur, et préparait toujours un nid confortable à ses veilles laborieuses; dans aucun de ses logis ne régna ce désordre pittoresque cher aux artistes.

— Enfin, voilà le Théo ! s'écria-t-il en nous voyant. Paresseux, tardigrade, unau, aï, dépêchez-vous donc; vous devriez être ici depuis une heure. — Je lis demain à Harel un grand drame en cinq actes.

— Et vous désirez avoir notre avis, répondîmes-nous en nous établissant dans un fauteuil comme un homme qui se prépare à subir une longue lecture.

A notre attitude Balzac devina notre pensée, et il nous dit de l'air le plus simple : « Le drame n'est pas fait. »

— Diable ! fis-je. Eh bien, il faut faire remettre la lecture à six semaines.

— Non, nous allons bâcler le *dramorama* pour toucher la monnaie. A telle époque j'ai une échéance bien chargée.

— D'ici à demain c'est impossible; on n'aurait pas le temps de le recopier.

— Voici comment j'ai arrangé la chose. Vous ferez un acte. Ourliac un autre, Laurent-Jan le troisième, de Belloy le quatrième, moi le cinquième, et je lirai à midi, comme il est convenu. Un acte de drame n'a pas plus de quatre ou cinq cents lignes; on peut faire cinq cents lignes de dialogue dans sa journée et dans sa nuit.

— Contez-moi le sujet, indiquez-moi le plan, des-
sinez-moi en quelques mots les personnages, et je
vais me mettre à l'œuvre, lui répondis-je passablement
effaré.

— Ah! s'écria-t-il avec un air d'accablement
superbe et de dédain magnifique, s'il faut vous conter
le sujet, nous n'aurons jamais fini!

Nous ne pensions pas être indiscret en faisant cette
question, qui semblait tout à fait oiseuse à Balzac.

D'après une indication brève arrachée à grand'peine,
nous nous mîmes à brocher une scène dont quelques
mots seulement sont restés dans l'œuvre définitive,
qui ne fut pas lue le lendemain, comme on peut bien
le penser. Nous ignorons ce que firent les autres colla-
borateurs; mais le seul qui mit sérieusement la main
à la pâte, ce fut Laurent-Jan, auquel la pièce est
dédiée.

Cette pièce, c'était *Vautrin*. On sait que le toupet
dynastique et pyramidal dont Frédérick Lemaître avait
eu la fantaisie de se coiffer dans son déguisement de
général mexicain attira sur l'ouvrage les rigueurs
du pouvoir; *Vautrin*, interdit, n'eut qu'une seule
représentation, et le pauvre Balzac resta comme Per-
rette devant son pot au lait renversé. Les prodigieuses
martingales qu'il avait chiffrées sur le produit probable de son drame se fondirent en zéros, ce qui ne
l'empêcha pas de refuser très noblement l'indemnité
offerte par le ministère.

Au commencement de cette étude, nous avons
raconté les velléités de dandysme manifestées par
Balzac; nous avons dit son habit bleu à boutons d'or
massif, sa canne monstrueuse surmontée d'un pavé
de turquoises, ses apparitions dans le monde et dans
la loge infernale : ces magnificences n'eurent qu'un

temps, et Balzac reconnut qu'il n'était pas propre à jouer ce rôle d'Alcibiade ou de Brummel. Chacun a pu le rencontrer, surtout le matin, lorsqu'il courait aux imprimeries porter la copie et chercher les épreuves, dans un costume infiniment moins splendide. L'on se rappelle la veste de chasse verte, à boutons de cuivre représentant des têtes de renard, le pantalon à pied quadrillé noir et gris, enfoncé dans de gros souliers à oreilles, le foulard rouge tortillé en corde autour du col, et le chapeau à la fois hérissé et glabre, à coiffe bleue déteinte par la sueur, qui couvraient plutôt qu'ils n'habillaient « le plus fécond de nos romanciers ». Mais malgré le désordre et la pauvreté de cet accoutrement, personne n'eût été tenté de prendre pour un inconnu vulgaire ce gros homme aux yeux de flamme, aux narines mobiles, aux joues martelées de tons violents, tout illuminé de génie, qui passait emporté par son rêve comme par un tourbillon ! A son aspect, la raillerie s'arrêtait sur les lèvres du gamin, et l'homme sérieux n'achevait pas le sourire ébauché. — L'on devinait un des rois de la pensée.

Quelquefois, au contraire, on le voyait marcher à pas lents, le nez en l'air, les yeux en quête, suivant un côté de la rue puis examinant l'autre, bayant non pas aux corneilles, mais aux enseignes. Il cherchait des noms pour baptiser ses personnages. Il prétendait avec raison qu'un nom ne s'invente pas plus qu'un mot. Selon lui, les noms se faisaient tout seuls comme les langues; les noms réels possédaient en outre une vie, une signification, une fatalité, une portée cabalistique et l'on ne pouvait attacher trop d'importance à leur choix. Léon Gozlan a conté d'une façon charmante, dans son *Balzac en pantoufles*, comme fut **trouvé le fameux Z. Marcas de la *Revue parisienne*.**

Une enseigne de fumiste fournit le nom longtemps cherché de Gubetta à Victor Hugo, non moins soigneux que Balzac dans l'appellation de ses personnages.

Cette rude vie de travail nocturne avait, malgré sa forte constitution, imprimé des traces sur la physionomie de Balzac, et nous trouvons dans *Albert Savarus* un portrait de lui, tracé par lui-même, et qui le représente tel qu'il était à cette époque (1842) avec un léger arrangement.

«... Une tête superbe : cheveux noirs mélangés déjà de quelques cheveux blancs, des cheveux comme en ont les saint Pierre et les saint Paul de nos tableaux, à boucles touffues et luisantes, des cheveux durs comme des crins, un col blanc et rond comme celui d'une femme, un front magnifique, séparé par ce sillon puissant que les grands projets, les grandes pensées, les fortes méditations inscrivent au front des grands hommes; un teint olivâtre marbré de taches rouges, un nez carré, des yeux de feu, puis les joues creusées, marquées de deux longues rides pleines de souffrances, une bouche à sourire sarde et un petit menton mince et trop court, la patte d'oie aux tempes, les yeux caves, roulant sous des arcades sourcilières comme deux globes ardents; mais malgré tous ces indices de passions violentes, un air calme, profondément résigné, la voix d'une douceur pénétrante et qui m'a surpris par sa facilité, la vraie voix de l'orateur, tantôt pure et rusée, tantôt insinuante, et tonnant quand il le faut, puis se pliant au sarcasme, et devenant alors incisive. M. Albert Savarus est de moyenne taille, ni gras ni maigre; enfin, il a des mains de prélat. »

Dans ce portrait, d'ailleurs très fidèle, Balzac s'idéalise un peu pour les besoins du roman, et se retire quelques kilogrammes d'embonpoint, licence bien permise à un héros aimé de la duchesse d'Argaiolo et de mademoiselle Philomène de Watteville. — Ce roman d'*Albert Savarus*, un des moins connus et des moins cités de **Balzac**, contient beaucoup de détails transposés sur ses habitudes de vie et de travail; on pourrait même y voir, s'il était permis de soulever ces voiles, des confidences d'un autre genre.

Balzac avait quitté la rue des Batailles pour les Jardies; il alla ensuite demeurer à Passy. La maison qu'il habitait, située sur une pente abrupte, offrait une disposition architecturale assez singulière. — On y entrait.

Un peu comme le vin entre dans les bouteilles.

Il fallait *descendre* trois étages pour arriver au premier. La porte d'entrée, du côté de la rue, s'ouvrait presque dans le toit, comme une mansarde. Nous y dînâmes une fois avec L. G. — Ce fut un dîner étrange, composé d'après des recettes économiques inventées par Balzac. Sur notre prière expresse, la fameuse purée d'oignons, douée de tant de vertus hygiéniques et symboliques et dont Lassailly faillit crever, n'y figura point. — Mais les vins étaient merveilleux! Chaque bouteille avait son histoire, et Balzac la contait avec une éloquence, une verve, une conviction sans égales. Ce vin de Bordeaux avait fait trois fois le tour du monde; ce Château-neuf du pape remontait à des époques fabuleuses; ce rhum venait d'un tonneau roulé plus d'un siècle par la mer, et qu'il avait fallu entamer à coups de hache, tant la croûte formée à l'entour par les coquillages, les madrépores et les varechs était épaisse. Nos palais, surpris, agacés de saveurs acides, protestaient en vain contre ces illustres origines. Balzac gardait un sérieux d'augure, et malgré le proverbe, nous avions beau lever les yeux sur lui, nous ne le faisions pas rire !

Au dessert figuraient des poires d'une maturité, d'une grosseur, d'un fondant et d'un choix à honorer

une table royale. — Balzac en dévora cinq ou six
dont l'eau ruisselait sur son menton; il croyait que
ces fruits lui étaient salutaires, et il les mangeait en
telle quantité autant par hygiène que par friandise.
Déjà il ressentait les premières atteintes de la maladie
qui devait l'emporter. La Mort, de ses maigres doigts,
tâtait ce corps robuste pour savoir par où l'attaquer,
et n'y trouvant aucune faiblesse, elle le tua par la
pléthore et l'hypertrophie. Les joues de Balzac étaient
toujours vergetées et martelées de ces plaques rouges
qui simulent la santé aux yeux inattentifs; mais
pour l'observateur les tons jaunes de l'hépatite entou-
raient de leur auréole d'or les paupières fatiguées;
le regard, avivé par cette chaude teinte de bistre, ne
paraissait que plus vivace et plus étincelant et trom-
pait les inquiétudes.

En ce moment, Balzac était très préoccupé de
sciences occultes, de chiromancie, de cartomancie; on
lui avait parlé d'une sibylle plus étonnante encore que
mademoiselle Lenormand, et il nous détermina, ainsi
que madame de Girardin et Méry, à l'aller consulter
avec lui. La pythonisse demeurait à Auteuil, nous ne
savons plus dans quelle rue; cela importe peu à notre
histoire, car l'adresse donnée était fausse. Nous tom-
bâmes au milieu d'une famille d'honnêtes bourgeois
en villégiature : le mari, la femme et une vieille mère
à qui Balzac, sûr de son fait, s'obstinait à trouver un
air cabalistique. La bonne dame, peu flattée qu'on la
prît pour une sorcière, commençait à se fâcher; le
mari nous prenait pour des mystificateurs ou des
filous; la jeune femme riait aux éclats, et la servante
s'empressait de serrer l'argenterie par prudence. Il
fallut nous retirer avec notre courte honte; mais
Balzac soutenait que c'était bien là, et remonté dans

la voiture, grommelait des injures à l'endroit de la
vieille : « Stryge, harpie, magicienne, empouse, larve,
lamie, lémure, goule, psylle, aspiole », et tout ce que
l'habitude des litanies de Rabelais pouvait lui suggérer
de termes bizarres. Nous dîmes : — Si c'est une sorcière,
elle cache bien son jeu — de cartes, ajouta madame de
Girardin avec cette prestesse d'esprit qui ne lui fit
jamais défaut. Nous essayâmes encore quelques
recherches, toujours infructueuses, et Delphine pré-
tendit que Balzac avait imaginé cette *ressource de
Quinola* pour se faire conduire en voiture à Auteuil,
où il avait affaire, et se procurer d'agréables compagnons de route.

Il faut croire, cependant, que Balzac trouva seul
cette madame Fontaine que nous cherchions de concert,
car dans *les Comédiens sans le savoir*, il l'a représentée
entre sa poule Bibouche et ·son crapaud Astaroth
avec une effrayante vérité fantastique, si ces deux
mots peuvent s'allier ensemble. La consulta-t-il sérieusement? l'alla-t-il voir en simple observateur? Plusieurs passages de *la Comédie humaine* semblent
impliquer chez Balzac une sorte de foi aux sciences
occultes, sur lesquelles les sciences officielles n'ont
pas dit encore leur dernier mot.

Vers cette époque, Balzac commença à manifester
du goût pour les vieux meubles, les bahuts, les potiches ;
le moindre morceau de bois vermoulu qu'il achetait
rue de Lappe avait toujours une provenance illustre,
et il faisait des généalogies circonstanciées à ses
moindres bibelots. — Il les cachait çà et là, toujours
à cause de ces créanciers fantastiques dont nous com-
mencions à douter. Nous nous amusâmes même à
répandre le bruit que Balzac était millionnaire, qu'il
achetait de vieux bas aux négociants en hannetons

pour y serrer des onces, des quadruples, des génovines,
des cruzades, des colonnates, des doubles louis, à la
façon du père Grandet; nous disions partout qu'il
avait trois citernes, comme Aboulcasem, remplies
jusqu'au bord d'escarboucles, de dinars et de tomans.
« Théo me fera couper le cou avec ses blagues! » disait
Balzac, contrarié et charmé.

Ce qui donnait quelque vraisemblance à nos plaisanteries, c'était la nouvelle demeure qu'habitait Balzac,
rue Fortunée, dans le quartier Beaujon, moins peuplé
alors qu'il ne l'est aujourd'hui. Il y occupait une petite
maison mystérieuse qui avait abrité les fantaisies
du fastueux financier. Du dehors, on apercevait au-
dessus du mur une sorte de coupole, repoussée par le
plafond cintré d'un boudoir et la peinture fraîche des
volets fermés.

Quand on pénétrait dans ce réduit, ce qui n'était
pas facile, car le maître du logis se celait avec un soin
extrême, on y découvrait mille détails de luxe et de
confort en contradiction avec la pauvreté qu'il affectait. — Il nous reçut pourtant un jour, et nous pûmes
voir une salle à manger revêtue de vieux chêne, avec
une table, une cheminée, des buffets, des crédences
et des chaises en bois sculpté, à faire envie à Berru-
guete, à Cornejo Duque et à Verbruggen; un salon de
damas bouton d'or, à portes, à corniches, à plinthes
et embrasures d'ébène; une bibliothèque rangée dans
des armoires incrustées d'écaille et de cuivre en style
de Boulle; une salle de bain en brèche jaune, avec
bas-reliefs de stuc; un boudoir en dôme, dont les
peintures anciennes avaient été restaurées par Edmond
Hédouin; une galerie éclairée de haut, que nous recon-
nûmes plus tard dans la collection du *Cousin Pons*.
Il y avait sur les étagères toutes sortes de curiosités,

des porcelaines de Saxe et de Sèvres, des cornets
de céladon craquelé, et dans l'escalier, recouvert d'un
tapis, de grands vases de Chine et une magnifique
lanterne suspendue par un câble de soie rouge.

— Vous avez donc vidé un des silos d'Aboulcasem ?
dîmes-nous en riant à Balzac, en face de ces splendeurs; vous voyez bien que nous avions raison en
vous prétendant millionnaire.

— Je suis plus pauvre que jamais, répondait-il
en prenant un air humble et papelard; rien de tout cela
n'est à moi. J'ai meublé la maison pour un ami qu'on
attend. — Je ne suis que le gardien et le portier de
l'hôtel.

Nous citons là ses paroles textuelles. Cette réponse,
il la fit d'ailleurs à plusieurs personnes étonnées comme
nous. Le mystère s'expliqua bientôt par le mariage
de Balzac avec la femme qu'il aimait depuis longtemps.

Il y a un proverbe turc qui dit : « Quand la maison
est finie, la mort entre. » C'est pour cela que les sultans
ont toujours un palais en construction qu'ils se gardent
bien d'achever. La vie semble ne vouloir rien de
complet — que le malheur. Rien n'est redoutable
comme un souhait réalisé.

Les fameuses dettes étaient enfin payées, l'union
rêvée accomplie, le nid pour le bonheur ouaté et garni
de duvet; comme s'ils eussent pressenti sa fin prochaine,
les envieux de Balzac commençaient à le louer : *les
Parents pauvres, le Cousin Pons*, où le génie de l'auteur
brille de tout son éclat, ralliaient tous les suffrages. —
C'était trop beau; il ne lui restait plus qu'à mourir.

Sa maladie fit de rapides progrès, mais personne ne
croyait à un dénoûment fatal, tant on avait confiance
dans l'athlétique organisation de Balzac. Nous pensions
fermement qu'il nous enterrerait tous.

Nous allions faire un voyage en Italie, et avant de partir nous voulûmes dire adieu à notre illustre ami. Il était sorti en calèche, pour retirer à la douane quelque curiosité exotiqué. Nous nous éloignâmes rassuré, et au moment où nous montions en voiture, on nous remit un billet de madame de Balzac, qui nous expliquait obligeamment et avec des regrets polis pourquoi nous n'avions pas trouvé son mari à la maison. Au bas de la lettre, Balzac avait tracé ces mots :

« Je ne puis plus ni lire, ni écrire.

» DE BALZAC. »

Nous avons gardé comme une relique cette ligne sinistre, la dernière probablement qu'écrivit l'auteur de *la Comédie humaine*; c'était, et nous ne le comprîmes pas d'abord, le cri suprême, *Eli lamma Sabacthanni!* du penseur et du travailleur. — L'idée que Balzac pût mourir ne nous vint seulement pas.

A quelques jours de là, nous prenions une glace au café Florian, sur la place Saint-Marc; le *Journal des Débats*, une des rares feuilles françaises qui pénétrent à Venise, se trouva sous notre main, et nous y vîmes annoncée la mort de Balzac. — Nous faillîmes tomber de notre chaise sur les dalles de la place à cette foudroyante nouvelle, et à notre douleur se mêla bien vite un mouvement d'indignation et de révolte peu chrétien, car toutes les âmes ont devant Dieu une égale valeur. Nous venions de visiter justement l'hôpital des fous dans l'île de San-Servolo, et nous avions vu là des idiots décrépits, des gâteux octogénaires, des larves humaines que ne dirigeait même plus l'instinct animal, et nous nous demandâmes pourquoi ce cerveau lumineux s'était éteint comme un flambeau qu'on souffle, lorsque la vie tenace persistait dans ces têtes obscures vaguement traversées de lueurs trompeuses.

Huit ans déjà se sont écoulés depuis cette date fatale. La postérité a commencé pour Balzac; chaque jour il semble plus grand. Lorsqu'il était mêlé à ses contemporains, on l'appréciait mal, on ne le voyait que par fragments sous des aspects parfois défavorables : maintenant l'édifice qu'il a bâti s'élève à mesure qu'on s'en éloigne, comme la cathédrale d'une ville que masquaient les maisons voisines, et qui à l'horizon se dessine immense au-dessus des toits aplatis. Le monument n'est pas achevé, mais tel qu'il est, il effraye par son énormité, et les générations surprises se demanderont quel est le géant qui a soulevé seul ces blocs formidables et monté si haut cette Babel où bourdonne toute une société.

Quoique mort, Balzac a pourtant encore des détracteurs; on jette à sa mémoire ce reproche banal d'immoralité, dernière injure de la médiocrité impuissante et jalouse, ou même de la pure bêtise. L'auteur de *la Comédie humaine*, non seulement n'est pas immoral, mais c'est même un moraliste austère. Monarchique et catholique, il défend l'autorité, exalte la religion, prêche le devoir, morigène la passion, et n'admet le bonheur que dans le mariage et la famille.

« L'homme, dit-il, n'est ni bon ni méchant; il naît avec des instincts et des aptitudes; la société, loin de le dépraver, comme l'a prétendu Rousseau, le perfectionne, le rend meilleur; mais l'intérêt développe aussi ses penchants mauvais. Le christianisme, et surtout le catholicisme, étant, comme je l'ai dit dans *le Médecin de campagne*, un système complet de répression des tendances dépravées de l'homme, est le plus grand élément de l'ordre social. »

Et avec une ingénuité qui sied à un grand homme,

prévoyant le reproche d'immoralité que lui adresseront des esprits mal faits, il dénombre les figures irréprochables comme vertu qui se trouvent dans *la Comédie humaine* : Pierrette Lorrain, Ursule Mirouët, Constance Birotteau, la Fosseuse, Eugénie Grandet, Marguerite Claës, Pauline de Villenoix, madame Jules, madame de la Chanterie, Ève Chardon, mademoiselle d'Esgrignon, madame Firmiani, Agathe Rouget, Renée de Maucombe, sans compter parmi les hommes, Joseph Le Bas, Genestas, Benassis, le curé Bonnet, le médecin Minoret, Pillerault, David Séchard, les deux Birotteau, le curé Chaperon, le juge Popinot, Bourgeat, les Sauviat, les Tascherons, etc.

Les figures de coquins ne manquent pas, il est vrai, dans *la Comédie humaine*. Mais Paris est-il peuplé exclusivement par des anges ?

(*L'Artiste*, 1858.)

LAMARTINE*

Ce n'est pas une biographie de Lamartine, encore
moins une appréciation détaillée de son œuvre, que
nous voudrions faire ici; mais notre désir serait de
dégager cette grande figure de la pénombre dont elle
se voilait depuis quelques années dans la retraite et le
silence des derniers jours, et de la replacer sous le
rayon qui désormais ne la quittera plus. Humble poète
contraint à la prose par les nécessités du journalisme,
nous allons essayer de juger un grand poète. C'est une
témérité de notre part. Notre front n'atteint pas à ses
pieds; mais c'est d'en bas qu'on apprécie les statues :
la sienne mérite d'être taillée dans le plus beau marbre
de Paros ou de Carrare, pure de toute tache.

Lui-même a raconté, avec un style qu'il n'est donné à
personne d'imiter, ses premiers souvenirs d'enfance et
de famille; sa jeune âme s'ouvrant à la vie, au rêve, à
la pensée, immortelles confidences du génie que la
foule recueille et où elle se complaît, car chacun peut
se faire l'illusion que cette voix, tant elle est intime et
pénétrante, parle à lui seul comme à un ami inconnu.

---

* Le poète mourut à Paris, le 28 février 1869. — Le 4 mars, à
Mâcon puis à Saint-Point furent célébrées ses funérailles. — Dans
le *Journal officiel* (8 mars), Théophile Gautier publia la notice nécrologique que nous reproduisons ici.

Nous laisserons donc Lamartine chercher à travers ses études, ses rêveries, ses passions et ses voyages, dans une vie en apparence inoccupée, cette voie qu'on doit suivre et qu'on ne distingue pas toujours aisément aux inextricables carrefours des vocations humaines. Sans doute, tous les généreux sentiments qu'il devait si bien exprimer, l'amour, la foi, la religieuse adoration de la nature, la nostalgie du ciel, bouillonnaient déjà en lui; mais ce n'était encore pour le monde qu'un beau jeune homme de la plus aristocratique élégance, de manières parfaites, et destiné aux succès de salon.

Il avait fait deux voyages en Italie; l'impression que durent produire sur lui ce ciel pur, ces mers plus azurées encore que le ciel, ces grands horizons, ces arbres au feuillage luisant et robuste, ces ruines si magnifiques dans leur écroulement, toute cette nature énergique, colorée et chaude, où erraient, comme des ombres muettes, des peuples pliant sous le faix de la servitude et sous la grandeur de leur passé, il n'en dit rien alors, mais la poésie s'amassait silencieusement dans son cœur. Le trésor secret grossissait chaque jour; une perle s'ajoutait à l'écrin mystérieux qui ne devait s'ouvrir que plus tard. S'il était le rival de Byron, auquel il adressa une épître égale aux plus beaux morceaux de *Child-Harold*, ce n'était que comme dandy. Revenu en France, il laissa passer quelques années dans ce désœuvrement tourmenté et fécond d'où jaillissent les grandes œuvres, et en 1820 parut un modeste volume un-16º, qui n'avait pas sans peine trouvé un éditeur : c'étaient les *Méditations*.

Ce volume fut un événement rare dans les siècles. Il contenait tout un monde nouveau, monde de poésie plus difficile à trouver peut-être qu'une Amérique ou une Atlantide. Tandis qu'il semblait aller et venir indifférent parmi les autres hommes, Lamartine voyageait sur des mers inconnues, les yeux sur son étoile, tendant vers un rivage où nul n'avait abordé, et il en revenait vainqueur comme Colomb. Il avait découvert l'âme !

On ne saurait s'imaginer aujourd'hui, après tant de révolutions, d'écroulements et de vicissitudes dans les choses humaines, après tant de systèmes littéraires essayés et tombés en oubli, tant d'excès de pensée et de langage, l'enivrement universel produit par les *Méditations*. Ce fut comme un souffle de fraîcheur et de rajeunissement, comme une palpitation d'ailes qui passait sur les âmes. Les jeunes gens, les jeunes filles, les femmes s'enthousiasmèrent jusqu'à l'adoration. Le nom de Lamartine était sur toutes les bouches, et les Parisiens, qui pourtant ne sont pas gens poétiques, frappés de folie comme les Abdéritains, qui répétaient sans cesse le chœur d'Euripide : « O amour ! puissant amour, » s'abordaient en récitant quelques stances du *Lac*. Jamais succès n'eut de proportions pareilles.

Lamartine, en effet, n'était pas seulement un poète, c'était la poésie même. Sa nature chaste, élégante et noble semblait tout ignorer des laideurs et des trivialités de la vie : tel était le livre, tel était l'auteur, et le meilleur frontispice qu'on eût pu choisir pour ce volume de vers, c'était le portrait du poète. La lyre entre ses mains et, sur ses épaules, le manteau fouetté par l'orage, ne semblaient pas ridicules.

Quel accent profond et nouveau ! quelles aspirations éthérées, quels élancements vers l'idéal, quelles pures effusions d'amour, quelles notes tendres et mélancoliques, quels soupirs et quelles postulations de l'âme que nul poète n'avait encore fait vibrer !

Dans les tableaux de Lamartine, il y a toujours beau-

coup de ciel; il lui faut cet espace pour se mouvoir aisément et tracer de larges cercles autour de sa pensée.
Il nage, il vole, il plane; comme un cygne se berçant sur
ses grandes ailes blanches, tantôt dans la lumière, tantôt dans une légère brume, d'autres fois aussi dans des
nuages orageux, il ne pose à terre que rarement et bientôt reprend son essor, à la première brise qui soulève
ses plumes. Cet élément fluide, transparent, aérien, qui
se déplace devant lui et se referme après son passage,
est sa route naturelle; il s'y soutient sans peine, durant
de longues heures, et de cette hauteur il voit s'azurer
les vagues paysages, miroiter les eaux et pointer les
édifices dans un vaporeux effacement.

Lamartine n'est pas un de ces poètes, merveilleux
artistes, qui martèlent le vers comme une lame d'or
sur une enclume d'acier, resserrant le grain du métal,
lui imprimant des carres nettes et précises. Il ignore
ou dédaigne toutes ces questions de forme, et avec une
négligence de gentilhomme qui rime à ses heures, sans
s'astreindre plus qu'il ne faut à ces choses de métier, il
fait d'admirables poésies, à cheval en traversant les
bois, en barque le long de quelque rivage ombreux ou le
coude appuyé à la fenêtre d'un de ses châteaux. Ses
vers se déroulent avec un harmonieux murmure, comme
les lames d'une mer d'Italie ou de Grèce, roulant dans
leurs volutes transparentes des branches de laurier, des
fruits d'or tombés du rivage, des reflets de ciel, d'oiseaux ou de voiles, et se brisant sur la plage en étincelantes franges argentées. Ce sont des déroulements et
des successions de formes ondoyantes, insaisissables
comme l'eau, mais qui vont à leur but et sur leur flui-
dité peuvent porter l'idée comme la mer porte les
navires, que ce soit un frêle esquif ou **un navire de
haut bord.**

Il y a un charme magique dans cette respiration du
vers qui s'enfle et s'abaisse comme la poitrine de l'Océan ;
on se laisse aller à cette mélodie que chante le chœur
des rimes comme à un chant lointain de matelots ou de
sirènes. Lamartine est peut-être le plus grand musicien
de la poésie.

Cette manière large et vague convient à la haute spiritualité de sa nature ; l'âme n'a pas besoin d'être sculptée comme un marbre grec. Des lueurs, des sonorités,
des souffles, des blancheurs d'opale, des nuances d'arc-
en-ciel, des bleus lunaires, des gazes diaphanes, des
draperies aériennes soulevées et gonflées par les brises,
suffisent à la peindre et à l'envelopper. C'est pour Lamartine que semble avoir été fait ce mot des anciens
musa ales.

Dans cette immortelle pièce du *Lac*, où la passion
parle une langue que jamais la plus belle musique n'a pu
égaler, la nature vaporeuse apparaît comme à travers
une gaze d'argent reculée, éloignée, peinte en quelques
touches, pour faire un cadre et servir de fond à cet
impérissable souvenir, et cependant l'on voit tout :
la lumière, le ciel, l'eau, les rochers et les arbres de la
rive, les montagnes de l'horizon, et chaque vague qui
jette son écume sur les pieds adorés d'Elvire.

Il ne faut pas croire que Lamartine, parce qu'il y a
toujours chez lui une vibration et une résonnance de
harpe éolienne, ne soit qu'un mélodieux *lakiste* et ne
sache que soupirer mollement la mélancolie et l'amour.
S'il a le soupir, il a la parole et le cri ; il domine aussi
facilement qu'il charme. Cette voix angélique, qui
semble venir des profondeurs du ciel, sait prendre,
quand il le faut, l'accent mâle de l'homme.

A Naples, un mariage déterminé par une de ces admirations qui attirent les femmes vers le poète de leurs

rêves le fit heureux et riche. Une Anglaise semblable à ces charmantes et romanesques héroïnes de Shakespeare, que séduit un regard et qui restent fidèles jusqu'à la mort, lui apporta son amour et une fortune presque princière. La France vit le phénomène bien rare chez elle d'un poète qui n'était pas pauvre et dont la fantaisie pouvait se traduire splendidement au soleil.

On feint de croire que la misère, cette maigre et dure nourrice, élève mieux le génie que la richesse : c'est une erreur. La nature du poète est prodigue, insouciante, généreuse, amie du luxe comme d'une expression matérielle de la beauté; elle aime à réaliser ses caprices dans ses vers et dans sa vie, à se composer un milieu d'où soit bannie, comme une dissonance, toute chose laide, mesquine ou prosaïque; les mathématiques lui répugnent (Lamartine les avait en horreur et les regardait comme des obstacles à la pensée), et d'une main qui ne compte jamais, elle prend aux trois puits d'Aboulcassem les dinars qu'elle répand autour d'elle en pluie d'or. N'étant gêné par aucun de ces tristes obstacles qui usent le meilleur des forces chez les plus grands esprits, Lamartine put se déployer librement, son génie eut toute son expansion, et le froid de la pauvreté n'en flétrit pas les fleurs magnifiques.

Aux *Méditations* succédèrent les *Harmonies,* où l'aile du poète atteint de plus sublimes hauteurs et semble mêler son vol au rayonnement des étoiles; il y a dans ce volume des pièces d'une ineffable beauté et d'une mélancolie grandiose. Jamais depuis Job l'âme humaine n'a poussé, en face des redoutables mystères de la vie et de la mort, une plainte plus éperdue, plus désespérée que dans les *Novissima verba.* Le succès fut immense, mais il ne put, quoique l'œuvre fût supérieure, dépasser celui des *Méditations*. Du premier coup, l'admiration avait donné à Lamartine tout ce qu'elle peut accorder à un homme; elle avait épuisé pour lui ses fleurs et ses encensoirs. Aucun nouveau rayon ne pouvait trouver place dans l'auréole du poète; les splendeurs de son midi n'ajoutaient rien aux feux de son aurore.

A travers ce bruit de triomphe, Lamartine était parti pour son voyage d'Orient, non pas en humble pèlerin, le bâton blanc à la main et les coquilles sur le dos, mais avec un luxe royal, sur un navire frété par lui, emportant pour les émirs des présents dignes de Haroun-al-Raschid, et une fois arrivé, cheminant avec des caravanes de chevaux arabes qui lui appartenaient, achetant les maisons où il couchait, déployant au désert des tentes aussi splendides que les pavillons d'or et de pourpre de Salomon. Lord Byron seul avait fait voyager aussi somptueusement la poésie. Les tribus émerveillées accouraient avec acclamations sur le bord de sa route, et rien n'eût été plus facile au poète que de se faire proclamer calife. Lady Esther Stanhope, cette Anglaise illuminée qui habitait le Liban, lui offrait le cheval dont le dos, par ses plis, dessine une sorte de selle, et que doit monter Hakem, le dieu des Druses, à sa prochaine incarnation, et lui prédisait qu'un jour il tiendrait dans sa main de gentilhomme les destinées de son pays.

Parmi ces éblouissements, Lamartine marchait tranquille, indifférent presque, comme un grand seigneur que rien n'étonne et qui se sent au niveau de tous les hommages. D'un sourire bienveillant il accueillait ces adorations, sans être enivré. Il trouvait naturel d'être beau, élégant, riche, plein de génie, et de soulever autour de lui l'admiration et l'amour. Mais cette félicité

presque surhumaine ne devait pas durer. Les anciens
Grecs supposaient l'existence de divinités envieuses
qu'ils appelaient les Moires, et dont les yeux jaloux
étaient blessés par le spectacle du bonheur qu'elles se
plaisaient à troubler. C'était pour apaiser les Moires
que Polycrate trop heureux jeta à la mer son anneau
rapporté par un pêcheur. Sans doute, une de ces méchantes déesses rencontra le poète dans sa marche
triomphale et fut offusquée de cette gloire heureuse,
de ce concours de dons merveilleux. Elle étendit sa
main sèche, et Julia, l'adorable enfant qui accompagnait son père en ces pays lumineux où la vie semble
prendre des énergies nouvelles, pencha la tête comme
une fleur touchée au pied par le soc, et le vaisseau
parti avec des voiles blanches revint avec des voiles
noires, ramenant un cercueil.

Irréparable deuil, éternel désespoir, plaie que rien ne
peut fermer et qui saigne toujours ! Cette douleur qui
ne veut pas être consolée, il était réservé sans doute,
pour expier leur gloire, aux deux plus grands poètes
de notre temps de la sentir.

La muse seule, avec ses rhythmes, peut bercer et parfois endormir ce regret de l'être adoré et perdu sans
raison apparente. Lamartine fit paraître son *Jocelyn*,
tendre et pure épopée de l'âme, où ne sont pas racon-
tées les brillantes aventures d'un héros, mais les souffrances obscures d'un humble cœur inconnu, délicat
chef-d'œuvre plein d'émotion et de larmes, d'une
blancheur alpestre, virginal comme la neige des hauts
sommets, où aucun souffle impur n'arrive, et où l'amour
qui s'ignore lui-même, tant il est chaste, pourrait être
contemplé par les anges. Nul succès ne fut plus sympathique, nul livre plus avidement lu et plus baigné
de pleurs.

La Chute d'un ange fut moins comprise. Des morceaux magnifiques, d'une splendide couleur orientale, qui semblent des feuillets détachés de la Bible, n'obtinrent qu'à demi grâce pour l'étrangeté du sujet, la bizarrerie des tableaux tirés d'un monde antérieur au nôtre, le grandiose outré de personnages hors de la nature humaine, et aussi, il faut l'avouer, pour une négligence de plus en plus grande de forme et de facture.

Après la publication des *Recueillements poétiques*, vibrations prolongées, derniers échos des *Méditations* et des *Harmonies*, le poète dit adieu à la muse et posa sa lyre pour ne plus la reprendre. Un désir de vie pratique et d'action s'empara de lui. Il avait été attaché d'ambassade et garde du corps, il voulut être député. Les gens qui se croient sérieux parce qu'ils sont prosaïques ignorant que la poésie seule agit sur l'âme et que l'imagination entraîne la foule, ricanèrent en voyant le rêveur qu'on appelait « le chantre d'Elvire » aborder la tribune; mais on comprit bientôt que qui sait chanter sait parler, et que le poète est une bouche d'or. De ces lèvres harmonieuses les discours s'envolèrent ailés, vibrants, ayant comme l'abeille le miel et l'aiguillon. La poésie se transforme aisément en éloquence; elle a la passion, la chaleur, l'idée, le sentiment généreux, l'instinct prophétique, et, quoi qu'on en puisse dire, cette raison haute et suprême qui plane sur les choses et ne laisse pas troubler la vérité générale par l'accident.

Les Girondins firent une révolution ou du moins y contribuèrent pour une large part. Lamartine se trouva en face des flots qu'il avait déchaînés et qui arrivaient jusqu'à ses pieds, pleins d'écume, de rumeurs roulant dans leurs plis furieux les débris de la monarchie noyée. Il accepta cette mission de haranguer la mer en tu-

multe, de dialoguer avec la tempête, de retenir la
foudre dans le nuage. Mission dangereuse accomplie
en gentilhomme et en héros. On put voir alors que
tous les poètes n'étaient pas lâches comme Horace, qui
s'enfuit du champ de bataille *non bene relicta parmula*.
Il avait charmé les instincts farouches, et l'émeute
séduite venait gronder sous son balcon pour le faire
sortir, le voir et l'entendre. Dès qu'il paraissait, la
foule faisait silence; elle attendait quelque noble
parole, quelque conseil austère, quelque pensée généreuse, et elle se retirait satisfaite, emportant un germe
de dévouement, d'humanité et d'harmonie.

Le poète s'exposait à la balle qui pouvait partir du
fusil d'un utopiste trop avancé ou d'un fanatique trop
arriéré, avec cet élégant dédain du gentilhomme mépri-
sant la mort comme vulgaire et commune, dandysme
supérieur difficilement imité des bourgeois. S'il s'était
lui-même volontairement jeté dans ce gouffre, c'est qu'il
n'y avait aucun intérêt et devait à coup sûr s'y perdre.
On vit, chose étrange dans une civilisation moderne, un
homme jouer en pleine lumière et de sa personne le
rôle d'un Tyrtée modérateur, d'un Orphée dompteur
de bêtes féroces, *doctus lenire tigres*, poussant au bien,
éloignant du mal, et faisant planer sur le désordre l'idée
de l'harmonie et de la beauté. Sans police, sans armée,
sans aucun moyen répressif, il maintint par la poésie
pure tout un peuple en effervescence, il dit à la république extrême ce mot sublime : « Le drapeau tricolore
a fait le tour du monde avec nos gloires; le drapeau
rouge n'a fait que le tour du Champ de Mars, traîné
dans le sang du peuple. » Et les trois couleurs conti-
nuèrent à flotter victorieusement dans l'air.

A ce jeu, il dissipa son génie, sa santé, sa fortune,
avec la plus généreuse insouciance. Il fit le plus grand

effort humain qui jamais ait été essayé : il tint seul
contre une foule sans frein. Pendant quelques jours, il
sauva la France et lui donna le temps d'attendre des
destins meilleurs; et comme rien n'est ingrat comme
la peur quand le péril est passé, il perdit sa popularité.
Ceux qui lui devaient leur tête, peut-être, leur richesse
et leur sécurité, à coup sûr, le trouvèrent ridicule
lorsque, après avoir jeté au vent, à leur profit, tous
ses trésors, avec la noble confiance du poète qui croit
pouvoir redemander un drachme pour un talent à
ceux qu'il a charmés et préservés, il s'assit sur le seuil
de sa fortune écroulée, et, tendant son casque, dit :
Date obolum Belisari. La dette était derrière lui qui
lui poussait le coude.

Certes il était assez grand seigneur pour jouer avec le
créancier la scène de Don Juan et de M. Dimanche,
mais il ne le voulut pas, et la France eut ce spectacle
triste du poète vieillissant, courbé depuis l'aube jusqu'au soir sous le joug de la copie productive. Ce demi-
dieu qui se souvenait du ciel fit des romans, des brochures et des articles comme nous. Pégase traçait son
sillon, traînant une charrue que d'un coup d'aile il
eût emportée dans les étoiles.

ALFRED DE MUSSET

(Article sur *Un caprice*)*

Cette charmante comédie, non seulement a été
comprise du public d'élite, mais encore elle fait de l'argent et la recette étonnée atteint des chiffres qu'elle
oserait à peine espérer de ces grosses machines bien
établies, bien carrées, qu'on appelle ouvrages d'importance.

Il règne parmi les nombreux spectateurs qui se
pressent chaque soir au Théâtre-Français un sentiment
de surprise très légitime. On a demandé : « Comment
se fait-il qu'un si charmant écrivain ait été ignoré si
longtemps ? Comment s'expliquer que MM. les comédiens ne se soient pas rendus chez lui pour implorer à
genoux quelques-unes de ces délicieuses fantaisies
qu'il sait si bien tracer du bout de sa plume de diamant ? » Et chacun de se réjouir, comme si un nouveau
poète nous était né, ou plutôt comme si l'on eût trouvé
dans une cassette d'or les œuvres merveilleuses d'un
génie inconnu.

Alfred de Musset, sur qui cette réussite de théâtre
vient d'amener la lumière, et qu'elle révèle en quelque

<hr>

* *La Presse*, 6 décembre 1847. — Voir note 7, page 346.

sorte à la foule, est depuis plus de quinze ans — car
l'inspiration le visita tout enfant — l'un des premiers
poètes de ce temps-ci, qui en compte de si illustres;
de ce temps-ci, et de tous les temps. Pourquoi ne pas
le dire, quoiqu'il soit vivant encore, et puisse lire de
ses yeux le témoignage qu'en rend dans ces lignes le
plus humble, le plus fervent et le plus ancien de ses
admirateurs ?

Nous n'avons pas attendu, pour célébrer ce nom qui
rayonne aujourd'hui si subitement, que le jour de la
justice fût arrivé; nous l'avons ramené obstinément
dans nos phrases élogieuses; car il est au monde une
obligation sacrée, c'est de proclamer aussi haut que
possible ses admirations. Sans cela, quelle récompense
aurait de ses peines l'artiste sublime qui nous a consolé
de la vie et nous a prodigué son âme ? Que fait le
poète ? Rêveur, il s'accoude et parle à ses amis inconnus.
Un silence de mort doit-il répondre ? Aucune voix
approbative ne s'élèverait-elle de l'ombre pour lui
crier : « Merci » ? N'éveillera-t-il d'échos que le murmure aigre et discordant de la critique impuissante et
jalouse ? Comment s'acquitter envers les générosités
du génie ? Que pouvons-nous, pauvres hères, rendre à
celui qui nous a tant donné ? Ce que l'homme rend à
Dieu, qui s'en trouve payé : un éloge ! La plus noire
ingratitude, selon nous, c'est celle qui nous fait oublier
ou méconnaître le poète.

Hélas ! dans cette triste existence humaine, quels
sont les amis, les frères, les consolateurs qui ne trompent jamais, ceux qu'on trouve toujours, même aux
heures les plus mortelles ? Les artistes, les poètes, qui
nous prennent sur leurs ailes puissantes, et nous font
voltiger sur les mers de la réalité. Quelle mélancolie
ne s'allége à la lecture d'une belle poésie ? Quel ennui

ne se dissipe devant une noble peinture ?... Dites !...
Est-il un philosophe, un conquérant, un législateur, un
prophète, Dieu même, qui ait fait autant pour l'humanité que Virgile et que Raphaël ? Il y a une chose qui
nous a toujours étonné, c'est qu'en mourant on ne
lègue pas au poète, au peintre, au musicien, à l'actrice,
à qui l'on doit les plus hautes jouissances où l'homme
puisse atteindre, une couronne d'or, un joyau de prix,
une somme importante, un témoignage d'amour et de
reconnaissance, au lieu de fonder des prix à l'usage
des imbéciles et des hôpitaux pour les galeux problé-
matiques.

La représentation d'*Un caprice*, cette petite pièce
à trois personnages, qui se joue entre une tasse de
thé et un piano, et dont un paravent à six feuilles
pourrait faire le décor, est un événement d'une extrême
importance. Elle a démontré une chose que nous savions
déjà, mais que les gens d'expérience contestaient, à
savoir que le public est très fin, très intelligent, très
ami de la nouveauté, et que toutes les concessions
exigées en son nom sont parfaitement inutiles. Les
directeurs et les acteurs, voilà les seuls obstacles. Ce
sont eux qui s'entêtent à ces vieilles routines, qui se
pendent à ces ficelles usées; ce sont eux qui ont ce
sincère amour du plat et du banal, et cette aversion
invincible pour tout ce qui est rare, éclatant, imprévu.
On leur apporte un bas-relief nettement fouillé, où
les saillies ressortent avec franchise et qui garde partout la vivace empreinte du ciseau; ils commencent
par demander d'abattre quelques proéminences d'un
effet dangereux, de poncer quelques contours un peu
brusques, de remplir quelques creux trop profonds.
Par ces améliorations, le bas-relief devient une planche
et la statue une poupée. Il faut bien que le public

accepte la chose ainsi rabotée, frottée au papier de verre et reluisant de l'éclat bête d'un panneau verni. Ce petit sacrifice, que tout directeur vous demande, c'est tout bonnement le bout du nez de votre héroïne, le biceps de votre héros; mais les spectateurs n'ont aucun goût particulier pour les héroïnes sans nez et les héros sans muscles.

Dans ces derniers temps, entre les directeurs, les acteurs et les faiseurs, il s'est fabriqué à l'endroit du théâtre des théories d'une complication bizarre et desquelles il résulterait que Eschyle, Plaute, Shakespeare, Calderon, Molière, Corneille, Gœthe, Schiller n'ont rien entendu à la chose et n'étaient que de très médiocres *carcassiers*. D'après cette nouvelle poétique, la poésie, la philosophie, le style, l'étude du cœur humain, l'observation des mœurs et de la couleur locale étaient des qualités parfaitement ridicules qui ne servaient à rien et bonnes tout au plus pour des littérateurs; de l'art du théâtre on avait fait une espèce d'arcane qui avait ses initiés, et pour arriver au vaudeville il fallait passer par les épreuves de nouveaux mystères d'Éleusis; les faiseurs juraient qu'ils possédaient à eux seuls le grand secret, et que sans leurs recettes rien n'était possible. Ces absurdités avaient été répétées tant de fois, que les critiques et les poètes eux-mêmes avaient fini par les croire, et, au lieu d'écrire pour la scène, faisaient, comme Mérimée, *le Théâtre de Clara Gazul*, ou comme Alfred de Musset, *le Spectacle dans un fauteuil*, — humblement persuadés qu'ils étaient de ne pouvoir se tenir debout sur les planches glissantes du théâtre.

Cette crainte nous a privés, pendant quinze ans des deux génies les plus naturellement dramatiques de notre époque, et a livré la scène française à des adresses d'ordre inférieur; mais, d'un autre côté, il vaut peut-être mieux qu'Alfred de Musset ait écrit ses pièces tout à fait librement et sans arrière-pensée de représentation. Nous avons là son jet naïf, son élan spontané, sa pensée intime, sa poésie pure de tout mélange. Tous ces chefs-d'œuvre ne sont si vifs, si enjoués, si pleins d'attendrissement et de rêverie, de sourires mouillés et de larmes souriantes, que parce qu'ils ne sentaient pas d'avance, braquée sur eux, la redoutable artillerie des lorgnettes. — Ils s'avancent au but sans hâte et sans lenteur, comme des gens qu'on n'attend pas.

Rien de forcé, rien de contraint; ils épanchent candidement leurs sensations au sein de la belle nature, sans crainte qu'un sifflet brutal ne les ramène à l'ordre; ils parlent de l'oiseau qui voltige et de la fleur qui s'épanouit; la terreur des portiers et des bottiers en chambre ne glace pas leur imagination. — C'est ainsi qu'en croyant écrire des pièces impossibles, Alfred de Musset s'est trouvé avoir fait tout un répertoire qui sera, nous n'en doutons pas, l'honneur et la fortune du Théâtre-Français. — *André del Sarto, Lorenzaccio, Les caprices de Marianne, Fantasio, On ne badine avec l'amour, Le Chandelier, Il ne faut jurer de rien* vont faire tour à tour leur apparition à la rue Richelieu. Il y a là de quoi rajeunir le théâtre pour dix ans.

Mais, pour Dieu, qu'on n'aille pas *arranger* ces pièces; que le poète se garde bien d'y porter la main après coup; qu'on les exécute religieusement, telles qu'elles sont; pas d'ébarbages, pas de coupures; qu'on n'ôte pas un mot : en arrachant ce mot qui semble faire nœud à l'endroit où il est, on entraîne un long fil et l'on fait un vide dans toute la trame. Arrière ces prudences de détail, compromettantes pour l'ensemble.

MADAME DE GIRARDIN*

Voilà deux·ans bientôt qu'elle repose sous la dalle
de marbre sculptée d'une simple croix en relief, modeste
tombeau qu'elle avait exigé dans ce cimetière Montmartre, qui nous a déjà pris tant d'êtres chers; et
bien souvent, le premier tribut payé, aux jours mêmes
du deuil, nous nous étions promis d'écrire quelque
part, et plus au long, ce que nous savions d'elle; mais
nous avions reculé, non sans remords, devant cette
tâche douloureuse : notre cœur à peine cicatrisé
craignait de voir se rouvrir sa blessure... Cette mort
a été pour nous un de ces coups auxquels l'âme ne
s'accoutume pas, et nous ne pouvons encore passer
près de la maison aux blanches colonnes sans que nos
yeux deviennent humides.

Que de fois nous sommes revenus à deux ou trois
heures du matin, avec Victor Hugo, Cabarrus et ce
pauvre Théodore Chassériau, au clair de lune ou à
la pluie, de ce temple grec qu'habitait une Apolline
non moins belle que l'Apollon antique ! Libres soirées,
intimités délicieuses, conversations étincelantes, dialogues du génie et de la beauté, banquet de Platon,
dont les propos eussent dû être recueillis par une

---

* Mortel e 29 juin 1855. — Souvenirs écrits en avril et mai 1857.
(Voir aussi les notes 8 et 9, pages 347 et 348.)

plume d'or, hélas ! vous ne vous renouvellerez plus :
mais ceux qui ont été admis à ces charmantes fêtes
de l'esprit ne les oublieront jamais; l'exil s'en est
souvenu, et ces vers sont partis de Jersey pour venir
s'abattre sur le marbre funèbre :

> Jadis je vous disais : « Vivez, régnez, madame;
> Le salon vous attend, le succès vous réclame !
> Le bal éblouissant pâlit quand vous partez !
> Soyez illustre et belle, aimez, riez, chantez !
> Vous avez la splendeur des astres et des roses !
> Votre regard charmant où je lis tant de choses
> Commente vos discours légers et gracieux.
> Ce que dit votre bouche étincelle en vos yeux,
> Il semble quand, parfois, un chagrin vous alarme,
> Qu'ils versent une perle, et non pas une larme,
> Même quand vous rêvez, vous souriez encor.
> Vivez, fêtée et fière, ô belle aux cheveux d'or ! »
> Maintenant, vous voilà pâle, grave et muette,
> Morte et transfigurée, et je vous dis : « Poète !
> Viens me chercher; archange ! être mystérieux !
> Fais pour moi transparents et la terre et les cieux !
> Révèle-moi d'un mot de ta bouche profonde
> La grande énigme humaine et le secret du monde !
> Confirme en mon esprit Descarte ou Spinosa,
> Car tu sais le vrai nom de celui qui perça,
> Pour que nous puissions voir sa lumière sans voiles,
> Ces trous du noir plafond qu'on nomme les étoiles :
> Car je te sens flotter sous mes rameaux penchants;
> Car ta lyre invisible a de sublimes chants;
> Car mon sombre océan où l'esquif s'aventure
> T'épouvante et te plaît; car la sainte nature,
> La nature éternelle et les champs et les bois
> Parlent à ta grande âme avec leur grande voix ! »

Nous empruntons à un petit livre commémoratif,
sorte de bout de l'an de la douleur où une main
pieuse a recueilli tous les articles parus dans les journaux, à l'époque fatale, ces quelques lignes par lesquelles toute biographie humaine peut se résumer.

Delphine Gay, née à Aix-la-Chapelle, paroisse de Saint-Adalbert, le 6 pluviôse an XII (26 janvier 1804), fille de Marie-Françoise Nichault de la Valette, née à Paris le 1er juillet 1776, mariée en premières noces à M. Liottier, agent de change, et en secondes noces à M. Gay, receveur général du département de la Roër, — petite-fille de Francesca Peretti, — mariée à Paris le 1er juin 1831 à M. Émile de Girardin, — décédée le 29 juin 1855, repose au cimetière du Nord (cimetière Montmartre).

La première fois que nous vîmes Delphine Gay, c'était à cette orageuse représentation où Hernani faisait sonner son cor comme un clairon d'appel aux jeunes hordes romantiques. Quand elle entra dans sa loge et se pencha pour regarder la salle, qui n'était pas la moins curieuse partie du spectacle, sa beauté — *bellezza folgorante* — suspendit un instant le tumulte et lui valut une triple salve d'applaudissements; cette manifestation n'était peut-être pas de bien bon goût, mais considérez que le parterre ne se composait que de poètes, de sculpteurs et de peintres, ivres d'enthousiasme, fous de la forme, peu soucieux des lois du monde. — La belle jeune fille portait alors cette écharpe bleue du portrait d'Hersent, et, le coude appuyé au rebord de la loge, en reproduisait involontairement la pose célèbre; ses magnifiques cheveux blonds, noués sur le sommet de la tête en une large boucle selon la mode du temps, lui formaient une couronne de reine, et, vaporeusement crépés, estompaient d'un brouillard d'or le contour de ses joues, dont nous ne saurions mieux comparer la teinte qu'à du marbre rose.

C'étaient de vifs transports parmi cette ardente jeunesse lorsqu'elle voyait se rapprocher ces belles mains pour applaudir son poète favori. L'admiration était, du reste, un des besoins de cette généreuse nature, qui volontiers se faisait thuriféraire du génie. Avec quelle grâce elle maniait l'encensoir d'or, sachant y mettre toujours le parfum préféré, et ne le cassant jamais sur le nez de l'idole ! Quel divin plaisir c'était d'être loué par elle ! Lamartine, Victor Hugo, Balzac le savent, et d'autres qui le méritaient moins sans doute.

Pendant quatre ou cinq ans, nous ne la rencontrâmes plus; il est vrai que nous menions alors une vie sauvage et truculente, dans cette impasse du Doyenné que le nouveau Louvre a fait disparaître, vêtu d'habits impossibles, les épaules inondées, comme par une crinière de lion, d'une chevelure plus que mérovingienne, et passant la nuit à écrire sur les arcades de la rue de Rivoli : *Vive Victor Hugo!* avec l'idée consolante de contrarier les bourgeois matineux.

Quand nous la revîmes, elle était madame Émile de Girardin. Émile venait de fonder *la Presse*, et, malgré notre jeunesse et notre romantisme, — ou plutôt pour ces deux motifs, — il nous avait investi du département des beaux-arts. Nous débutâmes par un article sur les peintures murales de la salle du Trône, à la Chambre des députés, d'Eugène Delacroix. Un dîner, qui réunissait la rédaction, au petit hôtel de la rue Saint-Georges, situé presque en face de la maison qu'occupait *la Presse*, nous mit pour la première fois en relation avec madame Émile de Girardin. L'amitié que Victor Hugo daignait témoigner à son plus fanatique séide nous fit accueillir avec indulgence, malgré nos airs de rapin, dans cet élégant salon; et les rapports créés par le journal nous servirent de prétexte pour des visites rares d'abord, plus fréquentes ensuite, et presque quotidiennes plus tard.

Nos souvenirs sont peu nombreux sur cette période; nous n'avions pas encore nos grandes et nos petites entrées auprès de cette reine, et nous restions perdu parmi la foule des courtisans : mais, à dater de la rue Laffitte, où M. Émile de Girardin, s'étant défait de l'hôtel à cour circulaire de la rue Saint-Georges, alla demeurer, nous eûmes ce bonheur d'être admis dans la familiarité de ce charmant esprit et de ce grand cœur.

Madame de Girardin était alors dans tout l'éclat de sa beauté; ce que ses traits magnifiques avaient pu avoir de trop arrêté, de trop découpé dans le marbre pour une jeune fille, seyait admirablement à la femme et s'harmoniait avec sa taille élevée et ses proportions de statue. Le col, les épaules, les bras et ce que laissait voir de poitrine la robe de velours noir, sa parure favorite aux soirées de réception, étaient d'une perfection que le temps ne put altérer; elle a parlé quelquefois, dans ses poésies de jeunesse, « du bonheur d'être belle » en personne pleine de son sujet; et elle dit de ses splendides cheveux dont les poètes contemporains eussent fait volontiers un astre comme de la chevelure de Bérénice :

> Mon front était si fier de sa couronne blonde,
> Anneaux d'or et d'argent tant de fois caressés,
> Et j'avais tant d'espoir quand j'entrai dans le monde,
>   Orgueilleuse et les yeux baissés !

Ce n'était pas coquetterie chez elle, mais pur sentiment d'harmonie; sa belle âme était heureuse d'habiter un beau corps.

Tout l'appartement était tendu d'un damas de laine vert d'eau, dont le ton glauque comme celui

d'une grotte de néréide ne pouvait être supporté
que par un teint de blonde irréprochable; elle avait
choisi cette nuance sans méchanceté, mais les brunes
égarées dans cette caverne verte y paraissaient jaunes
comme des coings, ou enluminées comme des furies.

Elle recevait ses amis dans sa chambre à coucher;
— que la pudeur anglaise ne s'effarouche pas et ne
crie pas à l'impropriété ! — nous avons été bien longtemps à deviner le lit sous le pli de son rideau. Là,
après l'Opéra et les Bouffes, ou bien avant d'aller dans
le monde, entre onze heures et minuit, venaient Lamartine, Victor Hugo, Balzac, Lautour-Mézeray, Eugène
Sue, Alphonse Karr, Cabarrus, Chassériau, non pas
tous à la fois, mais quelques-uns, chaque soir, assurément : Alfred de Musset y paraissait aussi de loin en
loin. — Madame Émile de Girardin était extrêmement fière de ses amis : c'était sa coquetterie, son élégance, son luxe. Elle trouvait avec raison que nulle
fête avec dix mille bougies, une forêt de camélias et
les bluettes de tous les diamants de Golconde, ne
valait ces trois ou quatre fauteuils ainsi remplis autour
de son foyer.

Si dans quelque salon — ce qui n'était pas rare
alors — on attaquait l'un de nous, avec quelle élo-
quente colère elle nous défendait ! quelles reparties
acérées, quels sarcasmes incisifs ! A ces occasions sa
beauté flamboyait et s'illuminait d'une splendeur
divine; elle était superbe : on eût dit Apollon s'ap-
prêtant à écorcher Marsyas ! Comme ses fureurs avaient
toujours les motifs les plus nobles, quelque outrage
au génie, quelque plate défection, quelque calomnie
bête qui révoltaient sa nature chevaleresque et loyale,
elles ne la défiguraient pas, elles la tranfiguraient. —
Nous l'avons vue plusieurs fois dans ces belles et

saintes colères : jamais peintre n'a rêvé une tête plus sublime. Autrement, elle était douce, *bon garçon* (le mot est de Lamartine) et gaie...

Cette noble nature avait l'amour du beau, du bien, du vrai; elle abhorrait le mensonge et la lâcheté. En face de l'un ou de l'autre, elle manquait absolument de cette facile indulgence du monde; et, quand elle trépignait sur une pensée basse, elle avait des attitudes d'archange irrité foulant la croupe tortueuse du diable; et pourtant qu'elle était bonne et facile aux erreurs, aux égarements, aux fautes même qui pouvaient donner la passion pour excuse! comme elle savait distraire une douleur parfois méritée, en jouant autour du cœur avec sa vive et tendre causerie! Que souvent elle nous a consolé dans nos défaillances d'artiste, dans nos découragements de poète par un de ces mots sentis, par un de ces éloges qui relèvent! Que d'heures pesantes elle nous a rendues légères! Que de fois nous sommes sorti joyeux après être entré chez elle abattu et triste! Vous doutiez de votre esprit, elle vous renvoyait spirituel; vous vous croyiez épuisé, tari, sans idées, elle vous en faisait naître mille...

Vers 1836, madame de Girardin, sous le transparent pseudonyme du vicomte de Launay, commença ce fameux *Courrier de Paris* qui fit naître depuis tant d'imitations plus ou moins malheureuses. Elle le poursuivit jusqu'en 1848 avec une verve toujours soutenue, une finesse d'observation toute féminine, un bon sens tout viril. Que de pages charmantes, que de détails en apparence frivoles, et déjà presque historiques! Quelle mine inépuisable pour les romanciers de l'avenir, lorsqu'ils voudront peindre cette époque! Elle est là, en effet, tout entière, semaine par semaine, avec ses mœurs, ses modes, ses ridicules, ses tics, ses façons de parler, ses engouements, ses folies, ses fêtes, ses bals, ses soirées intimes, ses commérages.

Ces *Lettres parisiennes*, écrites au courant de la plume, éparpillées aux quatre vents de la publicité, sont peut-être l'œuvre la plus sérieuse de l'auteur, et c'est là que vont de préférence le chercher ceux qui l'aiment...

Après ce court examen littéraire, ajoutons quelques détails plus intimes. La rue Laffite avait été abandonnée pour la rue de Chaillot, et ce bel hôtel bâti par M. de Choiseul, à son retour de la Grèce, sur le modèle de l'Érecthéum. Le jardin était beaucoup plus vaste alors qu'il ne l'est aujourd'hui, et, à la place où grésille maintenant cette petite fontaine dont parle M. de Lamartine, les quatre cariatides du Pandrosion, exactement copiées, soutenaient l'entablement d'un petit temple auquel ne manquait que l'olivier sacré; des marronniers touffus voilaient à demi la façade du côté des Champs-Élysées. Une salle à manger, un grand salon et un salon plus petit composaient le rez-de-chaussée.

C'est dans le petit salon que se tenait habituellement madame Émile de Girardin; elle travaillait là, à demi entourée d'un grand paravent chinois, où, sur un fond noir, voltigeaient des oiseaux bizarres à travers des bambous et des plantes exotiques, se laissant facilement distraire à l'attrait de quelque visite amicale; elle était chez elle toujours vêtue d'un peignoir blanc, très large, dont nulle ceinture ne marquait la taille, et, quand elle écrivait, elle ne pouvait souffrir ni peigne ni lien dans ses cheveux, qu'elle laissait flotter en larges nappes sur ses épaules. Jamais ouvrier littéraire n'eut moins d'outils; un pupitre en marqueterie posé sur une petite table lui servait de bureau, et

la plume de fer dont elle écrivait ses billets du matin
courait vive et nerveuse sur un papier transversal;
de même que Balzac, elle se vantait d'être très propre
dans son ouvrage, et, comme elle justifiait le vers du
Dante

    La bella creatura di bianco vestita,

on pouvait voir aisément que jamais goutte d'encre
n'avait taché sa blancheur d'hermine.

En dépit de son esprit viril, madame de Girardin
était femme et très femme; elle eût monté à l'écha-
faud sans pâlir, comme madame Roland; mais elle
se mourait de peur en voiture et n'osait traverser
le boulevard. Nous l'avons vue haranguer, avec un
sang-froid et une éloquence admirables, des émeutiers
qui, en 1849, venaient crier autour de l'hôtel; et une
chauve-souris, entrée par la fenêtre, qui volait contre
le plafond, la faisait presque évanouir.

Dans les dernières années de sa vie, sa beauté avait
pris un caractère de grandeur et de mélancolie singulières. — Ses traits idéalisés, sa pâleur transparente,
la molle langueur de ses poses ne trahissaient pas les
ravages sourds d'une maladie mortelle. A demi couchée
sur un divan et les pieds couverts d'une résille de
laine blanche et rouge, elle avait plutôt l'air d'être
convalescente que malade. George Sand, qu'elle
admirait sans aucune arrière-pensée, la vit souvent
vers cette époque, et, tandis que George fumait silencieusement sa cigarette, immobile et rêveur comme
un sphinx, Delphine, oubliant ou cachant sa souffrance,
savait encore lui adresser quelques flatteries ingénieuses,
quelque mot charmant, plein de cœur et d'esprit.

Quoiqu'elle fût tendrement dévouée à son mari, dont
elle avait épousé les luttes, que la gloire, le succès,

la fortune, tout ce qui peut faire aimer la vie, lui
fussent arrivés à souhait, que des amis fidèles et sûrs
l'entourassent, elle semblait secrètement désirer d'en
finir. Ce temps ne lui plaisait plus; elle trouvait que
le niveau des âmes s'abaissait, et déjà elle cherchait à
pressentir l'autre monde, en causant avec les esprits
qui habitent les tables : comme Leopardi, le poète
italien, auquel de Musset, descendu hier dans la tombe,
a adressé de si beaux vers, elle semblait rêver « le
charme de la mort ». Quand l'ange funèbre est venu
la prendre, elle l'attendait depuis longtemps.

GÉRARD DE NERVAL

Assez d'autres diront les détails de cette triste fin
que nul ne pouvait prévoir ni empêcher, et qu'il eût
peut-être été plus convenable de taire. — Une âme
charmante a quitté notre planète, et poursuit son
rêve dans ces mondes plus splendides et plus beaux
qu'elle avait déjà tant de fois visités en esprit : nous
n'en voulons pas savoir davantage.

Celui qui vient de sortir de la vie laisse plus de
regrets qu'aucun personnage illustre; des larmes
bien vraies et bien sincères sont tombées sur sa froide
dépouille, et nous-même, malgré tout notre empresse-
ment, à peine sommes-nous arrivé le premier. Cette
nouvelle, répandue avec toute la rapidité des mauvaises
nouvelles, a causé dans Paris une véritable stupeur;
Paris si distrait, si affairé, si frivole, s'est arrêté un
instant pour s'enquérir de cette mort. S'il eût été
maître encore de sa volonté, ce bon Gérard aurait
épargné à ses amis, c'est-à-dire à tous ceux qui l'avaient
vu une fois, ce chagrin, le seul qu'il leur ait causé,

---

* 25 janvier 1855. — L'article de Gautier, quelques jours plus
tard, fut publié par *la Presse*. — Dans un article de 1867,
Gautier parlera de la mort de Nerval. Voir p. 221, et note 10, p. 348.

quelque lourd qu'il eût trouvé d'ailleurs le poids de l'existence.

Gérard de Nerval fut suivi des affections les plus constantes, les plus dévouées, les plus fidèles; nul ne lui a manqué, ni les amis de trente ans, ni les amis d'hier, qui se retrouveront tous autour de son cercueil. Cet affreux malheur ne peut être imputé ni à lui ni aux autres, — amère consolation, mais consolation, du moins. Dans l'affliction que cause sa perte, il n'y a aucun remords, et personne n'a à se reprocher de ne pas l'avoir assez aimé.

Qu'on ne vienne pas faire sur cette tombe qui va s'ouvrir des nénies littéraires, ni évoquer les lamentables ombres de Gilbert, de Malfilâtre et d'Hégésippe Moreau; Gérard de Nerval n'a été ni méconnu ni repoussé, il faut le dire à l'honneur du siècle, qui a bien assez de ses autres torts; la célébrité, sinon la gloire, l'avait visité sur les bancs de la classe où l'on nous proposait comme modèle le jeune Gérard, auteur des *Elégies nationales* et l'honneur du collége Charlemagne. Lorsqu'à dix-huit ans il fit paraître de *Faust* une traduction devenue classique, le grand Wolfgang Gœthe, qui trônait encore avec l'immobilité d'un dieu sur son olympe de Weimar, s'émut pourtant et daigna lui écrire de sa main de marbre cette phrase dont Gérard, si modeste, d'ailleurs, s'enorgueillissait à bon droit et qu'il gardait comme un titre de noblesse : « Je ne me suis jamais si bien compris qu'en vous lisant. » Tous les théâtres, tous les journaux, ont été ouverts en tout temps à ce pur et charmant écrivain, qui, à l'esprit le plus ingénieux, au caprice le plus tendre, joignait une forme sobre, délicate et parfaite. Les revues les plus fermées et les plus dédaigneuses s'honoraient de voir son nom au bas de leurs pages, et de

sa part regardaient la promesse d'un article comme
une faveur ; *la Presse* l'acceptait avec joie lorsqu'il
voulait bien y écrire, et si nous y faisons seul le feuilleton de théâtre, c'est que son humeur vagabonde
s'est lassée bien vite de ce travail à heure fixe, insupportable pour lui, et dont cependant il venait tourner
la meule à notre place, avec un dévouement amical
qui ne s'est jamais démenti, lorsque notre instinct
voyageur nous emportait en Espagne, en Afrique, en
Italie ou ailleurs. Fraternelle alternative qu'il comparait à celle des Dioscures, dont l'un paraît quand l'autre
s'en va. Hélas ! lui est parti pour ne plus revenir.

Ce que notre époque offre de ressources à tout
écrivain de talent fut donc mis à sa disposition ; il
fit même, il y a quelque quinze ans, un petit héritage
qui dora d'un éclat passager les commencements de
sa carrière ; mais l'argent était son moindre souci.
Jamais l'amour de l'or, qui inspire aujourd'hui tant
de fièvres malsaines, ne troubla cette âme pure qui
voltigea toujours comme un oiseau sur les réalités
de la vie sans s'y poser jamais. Si Gérard n'a pas été
riche, c'est qu'il ne l'a pas voulu et qu'il a dédaigné
de l'être. Les louis lui causaient une sorte de malaise
et semblaient lui brûler les mains ; il ne redevenait
tranquille qu'à la dernière pièce de cinq francs. Comme
artiste, il avait bien de temps à autre quelque velléité
de luxe : un lit sculpté, une console dorée, un morceau
de lampas, un lustre à la Gérard Dow, le séduisaient ; il
déposait ses emplettes dans une chambre ou chez un
camarade, où il les oubliait ; quant au confort, il n'y
tenait en aucune façon, et il était de ceux qui, en hiver,
mettent leur paletot en gage pour acheter une épingle
en turquoise ou un anneau cabalistique.

Quoique souvent on le rencontrât sous des apparences

délabrées, il ne faudrait pas croire à une misère réelle. Sans parler de ce que pouvait lui produire le théâtre, le journal ou le livre, il avait à lui les maisons et la bourse bien ou mal garnie de ses amis dans les moments où son cerveau se refusait au travail. Qui de nous n'a arrangé dix fois une chambre avec l'espoir que Gérard y viendrait passer quelques jours, car nul n'osait se flatter de quelques mois, tant on lui savait le caprice errant et libre ! Comme les hirondelles, quand on laisse une fenêtre ouverte, il entrait, faisait deux ou trois jours, trouvait tout bien et tout charmant, et s'envolait pour continuer son rêve dans la rue. Ce n'était nullement insouciance ou froideur; mais, pareil au martinet des tours, qui est apode et dont la vie est un vol perpétuel, il ne pouvait s'arrêter. Une fois que nous avions le cœur triste pour quelque absence, il vint demeurer de lui-même quinze jours avec nous, ne sortant pas, prenant tous ses repas à notre heure, et nous faisant bonne et fidèle compagnie. Tous ceux qui le connaissent bien diront que, de sa part, c'est une des plus fortes preuves d'amitié qu'il ait données à personne. Et pourtant quelle obligeance inépuisable, quelle vivacité à rendre service, quel oubli parfait de lui dans ses relations ! Que de courses énormes il a faites à pied, par des temps horribles, pour faire insérer la réclame ou l'article d'un ami !

Le malheur de cette existence — et nous ne savons si nous avons le droit d'écrire un tel mot — a de tout autres causes que les difficultés de la vie littéraire et qu'un vulgaire dénûment d'argent. — L'envahissement progressif du rêve a rendu la vie de Gérard de Nerval peu à peu impossible dans le milieu où se meuvent les réalités. Sa connaissance de la langue

allemande, ses études sur les poètes d'outre-Rhin,
sa nature spiritualiste, le prédisposaient à l'illumi-
nisme et à l'exaltation mystique. Ses lectures bizarres,
sa vie excentrique, en dehors de presque toutes les
conditions humaines, ses longues promenades soli-
taires, pendant lesquelles sa pensée s'excitait par
la marche et quelquefois semblait l'enlever de terre
comme la Madeleine dans sa Baume, ou le faisait courir
à ras du sol, agitant ses bras comme des ailes, le détachaient de plus en plus de la sphère où nous restons
retenus par les pesanteurs du positivisme.

Un amour heureux ou malheureux, nous l'ignorons,
tant sa réserve était grande, et auquel il a fait lui-
même dans plusieurs de ses œuvres des allusions pudiques et voilées, porta cette exaltation, jusque là
intérieure et contenue, au dernier degré du paroxysme.
Gérard ne domina plus son rêve; mais des soins persistants dissipèrent le nuage qui avait obscurci un moment
cette belle intelligence, du moins au point de vue prosaïque, car jamais elle ne lança de plus vifs éclairs
et ne déploya de richesses plus inouïes. Pendant de
longues heures nous avons écouté le poète transformé
en voyant qui nous déroulait de merveilleuses apoca-
lypses et décrivait, avec une éloquence qui ne se retrouvera plus, des visions supérieures en éclat aux magies
orientales du haschich.

Quel que fût l'état d'esprit où il se trouvait, jamais
son sens littéraire ne fut altéré. A cette époque que
nous venons d'indiquer se rapporte une suite de
sonnets mystagogiques qu'il fit paraître plus tard sous
le titre de *Vers dorés*, et dont l'obscurité s'illumine
de soudains éclats comme une idole constellée d'escarboucles et de rubis dans l'ombre d'une crypte;
les rimes sonnent aussi bien, la phrase, quoique d'un

mystère à faire trouver Orphée et Lycophron limpides,
est d'une langue aussi admirable que si ces vers eussent
été faits par un grand poète de sang-froid.

L'Orient, après l'Allemagne, était la grande préoccupation de Gérard : du plus loin que nous le connaissons, il avait sur le chantier une certaine *Reine de
Saba*, drame énorme, comparable à la *Sémiramis*
trismégiste de Desjardins pour ses dimensions exa-
gérées en dehors de tout cadre théâtral, qui, un instant, dut être mis en opéra à l'intention de Meyerbeer, et, reprenant sa forme de scenario, parut, sous
le nom des *Nuits du Ramazan*, dans *le National*,
si nous ne nous trompons.

Il put voir le Caire, la Syrie, Constantinople, et il
revint de ces voyages plus imbu encore d'idées de
cabale, de magisme, d'initiations mystiques; il but
de longs traits à ces coupes vertigineuses que vous
présentent les sphinx dont l'indéfinissable sourire
de granit rose semble railler la sagesse moderne.
Les cosmogonies et les théogonies, la symbolique des
sciences occultes, occupèrent son cerveau plus qu'il
ne l'aurait fallu, et souvent les esprits les plus com-
préhensifs ne purent le suivre au faîte des Babels
qu'il escaladait, ou descendre avec lui dans les syringes
à plusieurs étages où il s'enfonçait.

Cependant, à travers cette combustion intérieure
dont la flamme n'apparaissait que rarement au dehors,
il faisait des récits de voyages, des promenades humo-
ristiques, des nouvelles, des drames, des articles de
journaux d'une fantaisie charmante et mesurée, d'un
style fin et doux, d'une nuance argentée, car il s'abstint
toujours des violentes colorations dont nous avons tous
plus ou moins abusé, et le seul défaut qu'on puisse
peut-être lui reprocher, c'est trop de sagesse.

Quel chef-d'œuvre que cette nouvelle de *Sylvie* insérée dans la *Revue des Deux Mondes*, et que la postérité placera à côté de *Paul et Virginie* et de *la Chaumière indienne* ! Quel mélange heureux de rêverie et de sensibilité ! Comme ces doux souvenirs d'enfance s'encadrent bien dans ce frais paysage !

Aurélia, ou le Rêve et la vie montre la raison froide assise au chevet de la fièvre chaude, l'hallucination s'analysant elle-même par un suprême effort philosophique. — Nous avons retrouvé les derniers feuillets de cet étrange travail, sans exemple peut-être, dans les poches du mort. Il le portait avec lui, comptant achever la phrase interrompue... Mais la main a laissé tomber le crayon, et le rêve a tué la vie; l'équilibre maintenu jusque là s'était rompu : — cet esprit si charmant, si ailé, si lumineux, si tendre, s'est évaporé à jamais; il a secoué son enveloppe terrestre, comme un haillon dont il ne voulait plus, et il est entré dans ce monde d'élohims, d'anges, de sylphes, dans ce paradis d'ombres adorées et de visions célestes, qui lui était déjà familier.

(La Presse, 30 janvier 1855.)

GÉRARD DE NERVAL. [12]

(NOTICE DE 1867)

I

« Les morts vont vite par le frais ! » dit Bürger dans sa ballade de *Lenore*, si bien traduite par Gérard de Nerval; mais ils ne vont pas tellement vite, les morts aimés, qu'on ne se souvienne longtemps de leur passage à l'horizon, où, sur la lune large et ronde, se dessinait fantastiquement leur fugitive silhouette noire.

Voilà bientôt douze ans que, par un triste matin de janvier, se répandit dans Paris la sinistre nouvelle. Aux premières lueurs d'une aube grise et froide, un corps avait été trouvé, rue de la Vieille-Lanterne, pendu aux barreaux d'un soupirail, devant la grille d'un égout, sur les marches d'un escalier où sautillait lugubrement un corbeau familier qui semblait croasser, comme le corbeau d'Edgar Poe : *Never, oh! never more!* Ce corps, c'était celui de Gérard de Nerval, notre ami d'enfance et de collége, notre collaborateur à *la Presse* et le compagnon fidèle de nos bons et surtout de nos mauvais jours, qu'il nous fallut, éperdu, les yeux troublés de larmes, aller reconnaître sur la dalle visqueuse dans l'arrière-chambre de la Morgue. Nous étions aussi pâle que le cadavre, et, au simple souvenir de cette entrevue funèbre, le frisson nous court encore sur la peau.

Le pic des démolisseurs a fait justice de cet endroit infâme qui appelait l'assassinat et le suicide. La rue de la Vieille-Lanterne n'existe plus que dans le dessin de Gustave Doré et la lithographie de Célestin Nanteuil, noir chef-d'œuvre qui ferait dire : « L'horrible est beau »; mais la perte douloureuse est restée dans toutes les mémoires, et nul n'a oublié ce bon Gérard, comme chacun le nommait, qui n'a causé d'autre chagrin à ses amis que celui de sa mort. *

Un immense cortège suivit le cercueil de la Morgue à Notre-Dame, — car l'Église ne refusa pas ses prières

---

* Nous citons ci-dessous (note 10, page 348) une description de la rue de la Vieille-Lanterne, donnée par Gautier dans un feuilleton de *l'Artiste.*

à cette belle âme inconsciente qui avait changé le rêve
de la vie pour le rêve de l'éternité, — et de Notre-Dame
au cimetière du Père-Lachaise, où une fosse l'attendait
non loin de celle de Balzac, et que recouvrit une large
dalle de granit portant son nom pour épitaphe. Hélas !
beaucoup de ceux qui marchaient derrière le corbil-
lard ont fait le même voyage funèbre et ne sont pas
redescendus vers la ville ; mais ceux qui restent pensent
souvent à cette triste journée ; plus d'un sent qu'il
lui manque quelque chose, éprouve un vague ennui
dont il ne se rend pas compte, et se promène mélan-
coliquement sur le boulevard, auquel il ne trouve plus
son ancien charme, et souffre comme si une ancienne
blessure se rouvrait ; c'est l'absence de Gérard qui
fait cela. Sa mort a causé un vide qui n'est pas comblé
encore.

On était si bien accoutumé à le voir apparaître dans
une courte visite, familier et sauvage comme une hirondelle qui se pose un instant et reprend son vol après
un petit cri joyeux ! On le suivait avec tant de plaisir
dans ses courses vagabondes d'un bout de la ville à
l'autre pour profiter de sa conversation charmante,
car demeurer en place était pour lui un supplice ! Son
esprit ailé entraînait son corps, qui semblait raser la
terre.

On eût dit qu'il voltigeait au-dessus de la réalité,
soutenu par son rêve.

Nous l'avions connu à Charlemagne, déjà célèbre
sur les bancs du collége comme auteur des *Elégies
nationales*, qui promettaient, disaient les professeurs,
un émule à Casimir Delavigne, la grande gloire du
moment. C'était alors un jeune homme doux et
modeste, rougissant comme une jeune fille, se déro-
bant volontiers à la curiosité admirative de ses condis-

ciples, tout fiers d'avoir un camarade imprimé et dont
on parlait dans les journaux. Il avait le visage d'un
blanc rosé, animé d'yeux gris où l'esprit mettait son
étincelle dans une douceur inaltérable. Son front, que
laissaient voir très haut de jolis cheveux blonds d'une
finesse extrême et pareils à une fumée d'or, était d'une
admirable coupe, poli comme de l'ivoire et brillant
comme de la porcelaine. Jamais voûte mieux arrondie,
plus noble et plus vaste ne fut préparée par la nature
pour la pensée humaine; et cependant les idées y
bourdonnèrent si nombreuses, tant de connaissances
et de systèmes s'y logèrent, tant de théogonies, de
philosophies et d'esthétiques y prirent place, que ce
panthéon devint un capharnaüm et que la coupole
se fêla. Le nez était fin, de forme légèrement aquiline,
la bouche gracieuse avec la lèvre inférieure un peu
épaisse, signe de bonté; le menton bien accusé et frappé
d'une fossette. Tel le représente, mais plus viril déjà,
un médaillon de Jean Duseigneur — on disait alors :
Jehan Duseigneur — daté de 1831. Ce médaillon,
devenu très rare, est le seul portrait de Gérard à cette
époque que nous connaissions. Il était habituellement vêtu d'une sorte de redingote d'étoffe noire
brillante, aux vastes poches, où, comme le Schau-
nard de *la Vie de bohème*, il enfouissait une bibliothèque de bouquins récoltés çà et là, cinq ou six carnets
de notes et tout un monde de petits papiers sur lesquels
il écrivait d'une écriture fine et serrée les idées qu'il
prenait au vol pendant ses longues promenades. Qu'on
nous pardonne ces détails; ils commencent à être rares,
ceux qui ont vu Gérard tout jeune et avant la révolution de juillet, et nous fixons, nous qui allons bientôt
partir à notre tour, ces traits d'un ami disparu que
la génération actuelle n'a pas connu sous cet aspect.

Gérard. comme toute la jeunesse du temps, se rattacha au grand mouvement romantique qui agitait alors la littérature. Il en était certes par le fond et la nouveauté des idées, par un certain germanisme intellectuel puisé dans la familiarité de Gœthe et de Schiller, d'Uhland et de Tieck, qu'il lisait en la langue originale; mais il était, pour la forme, un disciple du XVIIIᵉ siècle. Lorsque chacun cherchait les tournures excentriques et les couleurs violentes et se fût volontiers peint de vert et de rouge comme un Ioway partant pour la guerre, des plumes d'aigle sur la tête, des colliers de griffes d'ours au bas du col, des scalps, ou plutôt des perruques de classiques à la ceinture, pour avoir l'air plus étrange et plus formidable, lui se plaisait dans les gammes tendres, les pâleurs délicates et les gris de perle chers à l'école française de l'autre siècle. S'il admirait Hugo, il aimait Béranger; il était ce qu'on appelait alors libéral et, de plus, impérialiste, deux nuances qui se fondaient dans une commune haine des Bourbons. Cette opinion chez lui se comprenait, car il était fils d'un ancien chirurgien-major des armées napoléoniennes. Ce culte de l'empereur n'était cependant pas aveugle, car, dans une de ses odes, Gérard reproche au grand capitaine

> D'avoir répudié deux épouses sublimes :
> Joséphine et la Liberté !

Cette préoccupation politique ne l'empêchait pas de marcher avec l'école dont la devise était : « La liberté dans l'art », et d'être un chef de bande menant une escouade aux représentations d'*Hernani*. Il installait ses hommes, applaudissait consciencieusement et se retirait pour aller présenter ses devoirs à son père, qui se couchait à neuf heures, déférence filiale dont il ne se départit jamais, même plus tard, lorsqu'on joua ses propres pièces.

Sa traduction de *Faust* lui avait valu, du demi-dieu de Weimar, une lettre qu'il gardait précieusement et qui contenait ces mots : « Je ne me suis jamais mieux compris qu'en vous lisant. » Ce n'était pas là une vaine formule complimenteuse. Le style de Gérard était une lampe qui apportait la lumière dans les ténèbres de la pensée et du mot. Avec lui, l'allemand, sans rien perdre de sa couleur ni de sa profondeur, devenait français par la clarté.

C'est aux années qui suivirent immédiatement 1830 qu'il faut reporter les plus anciennes de ces petites pièces de vers charmantes qu'on a recueillies plus tard dans *la Bohème galante*, où l'odelette se marie au lied, et Ronsard à Uhland, dans une proportion exquise. Tout le monde, du moins parmi les lettres, sait par cœur ces mignons chefs-d'œuvre qui ne dépassent guère une douzaine de vers d'un sentiment si tendre, d'une forme si discrète et si sobre, mais par malheur peu nombreux. Si la première manière du poète avait été féconde et relativement facile, la seconde, bien supérieure, le fut beaucoup moins. Il semblerait que la muse un peu timide de Gérard fût effrayée, tout en les admirant, des grands coups d'aile et du fracas de rimes du lyrisme romantique. On peut supposer que là n'était pas son secret idéal, et qu'il eût préféré une poésie plus naïve et plus simple, moins artiste en un mot, et se rapprochant des légendes ou des chansons populaires, qu'il recherchait déjà dans ses promenades à pied à travers les campagnes et dont il a recueilli quelques-unes. Il aurait au besoin admis l'assonance pour alléger la rime trop lourde à l'oreille, selon lui, à cause de cette monotonie ennuyeuse reprochée

souvent à la versification française. Ces idées, que
Gérard ne mit pas en pratique, étaient aussi celles
de Gozlan, qui fit, dans *l'Europe littéraire*, une sorte
de poésie assonante sur un coucou de village avec son
cadran verni, son oiseau battant des ailes et ses poids
suspendus qui tentent la patte des chats.

II

Puisque maintenant on recherche les moindres pages
de Gérard, et qu'on essaye de lui créer toute une série
d'œuvres posthumes qu'il renierait assurément, —
car ce charmant paresseux, qui fit dans sa vie une si
large part à la fantaisie, au rêve et au loisir, ne voudrait
pas avoir tant travaillé après sa mort — il ne serait
pas hors de propos d'indiquer d'après nos souvenirs,
des œuvres plus réelles et plus authentiques qui
semblent perdues ou ignorées, car nous ne les avons
vues reproduites nulle part : une comédie en un acte,
en vers, où figuraient Molière et sa servante Laforêt;
un mystère ou diablerie en vers de huit pieds, *le Prince
des sots*, dont nous avions fait le prologue et qui avait
pour acteurs principaux Satan et un ange jouant
ensemble des âmes aux dés; un drame en prose, *Nicolas
Flamel*, dont quelques scènes, se passant sur la tour
Saint-Jacques, ont été insérées dans *le Mercure* de
l'époque; plus, un autre drame en vers, *la Dame de
Carouge*, en collaboration avec nous-même, qui était
basé sur cette idée d'un esclave sarrasin ramené des
croisades et introduisant dans le donjon féodal les
passions farouches de l'Orient. *La Dame de Carouge* ne
fut pas jouée, et ce que le manuscrit est devenu, nous

l'ignorons. Gérard le trimballa longtemps dans ses
poches, où tout entrait, mais d'où rien ne sortait,
comme ce tiroir du diable où Gœthe serrait ses vers
et qui garda si longtemps le *Second Faust*. Notre
Sarrasin Hafiz était le précurseur d'Yaqoub, mais
il ne lui fut pas donné de montrer aux feux de la rampe
sa figure teintée de jus de réglisse comme celle d'Othello

Dès cette époque, Gérard commençait à rouler dans
son esprit deux grands drames, l'un moderne, philosophique, l'autre oriental, biblique et social.

Le personnage principal du drame moderne était
un médecin ambitieux qui dans son art trouvait de
terribles ressources pour arriver à ses fins. C'était une
sorte de Borgia en habit noir et en cravate blanche,
et, en outre, un assassin scientifique comme Eugène
Aram, qui sacrifiait des victimes à l'éclaircissement
de quelque point obscur de son art. Il avait aimé, étant
pauvre, une femme qui l'avait repoussé, et, à la scène
de séparation, résolu à devenir riche, il lui disait cette
phrase restée dans notre mémoire: « Cet or, comment
vous le faut-il? taché de sang ou taché de boue? »
Cette pièce, pleine de scènes remarquables, a-t-elle
jamais été finie? Nous n'en connaissons que des fragments et le scénario que nous raconta Gérard, qui
essayait volontiers ses idées dans la causerie, et, pour
cet usage, on peut dire qu'il ne regardait pas beaucoup au choix de l'auditeur. Il parlait devant le premier
venu, comme il eût fait devant Victor Hugo, Sainte-
Beuve ou Balzac. Il éprouvait le besoin d'ébaucher
sa pensée avant de l'écrire, et d'en faire l'épreuve sur
sur un être quelconque, même *in anima vili*.

Le second drame était *la Reine de Saba*. On ne saurait imaginer ce que Gérard lut de livres, prit de notes
et de renseignements pour cette pièce. La Bible, le

Talmud, Sanchoniathon, Bérose, Hermès, George le
Syncelle, toute la bibliothèque orientale de d'Herbelot
y passèrent; tout fut consulté, jusqu'à l'histoire des
soixante-dix rois préadamites et à la biographie de
la dive Lilith, première femme d'Adam, pour bien
prendre la couleur locale du sujet. Tout ce que les
poètes persans ont raconté du Hudhad, l'oiseau
merveilleux, Gérard le savait, et nous ne serions pas
surpris qu'il eût entendu le langage de la huppe. Le
Sir-Hasirim lui donnait le ton pour les scènes d'amour,
et, afin de ne pas être pris au dépourvu quand il
faudrait exprimer les magnificences du palais et du
trône de Salomon, de la parure et du cortége de la
reine de Saba venant d'Ophir, le pays de l'or et des
perles, il avait dressé un catalogue de toutes les pierres
précieuses fantastiques et réelles, depuis l'escarboucle
du Giamschid jusqu'à l'azerodrach dont les bohé-
miennes se font des colliers. Ce qu'il avait entassé de
notes et apporté de matériaux pour bâtir son monument
était vraiment prodigieux. *La Reine de Saba* ne fit
pas un heureux voyage et se perdit dans le désert
avec sa suite bizarrement chamarrée d'or.

Écrite d'abord en prose, elle tenta un instant
Meyerbeer, que venait de révéler, sous sa forme
nouvelle, l'éclatant succès de *Robert le Diable*, et qui
voyait avec raison dans ce sujet la matière d'un
magnifique opéra. La collaboration de Meyerbeer
n'était pas à dédaigner, et Gérard se mit, non sans
pousser plus d'un soupir, à tailler son drame en scénario. L'illustre compositeur parut ravi, demanda
quelques modifications, quelques retouches, garda
l'ouvrage plusieurs années, souriant toujours aux
visites de Gérard avec cette exquise urbanité qui
le caractérisait; mais, selon son habitude d'éternelle

hésitation, il ne fit rien. Au fond, il n'avait confiance qu'en M. Scribe et ses livrets. La pauvre Balkis, ainsi retenue, se fanait tristement dans l'ombre et la poussière d'un carton. Gérard l'en tira, arrangea les scènes en chapitres et en fit un roman qui parut, si nous ne nous trompons, dans *le National.* Plus tard, il reprit cette légende et l'inséra, sous forme de récit, dans *les Nuits du Ramazan.* Ainsi finit la caravane de la reine Balkis, cette vision d'Orient qui préoccupa Gérard autant que le jeune charpentier de *la Fée aux miettes,* et finit par l'amener comme lui dans la maison des lunatiques. Mais, moins heureux que l'ami de la Fée aux miettes, Gérard ne trouva pas la mandragore qui chante, et un vaisseau à la poupe dorée, aux huit mâts gréés de voiles de pourpre et de cordages de soie, ne vint pas le prendre chez le docteur Blanche pour le mener vers la mystérieuse Ophir, où l'attendait la belle reine, objet de son amour.

Malgré tous ces travaux, Gérard n'était pas connu hors du cercle littéraire où on l'estimait à sa juste valeur; car, malgré l'envie dont on les accuse, les virtuoses de chaque art apprécient très bien la force respective de leurs confrères et les mettent à leur vraie place. A une époque où chacun aurait voulu marcher dans les rues précédé par les clairons de la Renommée, sur un char d'or à quatre chevaux blancs, pour mieux attirer les regards de la foule, Gérard cherchait l'ombre avec le soin que les autres mettaient à chercher la lumière. Nature choisie et délicate, talent fin et discret, il aimait à s'envelopper de mystère. Les journaux les moins lus étaient ceux qu'il préférait pour y insérer des articles signés d'initiales imaginaires ou de pseudonymes bientôt renouvelés, dès que l'imagination charmante et le style pur et limpide de ces travaux en avaient trahi l'auteur aux yeux attentifs. Comme Henri Beyle, mais sans aucune ironie, Gérard semblait prendre plaisir à s'absenter de lui-même, à disparaître de son œuvre, à dérouter le lecteur. Que d'efforts il a faits pour rester inconnu ! Fritz, Aloysius Block lui ont servi tour à tour de masque, et pourtant il lui fallut plus tard accepter la réputation qu'il fuyait. Dissimuler plus longtemps eût été de l'affectation.

Cette conduite n'était nullement, nous pouvons l'affirmer, le résultat d'un calcul pour irriter la curiosité, c'était l'inspiration d'une conscience rare, d'un extrême respect de l'art. Quelque soin qu'il mît à ses travaux, il les trouvait encore trop imparfaits, trop éloignés de l'idéal ; et les marquer d'un cachet particulier lui eût semblé une vanité puérile.

Nous habitions alors impasse du Doyenné. Camille Rogier avait un appartement assez vaste, dans une vieille maison tout près d'une église en ruine, dont un reste de voûte faisait un assez bel effet au clair de lune, et dont les fenêtres donnaient sur des terrains vagues encombrés de pierres de taille entre lesquelles verdissaient les orties, et que la galerie du Louvre baignait de son ombre froide. Arsène Houssaye et Gérard demeuraient avec Camille et faisaient ménage commun. Nous occupions tout seul, dans la même rue, un petit logement où nous ne rentrions guère que la nuit ; car nous passions les journées avec les camarades dans le grand salon de Rogier, vaste pièce aux boiseries tarabiscotées et ornées de rocaille, aux glaces d'un cristal louche surmontées d'impostes, aux étroites fenêtres vitrées de petits carreaux à la mode de l'autre siècle. Comme une ombre des marquises d'autrefois, errait dans ce logis fantastique, avec un œil de poudre sur ses blonds cheveux et une rose pompon à la main, cette jolie et délicate Cidalise, pastel sans cadre que devait effacer, au sortir du bal, un aigre souffle de bise.

Ce fut dans cet appartement qu'eut lieu cette fête où, selon le conseil de Gérard, les rafraîchissements furent remplacés par des fresques barbouillées sur les vieilles boiseries grises, au grand effroi du propriétaire, qui considérait les peintures comme des taches. Corot, Adolphe Leleux, Célestin Nanteuil, Camille Rogier, Lorentz, Théodore Chassériau, alors bien jeunes, exercèrent leurs brosses et improvisèrent des fantaisies charmantes.

Rogier, qui dessinait de très fines illustrations pour les *Contes d'Hoffmann*, et gagnait assez d'argent pour s'acheter des bottes à l'écuyère et des habits de velours nacarat, sur lesquels s'étalait sa magnifique barbe rousse, objet de notre envie, ayant à faire des dessins pour *les Mille et une Nuits*, partit en Orient, où il resta, et devint directeur des postes à Beyrouth. Réduite à trois, l'association se transporta rue Saint-Germain-des-Prés. Nous faisions notre cuisine nous-mêmes. Arsène Houssaye excellait dans la panade; nous, dans la confection du macaroni. Gérard allait, avec l'aplomb le plus majestueux, chercher de la galantine, des saucisses ou des côtelettes de porc frais aux cornichons chez le charcutier voisin, car on s'imagine bien que notre livrée n'était pas nombreuse. Nous vivions ainsi de la façon la plus amicale, et ce sont les plus belles années de notre vie. Gérard, qui dormait très peu, lisait fort avant dans la nuit, et il avait trouvé un singulier mode d'éclairage : il posait en équilibre sur sa tête un de ces larges chandeliers de cuivre qu'on appelle martinet, et la lueur se projetait sur les pages ouvertes; mais quelquefois le sommeil le gagnait et le chandelier tombait, au risque de mettre le feu au lit. Michel-Ange et Girodet peignaient nocturnement de la sorte avec des bougies sur la tête, comme les Turcs du *Bourgeois gentilhomme.*

III

Ce fut à peu près vers cette époque qu'on nous confia le feuilleton dramatique de *la Presse*, avec Gérard pour collaborateur. Nous signions G.-G. par imitation du J.J. des *Débats*; mais nous ne pesions pas à nous deux la monnaie de celui qu'on nommait déjà le prince des critiques. On trouverait sous cette double signature, facilement reconnaissables, les morceaux qui appartiennent en propre à Gérard. Nous étions d'humeur fort vagabonde, et chacun de nous venait tourner la meule du journal lorsque l'autre, emporté par son instinct voyageur, parcourait l'Espagne, l'Allemagne, l'Italie, ou l'Afrique. Fraternelle alternative que Gérard comparait à celle des Dioscures, dont l'un paraît quand l'autre s'en va. Hélas! il est parti pour ne plus revenir.

Mais bientôt ce travail à heure fixe, bien qu'allégé par la collaboration et de nombreuses vacances lui devint insupportable, et nous dûmes continuer seul la fastidieuse besogne d'analyser les vaudevilles et les mélodrames.

On s'est attendri fort mal à propos sur la misère de Gérard, et l'on a voulu y voir une des causes de sa triste fin. Les journaux lui furent toujours ouverts, et chaque article qu'il présentait à un directeur était le bienvenu. Les ressources que l'époque offrait aux écrivains étaient à sa disposition, et sa connaissance de l'allemand, lorsqu'il n'était pas en train d'inventer, lui fournissait un facile moyen de travail. Il était juste aussi riche ou, si l'on veut, aussi pauvre que nous. Il fit même, vers ce temps-là, un petit héritage d'une quarantaine de mille francs qui dora les commencements de sa carrière, et lui permit l'accomplissement de quelque fantaisie, par exemple la fondation d'un journal, *le Monde théâtral,* dont le but était de faire valoir une actrice dans laquelle il croyait avoir trouvé la réalisation de son idéal. Au reste, l'argent était son moindre souci. Jamais l'amour de l'or, qui cause aujourd'hui tant de fièvres malsaines, ne troubla cette âme pure et vraiment antique. La richesse lui semblait un embarras, et, comme Diogène voyant un jeune berger puiser de l'eau dans sa main, il eût volontiers rejeté sa coupe inutile. Mais ne croyez pas, d'après cela, à un bohème, à un cynique; personne n'eut des manières plus polies, un ton meilleur, un langage plus réservé, et ne se montra plus parfait gentleman. Seulement, les louis lui causaient une sorte de malaise et semblaient lui brûler les mains; il ne redevenait tranquille qu'à la dernière pièce de cinq francs.

Nous avons tout à l'heure touché en passant un point délicat de la vie de Gérard sur lequel, malgré son amitié pour nous, il ne s'expliqua jamais formellement; car c'était une âme discrète et pudique, rougissant comme Psyché, et, à la moindre approche de l'amour, se renfermant sous ses voiles. Nous voulons parler de sa passion pour une cantatrice célèbre alors dont nous tairons le nom, puisque son adorateur ne l'a jamais écrit. Cette passion très réelle a passé pour chimérique. Beaucoup d'entre nous en ont douté, car Gérard était un étrange amoureux .Nous l'avions parfois doucement raillé sur ses caprices soudains à l'endroit de femmes aperçues de loin et dont il évitait même de se rapprocher, pour ne pas détruire son illusion, disait-il. Le reproche lui était resté sur le cœur, et, dans son *Voyage en Orient*, il semble y répondre par ces lignes, auxquelles sa fin douloureuse prête une signification sinistre :

« J'ai entendu des gens graves plaisanter sur l'amour que l'on conçoit pour des actrices, pour des reines, pour des femmes poètes, pour tout ce qui, selon eux, agite l'imagination plus que le cœur : et pourtant, avec de si folles amours, on aboutit au délire, à la mort ou à des sacrifices inouïs de temps, de fortune ou d'intelligence. Ah ! je crois être amoureux ? ah ! je crois être malade, n'est-ce pas ? Mais, si je crois l'être, je le suis. »

Lorsque cette passion l'envahit soudainement et s'empara pour jamais de son âme, de son intelligence et de sa volonté, car « le coup de foudre » dont on a fait tant de railleries est un effet de l'amour plus fréquent qu'on ne le pense, Gérard de Nerval, franchissant en idée toutes les phases intermédiaires d'une liaison qui n'était même pas commencée, car il n'avait pas encore adressé la parole à l'objet de sa flamme, regarda son désir comme accompli déjà et se mit à chercher dans les magasins de bric-à-brac un lit magnifique et digne de ces amours imaginaires; il en trouva un du temps de la Renaissance, portant dans ses sculptures vraies ou fausses la salamandre de François Ier, qu'il fit restaurer à grands frais et monter sur une estrade que devait recouvrir un splendide tapis. Ce lit monumental, qui embarrassait beaucoup la vie nomade de Gérard, resta longtemps chez nous, car nous possédions seul une chambre assez vaste pour qu'il y pût tenir. Nous devions nous

éclipser au moment solennel; mais la divinité pour
laquelle ce temple avait été bâti n'y descendit jamais.
Balzac admirait beaucoup cet élan sublime d'imagination qui supprimait la réalité et arrivait droit à
sa chimère sans tenir compte du temps ni des obstacles.
Ce n'était pas chez Gérard fatuité, certitude du
triomphe, confiance outrée en ses moyens de séduction;
personne ne fut plus humble, plus timide, moins ravi
de soi-même; c'était la force de projection du rêve,
cette puissance de créer hors du temps et du possible,
une vision presque palpable, pour ainsi dire, et qui
devait fatalement aboutir à l'hallucination maladive.

En ces jours d'excentricité littéraire, parmi les
originalités, les paroxysmes et les outrances volontaires
ou involontaires, il était bien difficile de paraître extravagant; toute folie semblait plausible, et le plus sage
d'entre nous eût paru digne des Petites-Maisons. Le
plaisir de contrarier les philistins nous poussait, comme
les étudiants allemands, à des bizarreries concertées du
goût le plus douteux. Il y avait longtemps sans doute,
que l'équilibre mental était dérangé chez Gérard
avant qu'aucun de nous s'en fût aperçu. Cela était
d'autant plus difficile à deviner, que jamais style ne
fut plus clair, plus limpide, plus raisonnable, en un
mot, que celui de Gérard; même lorsque la maladie
eut atteint incontestablement son cerveau, il conserva
intactes toutes les qualités de son intelligence. Aucune
faute, aucune erreur, aucune incorrection ne trahit
le désordre de ses facultés intellectuelles. Jusqu'au
bout, il resta impeccable.

Probablement, quand il se sentait plus exalté que
de coutume, il faisait quelque petit voyage où la solitude, l'air frais des champs et les distractions de la
route lui rendaient le calme. Il put ainsi cacher long-

temps un état que nul ne soupçonnait. Quelques
propos étranges nous faisaient bien ouvrir de grands
yeux; mais il les expliquait d'une façon si ingénieuse,
si savante et si profonde, que notre admiration pour
lui en augmentait. Il eût fallu, du reste, de terribles.
paradoxes pour nous étonner. Cependant, il est certain
que, dès lors, comme le vase de cristal qui a inspiré
à Sully-Prudhomme une si charmante pièce de vers,
le cœur de Gérard avait reçu d'un coup d'éventail
cette invisible fêlure par où s'écoulent l'âme et la
raison d'un homme. L'histoire de ses amours resta
toujours obscure; il fonda un journal, il fit des pièces
pour se rapprocher de son idole, il écrivit des lettres
passionnées et charmantes qu'il mit sans doute à la
poste dans sa poche, car celle à qui elles s'adressaient
en eût été touchée. Déclara-t-il jamais formellement son
amour ? Nous l'ignorons. Mais, dans sa nouvelle d'*Aurélie*, qui est comme une sorte d'histoire voilée de sa
passion, il semble s'accuser d'un tort imaginaire ou
réel qui lui aurait valu les rigueurs méritées de l'objet
adoré. A la séparation dans cette vie s'ajoute la séparation dans l'autre. Croyant se soustraire à l'obsession
d'un trop cher souvenir, il a brûlé les lettres et les
frêles reliques d'amour laissées par Aurélie après sa
mort, et cet holocauste réduit en cendres ses espérances de réunion extra-mondaine. Jamais il ne reverra
l'uniquement aimée. Cette idée le pousse au plus sombre
et au plus morne désespoir.

Dans le temps où tout lui souriait encore, il nous
avait prié de faire des sonnets en l'honneur de sa
maîtresse. Il trouvait que cela sentait son Valois d'avoir
un Ronsard rimant sur le thème donné et pour le
compte de son maître. Nous nous prêtions volontiers
à cette fantaisie à laquelle de plus grands poètes que

nous ont obéi autrefois. Il nous commanda aussi un portrait de la dame de ses pensées, qui fut inséré dans *les Belles Femmes de Paris,* une publication que dirigeait Alphonse Esquiros. Nous étions bien loin de prévoir quelles tristes conséquences devait avoir cet amour qui nous semblait un peu chimérique, et tout d'imagination.

Mais bientôt les bizarreries s'accusèrent davantage, et il devenait parfois difficile de les excuser, car elles sortaient du domaine de la pensée pour entrer dans le domaine de l'action. Des soins éclairés devinrent nécessaires, à la grande indignation de Gérard, car il ne concevait pas que des médecins s'occupassent de lui parce qu'il s'était promené dans le Palais-Royal, traînant un homard en vie au bout d'une faveur bleue. « En quoi, disait-il, un homard est-il plus ridicule qu'un chien, qu'un chat, qu'une gazelle, qu'un lion ou toute autre bête dont on se fait suivre ? J'ai le goût des homards, qui sont tranquilles, sérieux, savent les secrets de la mer, n'aboient pas et n'avalent pas la monade des gens comme les chiens, si antipathiques à Gœthe, lequel pourtant n'était pas fou. » Et mille autres raisons plus ingénieuses les unes que les autres.

L'accès passé, il rentrait dans la pleine possession de lui-même, et racontait, avec une éloquence et une poésie merveilleuses, ce qu'il avait vu dans ces hallucinations, mille fois supérieures aux fantasmagories du haschich et de l'opium. Il est bien regrettable qu'un sténographe n'ait pas reproduit ces étonnants récits, qu'on eût pris plutôt pour les rêves cosmogoniques d'un dieu ivre de nectar que pour les confessions et les réminiscences du délire.

Nous l'avons déjà dit et nous ne saurions trop le redire, quel que fût l'état d'esprit où il se trouvait,

jamais son sens littéraire ne fut altéré. A cette époque
que nous venons d'indiquer se rapporte une suite
de sonnets mystagogiques qu'il fit paraître plus tard
sous le titre de *Vers dorés*, et dont l'obscurité s'illumine de soudains éclairs comme une idole constellée
d'escarboucles et de rubis dans l'ombre d'une crypte.
Les rimes sonnent comme des timbres d'or; la phrase,
quoique d'un mystère à faire trouver Orphée ou Lycophron limpides, a la plus magnifique tournure et la
solennité la plus grandiose. On dirait les oracles d'un
dieu inconnu.

IV

Mais laissons ces souvenirs personnels dont le charme
nous entraîne, et quittons l'homme pour le littérateur.
Dans sa première jeunesse, presque enfant, Gérard
avait traduit *Faust*, et ses sympathies le poussaient
naturellement vers l'Allemagne, qu'il a souvent
visitée et où il a fait de fructueux séjours. L'ombre
du vieux chêne teutonique a flotté plus d'une fois sur
son front avec des murmures confidentiels; il s'est
promené sous les tilleuls à la feuille découpée en cœur;
il a salué au bord des fontaines l'elfe dont la robe
blanche traîne un ourlet mouillé parmi l'herbe verte;
il a vu tourner les corbeaux au-dessus de la montagne
de Kyffhausen; les kobolds sont sortis devant lui des
fentes de rocher du Harz, et les sorcières du Brocken
ont dansé autour du jeune poète français, qu'elles
prenaient pour un étudiant d'Iéna, la grande ronde
du walpurgisnachtstrum : plus heureux que nous,
il s'est accoudé sur la table d'où Méphistophélès faisait
jaillir avec un foret des fusées de vins incendiaires.

Il a pu descendre les degrés de cette cave de Berlin au fond de laquelle glissait trop souvent l'auteur de *la Nuit de Saint-Silvestre* et du *Pot d'or*. D'un œil calme, il a regardé quels jeux de lumière produisait le vin du Rhin dans le rœmer d'émeraude, et quelles formes bizarres prenait la fumée des pipes au-dessus des dissertations hégéliennes dans les gasthaus esthétiques.

Ces excursions nous ont valu des pages d'un caprice charmant et qu'on peut mettre sans crainte à côté des meilleurs chapitres du *Voyage sentimental* de Sterne; l'auteur, de la façon la plus imprévue, mêle la pensée au rêve, l'idéal au réel, le voyage dans le bleu à l'étape sur la grande route; tantôt il est à cheval sur une chimère aux ailes palpitantes, tantôt sur un maigre bidet de louage, et, d'un incident comique, il passe à quelque extase éthérée. Il sait souffler dans le cor du postillon les mélodies enchantées d'Achim d'Arnim et de Clément Brentano, et, s'il s'arrête au seuil d'une hôtellerie brodée de houblon pour boire la brune bière de Munich, la choppe devient dans ses mains la coupe du roi de Thulé. — Pendant qu'il marche, des figures charmantes sourient à travers le feuillage, les jolies couleuvres de l'étudiant Anselme dansent sur le bout de leur queue, et les fleurs qui tapissent le revers du fossé tiennent des conversations panthéistes : la vie cachée de l'Allemagne respire dans ces promenades fantasques où la description finit en légende et l'impression personnelle en fine remarque philosophique ou littéraire. Seulement, notez-le bien, la veine française ne s'interrompt jamais à travers ces divagations germaniques.

A cette époque de la vie de l'auteur, il faut rattacher le beau drame de *Léo Burckart*, joué à la Porte-Saint-Martin, et qui restera une des plus remarquables tentatives de notre temps. Léo Burckart est un publiciste

qui, dans le journal qu'il dirige, a émis des idées politiques et des plans de réforme d'une hardiesse et
d'une nouveauté à faire craindre pour lui les rigueurs
du pouvoir; mais le prince, convaincu de sa bonne foi,
au lieu de le bannir, lui donne la place du ministre
qu'il a critiqué, le sommant de réaliser ses théories et
de mettre ses rêves en action. Léo accepte, et le voilà
en contact direct avec les hommes et les choses, lui,
libre rêveur qui, au fond de son cabinet, tenait si
aisément le monde en équilibre sur le bec de sa plume.
Épris d'un idéal abstrait, il veut gouverner sans les
moyens de gouvernement; comme un ministre de
l'âge d'or, il ferme l'oreille aux chuchotements de la
police, et ne sait pas que la vie du prince est menacée
et que son propre honneur est compromis. Regardé
comme un traître par son ancien parti, suspect au
parti de la cour, faisant en personne ce qu'il devrait
laisser faire à des subalternes, contrariant les intérêts
par des rigorismes outrés, marchant en aveugle dans
le dédale des intrigues, en quelques mois de pouvoir il
perd sa popularité, ses amitiés et presque son honneur
domestique, et résigne sa charge, desabusé de ses
rêves, ne croyant plus à son talent, doutant de l'homme
et de l'humanité. Cependant, ce n'est point un piége
machiavélique qu'on lui a tendu : le prince s'est prêté
loyalement à l'expérience; il a apporté en toute franchise son concours au penseur.

L'impression de ce drame, d'une rare impartialité
philosophique, serait triste, s'il n'était égayé par la
peinture la plus exacte et la plus vivante des univer-
sités. Rien n'est plus spirituellement comique que ces
conspirations d'étudiants pour qui boire est la grande
affaire, et qui songent à Brutus en chargeant leur pipe.
Cette pièce, d'un poète enivré à la coupe capiteuse

du mysticisme allemand, semble, chose bizarre, l'œuvre froidement réfléchie d'un vieux diplomate rompu aux affaires et mûri par la pratique des hommes; nulle colère, nul emportement, pas une tirade déclamatoire, mais partout une raison claire et sereine, une indulgence pleine de pitié et de compréhension.

De longs voyages en Orient succédèrent à ces travaux. *Les Femmes.du Caire* et *les Nuits du Ramazan* marquent cette nouvelle période. Passer des brumes d'Allemagne au soleil d'Égypte, la transition était brusque, et une moins heureuse nature eût pu en rester ébloui. Gérard de Nerval, dans ce livre, dont le succès grandit à chaque édition, a su éviter l'enthousiasme banal et les descriptions « d'or et d'argent plaqués » des touristes vulgaires. Il nous a introduits dans la vie même de l'Orient, si hermétiquement murée pour le voyageur rapide. — Sous un voile transparent, il nous a raconté ses aventures avec ce don modeste et cette naïveté enjouée qui font de certaines pages des *Mémoires* du Vénitien Carlo Gozzi une lecture si attrayante. L'histoire de Zeynab, la belle esclave jaune achetée au djellab dans un moment de pitié philanthropique, et qui embarrasse son voyage de tant de jolis incidents à l'orientale, est contée avec un art parfait et une discrétion du meilleur goût. Les mariages à la cophte, les noces arabes, les soirées de mangeurs d'opium, les mœurs des fellahs, tous les détails de l'existence mahométane sont rendus avec une finesse, un esprit et une conscience d'observation rares. Le style se réchauffe et prend des nuances plus ardentes sans rien perdre de sa clarté.

Les légendes de l'Orient ne pouvaient manquer d'exercer une grande influence sur cette imagination aisément excitée, que l'érudition sanscrite des Schlegel,

le Divan oriental-occidental de Gœthe, les *ghazels*
de Ruckert et de Platen avaient, d'ailleurs, préparé
depuis longtemps à ces magies poétiques. La *Légende
du calife Hakem*, *l'Histoire de Balkis et de Salomon*
montrent à quel point Gérard de Nerval s'était pénétré
de l'esprit mystérieux et profond de ces récits étranges
où chaque mot est un symbole; on peut même dire
qu'il en garde certains sous-entendus d'initié, certaines
formules cabalistiques, certaines allures d'illuminé
qui feraient croire par moments qu'il parle pour son
propre compte. Nous ne serions pas très surpris s'il
avait reçu, comme l'auteur du *Diable amoureux*, la
visite de quelque inconnu aux gestes maçonniques,
tout étonné de ne pas trouver en lui un confrère. Une
préoccupation du monde invisible et des mythes cosmogoniques le fit tourner quelque temps dans le
cercle de Swodenborg, de l'abbé Terrasson et de l'auteur du *Comte de Gabalis*. Mais cette tendance visionnaire est amplement contre-balancée par des études
d'une réalité parfaite, telles que celles sur Spifame,
Restif de la Bretonne, la plus complète, la mieux
comprise que l'on ait faite sur ce Balzac du coin de la
borne, étude qui a tout l'intérêt du roman le mieux
conduit.

Sylvie, l'œuvre la plus récente de l'écrivain, nous
semble un morceau tout à fait irréprochable; ce sont
des souvenirs d'enfance ressaisis à travers ce gracieux
paysage d'Ermenonville, sur les sentiers fleuris, le long
des rives du lac, au milieu des brumes légères colorées
en rose par les rougeurs du matin; une idylle des
environs de Paris, mais si pure, si fraîche, si parfumée,
si humide de rosée, que l'on pense involontairement
à Daphnis et Chloé, à Paul et Virginie, à ces chastes
couples d'amants qui baignent leurs pieds blancs dans

les fontaines ou restent assis sur les mousses aux lisières
des forêts d'Arcadie; on dirait un marbre grec légèrement teinté de pastel aux joues et aux lèvres par un
caprice du sculpteur.

Nous n'avons pas la place pour analyser *le Chariot
d'enfant*, drame étrange traduit du roi Soudraka, le
poète aux oreilles d'éléphant, que Gérard fit avec
Méry, si expert dans les choses de l'Inde, que personne
n'a voulu croire qu'il n'y fût point allé. Gérard prétendait que Méry n'était qu'un ancien mouni de
Bénarès, faisant son cinquième avatar dans la peau
d'un Marseillais. Cette idée de la continuation des
types à travers diverses formes s'accuse clairement
dans le beau drame de *l'Imagier de Harlem*, dont les
personnages semblent avoir existé de tout temps et se
prolonger en ondulations toujours plus grandes vers
l'océan des âges. Aspasie y figure en plein moyen âge,
comme Hélène paraît dans le donjon féodal du *Second
Faust* de Gœthe.

V

Dans la dernière partie de son *Voyage en Orient*,
Gérard — après avoir mis en pension chez madame
Carlès, Zeynab, l'esclave couleur d'or aux cheveux
bleus et à la poitrine tatouée de soleils, dont il était
si embarrassé, qu'il voulait nous en faire cadeau,
sachant nos idées turques à l'endroit des femmes, —
partit de Beyrouth et se dirigea vers ce Liban où
croissent les cèdres qui fournissaient des poutres au
temple et au palais de Salomon, où dans les grottes
semble se tordre encore le dragon que transperça de sa
lance Monsieur saint Georges, le bon chevalier, et

où l'on croit entendre Vénus pleurer sur le corps d'Adonis. Il visita les châteaux des chefs druses et maronites, semblables à des burgs du XIIIe siècle. Ce n'était pas seulement l'amour du pittoresque et de la couleur locale qui l'entraînait dans ces hautes et sauvages montagnes, c'était aussi le désir de se renseigner sur la doctrine secrète des Druses, religion étrange, la seule qui ne se recrute pas, qui n'admette pas de néophyte, car on est Druse de toute éternité et l'on ne saurait le devenir.

Sans être bien nettement d'aucune religion, Gérard avait la curiosité et le respect de toutes, même de celles qui sont tombées. S'il était poli pour Jéhovah et pour Allah, il avait de bonnes paroles pour Jupiter et les autres Olympiens, « car, disait-il, on ne sait pas ce qui peut arriver ». Un jour, à la place Royale, debout devant la grande cheminée du salon de Victor Hugo, Gérard dissertait sur son sujet favori, mélangeant les paradis et les enfers des différents cultes avec une impartialité telle, qu'un des assistants lui dit : « Mais, Gérard, vous n'avez aucune religion ! » Il toisa dédaigneusement l'interlocuteur, et, fixant sur lui ses yeux gris étoilés d'une scintillation étrange : « Moi, pas de religion ? J'en ai dix-sept... au moins. » On pense bien qu'une pareille profession de foi termina la discussion. Personne dans l'assemblée ne pouvait déployer un tel luxe de croyances.

La religion des Druses est la dernière révélée. Son dieu Hakem, dont le nom mystique est Albar, se manifesta à lui-même et se reconnut. C'était, du reste, un personnage aussi puissant sur terre qu'il pouvait l'être au ciel. Cette éclosion de la divinité s'opérait dans le corps du calife Hakem, commandeur des croyants et régnant au Caire quatre cents ans environ après l'hégire. Cette croyance n'admet pas les renégats d'un autre culte. Comme dit la loi : « La porte est fermée, l'affaire est finie, la plume est émoussée. » Hamza fut le prophète de Hakem, qui eut quelque peine à se faire admettre comme dieu, quoiqu'il eût la face d'un lion, une voix de tonnerre et des yeux de saphir. Hakem est un dieu à la façon de Bouddha ; il apparut au monde sous plusieurs formes et s'est incarné dix fois en différents lieux de la terre, dans l'Inde d'abord, en Perse plus tard, dans l'Yémen, à Tunis, et ailleurs encore. C'est ce qu'on appelle les *stations*. Hakem doit se montrer encore une fois sous le nom du Madhi, et lady Esther Stanhope, qui, pendant son long séjour au Liban s'était infatuée des idées des Druses, lui tenait dans sa cour un cheval tout préparé. Toutes ces mystagogies plaisaient fort à Gérard ; mais, quand il alla rendre visite, dans la montagne, au cheik Saïd-Escherazy, ce n'était plus le désir de pénétrer les arcanes de la religion druse qui lui faisait donner de l'éperon à son grand cheval blanc. Il se souciait assez peu de la pierre noire et de la plante aliledji. Un nouvel amour était né dans son cœur, et il demandait au chef druse stupéfait la main de sa fille, l'attaké Siti-Saléma, qu'il avait entrevue en compagnie de Zeynab, chez madame Carlès.

N'allez pas croire que cet amour fût une infidélité à la chère mémoire. Ce type de beauté n'était pas une révélation, c'était un souvenir. A travers cette jeune fille ressuscitée et rajeunie apparaissait l'ancien amour, dont il était allé chercher l'oubli en Orient. Ces cheveux blonds, cette blancheur lactée, ce nez aquilin d'une fierté presque royale, ce sourire tendre et sérieux, il les avait déjà vus ailleurs, et, devant cette beauté connue, son cœur à peine cicatrisé se rouvrait et versait des larmes rouges. Le hasard ou la fatalité, pour nous servir d'une expression plus turque, le ramenait vers celle qu'il fuyait, et, tout joyeux de sentir battre ce cœur qu'il croyait mort, il s'écrie dans une effusion lyrique :

En quittant la maison de madame Carlès, j'ai emporté mon amour comme une proie dans la solitude. Oh ! que j'étais heureux de me voir une idée, un but, une volonté, quelque chose à rêver, à tâcher d'atteindre. Ce pays qui a ranimé toutes les forces et toutes les aspirations de ma jeunesse, ne me devait pas moins sans doute. J'avais bien senti déjà qu'en mettant le pied sur cette terre maternelle, en me replongeant aux sources vénérées de notre histoire et de nos croyances, j'allais arrêter le cours de mes ans, que je me refaisais enfant au berceau du monde, jeune encore au sein de cette jeunesse éternelle !

Ces rêves de bonheur furent un peu tempérés par la rencontre qu'il fit sur la route d'un escarbot pareil à ces scarabées égyptiens qui portent le globe sur leur tête, lequel poussait péniblement dans la poussière une boule de fiente plus lourde que lui. Gérard vit là un présage de contrariété, de malheur, d'obstacles invincibles. Initié aux mythologies et aux superstitions de tous les peuples, chaque chose devenait pour lui un augure et prenait des sens inconnus au vulgaire. Les nombres, les étoiles, les vols d'oiseaux, les traversées fortuites d'un animal sur le chemin influaient sur ses résolutions. Comme Carlo Gozzi, le charmant auteur des *Contre-Temps*, il voyait dans les plus minimes accidents de la vie le travail d'esprits taquins et malicieux. Il avait lu les *Memorabilia* de Swedenborg et il connaissait les correspondances mystérieuses des rêves. Personne plus que lui ne mélangeait nos deux existences diurne et nocturne, et pour lui le songe ne différait pas de l'action. Ce fut ainsi qu'il perdit la notion du chimérique et du réel, et passa de la raison à ce que les hommes appellent folie, et qui n'est peut-être qu'un état où l'âme, plus exaltée et plus subtile, perçoit des rapports invisibles, des coïncidences non remarquées et jouit de spectacles échappant aux yeux matériels.

Quoi qu'il en soit, le présage de l'escarbot était vrai. Le Cheik Saïd-Escherazy accorda bien sa fille, l'attaké Siti-Saléma, à Gérard de Nerval; la jeune fille lui donna une tulipe rouge et planta un petit arbre qui devait croître avec leurs amours; mais le mariage ne se fit pas. Une de ces pernicieuses fièvres du Hauran si funestes aux voyageurs attaqua Gérard et le força de changer d'air. Il quitta le Liban pour Constantinople, où l'air est meilleur, et, de là, voyant dans cette maladie un avertissement des puissances supérieures, il écrivit au cheik pour dégager sa parole.

— Et Zeynab, que devint-elle ? se demande le lecteur. Elle resta dans le Liban avec Siti-Saléma, qui l'avait prise en amitié.

Ainsi finit ce petit roman oriental, moitié réel, moitié imaginaire, comme toute la vie et toute l'œuvre de Gérard. Notre poète regretta-t-il beaucoup Saléma ? Nous en doutons. Sans se l'avouer, il pensait, comme Chamfort, qu'il n'y a en amour que des commencements. Il se plaisait à disposer sa vie comme un drame. Il provoquait les aventures, arrangeait les situations, se passionnait pour l'héroïne, déployait beaucoup de ressources et d'éloquence, et, au dénoûment, il s'esquivait, soit timidité, soit lassitude, ou vague crainte de voir son désir accompli. Sans posséder l'objet aimé, il avait obtenu ce qu'il cherchait : l'émotion, l'enthousiasme, le déplacement du but de l'existence, et

surtout un motif de rêverie amoureuse. Cette rêverie
était tellement intense, que la réalisation n'y eût rien
ajouté.

Revenu à Paris, Gérard eût bien voulu retourner
en Orient; mais sa santé morale, profondément altérée,
et dont il avait conscience, l'empêchait de se hasarder
dans un lointain voyage, et, avec la probité délicate
et scrupuleuse qui le caractérisait, il crut devoir rendre
l'argent qu'il avait reçu d'un ministère pour une mission en Syrie, qu'il ne se sentait plus capable de remplir.

C'est alors qu'il entreprit d'écrire un livre, qui,
depuis longtemps, roulait dans sa pensée et qui semblait se refuser à toute condensation littéraire. Nous
voulons parler d'*Aurélia ou le Rêve et la Vie*, une des
plus étranges productions qui soient sorties d'une plume
humaine. On a dit d'*Aurélia* que c'était le poème de la
Folie se racontant elle-même. Il eût été plus juste
encore de l'appeler la Raison écrivant les mémoires
de la Folie sous sa dictée. Le philosophe y assiste
avec sang-froid aux visions de l'halluciné. Il ne les
dément pas, il ne les combat pas; il les explique,
il en montre le point de départ, il en suit la filiation,
il en détermine les rapports avec les milieux, les circonstances, les accidents, les antériorités et les souvenirs de la veille ou du rêve. On y voit, à propos d'un
amour malheureux, la lutte du pressentiment et de la
volonté, de la fatalité et du libre arbitre. Les ressorts
que fait mouvoir le hasard sont mis à nu, et la moindre
action prend une importance énorme, car un seul mouvement peut ébranler jusqu'à ses dernières limites
le monde des esprits et des choses. Aux rêveries platoniques se mêlent les mystères de la cabale; aux tableaux
du *Songe de Polyphile*, les visions de la *Vita nuova*.

Creuzer avec sa *Symbolique* y coudoie le comte de Gabalis, et le Cazotte du *Diable amoureux* y tient la plume.

Mais, vers la fin de la seconde partie, dont on a trouvé les dernières pages inachevées dans la poche du mort, la raison se trouble, le rêve se change en cauchemar. Les anges blancs de Swedenborg s'envolent pour faire place aux anges noirs et aux djinns de la démonologie orientale. La mélancolie tourne au désespoir, la fatigue à l'accablement. On entre dans cette période que les illuminés appellent le capharnaüm. La lampe, près de s'éteindre, ne jette plus que des lueurs intermittentes, éclairant à demi des fantômes grimaçants et des chimères monstrueuses qui, d'un ton somnolent, murmurent des choses oubliées, incompréhensibles ou vaguement effrayantes. On sent que le dénoûment approche et que ce dénoûment sera fatal.

En effet, avec un cordon qu'il prétendait avoir été la propre jarretière de la reine de Saba, le malheureux Gérard de Nerval termina ses angoisses, et le dernier objet qu'entrevirent ses yeux mourants fut ce corbeau qui lui était déjà apparu sur le pont du navire, quand il allait de Beyrouth à Saint-Jean d'Acre pour demander la rentrée en grâce du père de l'attaké Siti-Saléma. Peut-être, avant d'exécuter sa triste résolution, la maxime druse, avec son inflexible rigueur, lui était-elle revenue à l'esprit :

« La porte est fermée, l'affaire est finie, la plume est émoussée. »

2 novembre 1867, jour des Morts.

HENRI HEINE*

I

La dernière fois que je vis Henri Heine, c'était
quelques semaines avant sa mort; je devais écrire
une courte notice pour la réimpression de ses œuvres :
il gisait sur le lit où le retenait cette indisposition
légère au dire des médecins, mais qui ne lui avait pas
permis de se lever depuis huit ans; on était toujours
sûr de le trouver, comme il le faisait remarquer lui-
même, et cependant, peu à peu, la solitude s'agran-
dissait autour de lui; aussi disait-il à Berlioz, qui était
allé lui rendre visite : « Vous venez me voir, vous !...
toujours original ! » Ce n'était pas qu'on l'aimât et
qu'on l'admirât moins, mais la vie emporte malgré
eux les cœurs les plus fidèles; il n'y a que la mère ou
l'épouse qui puissent ne pas abandonner une si per-
sistante agonie. Les yeux humains ne sauraient, sans
se détourner, contempler trop longtemps le spectacle
de la douleur. Les déesses mêmes s'en lassent, et les
trois mille Océanides qui vinrent consoler Prométhée
sur sa croix du Caucase s'en retournèrent le soir.

* Mort le 17 février 1856. — Ces pages furent écrites aussitôt
après. — Voir note 12, page 351.

Lorsque ma vue se fut accoutumée à la pénombre qui l'entourait, car un jour très vif eût blessé son regard presque éteint, je distinguai un fauteuil près de sa couche de grabataire et j'y pris place. Le poète me tendit avec effort une petite main douce, fluette, mate et blanche comme une hostie, une main de malade soustraite à l'influence du grand air, et qui n'a rien touché, pas même la plume depuis des années; jamais les plus durs osselets de la mort ne furent gantés d'une peau plus suave, plus onctueuse, plus satinée, plus polie. La fièvre, à défaut de la vie, y mettait quelque chaleur, et cependant à son contact j'éprouvai un léger frisson comme si j'avais touché la main d'un être n'appartenant plus à la terre.

De l'autre main, pour me voir, il avait soulevé la paupière paralysée de l'œil qui, chez lui, conservait une perception confuse des objets et lui laissait encore deviner un rayon de soleil comme à travers une gaze noire. Après quelques phrases échangées, quand il sut le motif de ma venue il me dit : « Ne vous apitoyez pas trop sur moi; la vignette de *la Revue des Deux Mondes*, où l'on me représente émacié et penchant la tête comme un Christ de Moralès, a déjà trop ému en ma faveur la sensibilité des bonnes gens; je n'aime pas les portraits qui ressemblent, je veux être peint en beau comme les jolies femmes. Vous m'avez connu lorsque j'étais jeune et florissant; substituez mon ancienne image à cette piteuse effigie. »

En effet, le Henri Heine à qui j'avais été présenté en 183..., peu de temps après son arrivée à Paris*, ne ressemblait guère à celui qui, alors, étendu sous mes

---

* La date indiquée par Gautier peut être complétée : c'est 1831, ou début de 1832. — Heine vint à Paris dès le printemps de 1831.

yeux, immobile comme un corps qui attend qu'on le couche au cercueil.

C'était un bel homme de trente-cinq ou trente-six ans ayant les apparences d'une santé robuste; on eût dit un Apollon germanique, à voir son haut front blanc, pur comme une table de marbre, qu'ombrageaient d'abondantes masses de cheveux blonds. Ses yeux bleus pétillaient de lumière et d'inspiration; ses joues rondes, pleines, d'un contour élégant, n'étaient pas plombées par la lividité romantique à la mode à cette époque. Au contraire, les roses vermeilles s'y épanoûissaient classiquement; une légère courbure hébraïque dérangeait, sans en altérer la pureté, l'intention qu'avait eue son nez d'être grec; ses lèvres harmonieuses « assorties comme deux belles rimes », pour nous servir d'une de ses phrases, gardaient au repos une expression charmante; mais, lorsqu'il parlait, de leur arc rouge jaillissaient en sifflant des flèches aigues et barbelées, des dards sarcastiques ne manquant jamais leur but; car jamais personne ne fut plus cruel pour la sottise : au sourire divin du musagète succédait le ricanement du satyre.

Un léger embonpoint païen que devait expier plus tard une maigreur toute chrétienne arrondissait ses formes; il ne portait ni barbe, ni moustache, ni favoris, ne fumait pas, ne buvait pas de bière, et, comme Gœthe, avait horreur de trois choses : il était alors dans toute sa ferveur hégélienne; s'il lui répugnait de croire que Dieu s'était fait homme, il admettait sans difficulté que l'homme s'était fait dieu, et il se comportait en conséquence. Laissons-le parler lui-même et raconter ce splendide enivrement intellectuel.

« J'étais moi-même la loi vivante de morale, j'étais impeccable, j'étais la pureté incarnée; les Madeleines

les plus compromises furent purifiées par les flammes
de mes ardeurs et redevinrent vierges entre mes bras :
ces restaurations de virginités faillirent parfois, il est
vrai, épuiser mes saintes forces; j'étais tout amour
et tout exempt de haine; je ne me vengeais plus de
mes ennemis; car je n'admettais pas d'ennemis vis-à-vis
de ma divine personne, mais seulement des mécréants,
et le tort qu'ils me faisaient était un sacrilége, comme
les injures qu'ils me disaient étaient autant de blas-
phèmes. Il fallait bien de temps en temps punir de
telles impiétés, mais c'était un châtiment divin qui
frappait le pécheur, et non une vengeance par rancune
humaine. Je ne connaissais pas non plus à mon égard
des amis, mais bien des fidèles, des croyants, et je
leur faisais beaucoup de bien. Les frais de représentation d'un dieu qui ne saurait être chiche et qui ne
ménage ni sa bourse ni son corps sont énormes. Pour
faire ce métier superbe, il faut avant tout être doté de
beaucoup d'argent et de beaucoup de santé; or, un
beau matin, c'était à la fin du mois de février 1848, —
ces deux choses me firent défaut, et ma divinité en
fut tellement ébranlée, qu'elle s'écroula misérable-
ment. »

Je vis beaucoup Heine pendant cette période divine :
c'était un dieu charmant — malin comme un diable —
et très bon, quoi qu'on en ait pu dire. Qu'il me regardât
comme son ami ou comme son croyant, cela ne m'im-
portait guère, pourvu que je pusse jouir de son étincelante conversation; car, s'il fut prodigue de son
argent et de sa santé, il le fut encore davantage de son
esprit. Quoiqu'il sût très bien le français, quelquefois
il s'amusait à déguiser ses sarcasmes d'une forte pro-
nonciation tudesque qui eût exigé, pour être reproduite,
les étranges onomatopées par lesquelles Balzac figure,

dans sa *Comédie humaine*, les phrases baroques du baron de Nucingen; l'effet comique en était alors irrésistible, c'était Aristophane parlant avec la pratique d'Eulenspiegel.

A son lyrisme se mêlait une sorte de force joyeuse, et, si le clair de lune allemand argentait un des côtés de sa physionomie, le gai soleil de France dorait l'autre. Nul écrivain n'eut à la fois tant de poésie et tant d'esprit; deux choses qui se détruisent ordinairement; quant à la sensibilité nerveuse qui fait le charme de *l'Intermezzo*, du *Tambour Legrand*, des *Bains de Lucques* et de tant de pages des *Reisebilder*, il la cachait dans la vie ordinaire avec une pudeur exquise, et arrêtait à temps par un bon mot la larme qui eût débordé.

Pour sa mise, quoiqu'il n'eût aucune prétention de dandysme, elle était plus soignée que ne l'est ordinairement celle des littérateurs, où toujours quelque négligence gâte des velléités de luxe. Les divers appartements qu'il habita n'avaient pas ce qu'on appelle aujourd'hui le cachet artiste, c'est-à-dire n'étaient pas encombrés de buffets sculptés, d'esquisses, de statuettes et autres curiosités de bric-à-brac, mais présentaient au contraire un confortable bourgeois où la volonté d'éviter l'excentrique semblait manifeste. Un beau portrait de femme par Laëmlein représentant cette Juliette dont le poète parle dans le début d'*Atta-Troll*, est le seul objet d'art que je me souvienne d'y avoir vu.

Pour affermir sa divinité qui chancelait un peu, Henri Heine alla passer la saison des bains à Cauterets, où il composa ce singulier poème dont un ours est le héros, mêlant à la poésie la plus idéale les caprices les plus grotesques, et je le perdis de vue quelque temps.

II

Un matin, l'on vint me dire qu'un étranger, dont je ne pus comprendre le nom défiguré par le domestique, demandait à me parler. Je descendis dans la pièce où je recevais les visiteurs, et je vis un homme très maigre dont le masque rappelait celui de Géricault, et se terminait par une barbe pointue et fauve, déjà mêlée de beaucoup de fils d'argent. Je cherchai dans mes souvenirs quel pouvait être cet hôte matinal qui me saluait de mon petit nom et me tendait la main avec la franche cordialité d'un vieil ami. Je ne parvins pas à mettre un nom sur cette figure ainsi changée; mais, au bout de quelques minutes de conversation, à un trait d'esprit de l'inconnu, je m'écriai : « C'est le diable ou c'est Heine ! » C'était Heine en effet, de dieu devenu homme.

A quelques mois de là, Henri Heine prit le lit pour ne plus le quitter : il resta huit ans cloué sur la croix de la paralysie par les clous de la souffrance. Pendant cette longue agonie, il offrit le phénomène de l'âme vivant sans corps, de l'esprit se passant de la matière; la maladie l'avait atténué, émacié, disséqué comme à plaisir, et dans la statue du dieu grec taillait, avec la patience minutieuse d'un artiste du moyen âge, un Christ décharné jusqu'au squelette, où les nerfs, les tendons, les veines apparaissaient en saillie. Ainsi dépouillé, il était beau encore; et, lorsqu'il relevait sa paupière appesantie, une étincelle jaillissait de sa prunelle presque aveugle; le génie ressuscitait cette face morte; Lazare sortait de son caveau pendant quelques minutes : ce spectre, qui semblait dans ses linceuls une effigie funèbre couchée sur un monument, trouvait une voix pour causer, pour rire, pour lancer de spirituelles ironies, pour dicter des pages charmantes, pour donner l'essor à des strophes ailées, et, aux jours où la pierre de sa tombe lui meurtrissait plus durement les reins, pour gémir des lamentations aussi tristes que celles de Job sur son fumier. Ses amis devraient se réjouir de ce que cette atroce torture soit terminée enfin, et que le bourreau invisible ait donné le coup de grâce au pauvre supplicié; mais penser que ce cerveau lumineux, pétri de rayons et d'idées, d'où les images sortaient en bourdonnant comme des abeilles d'or, il ne reste plus aujourd'hui qu'un peu de pulpe grisâtre, est une douleur qu'on n'accepte pas sans révolte. C'est vrai, il était cloué vivant dans sa bière; mais, en approchant l'oreille, on entendait la poésie chanter sous le drap noir. Quel deuil de voir un de ces microcosmes plus vastes que l'univers et contenus par l'étroite voûte d'un crâne, brisé, perdu, anéanti! Quelles lentes combinaisons il faudra à la nature pour former une tête pareille!

Henri Heine était né le 1er janvier de l'année 1801, ce qui lui faisait dire en riant qu'il était le premier homme du siècle. Topffer remarque l'inconvénient qu'il y a, lorsqu'on vieillit, à porter le millésime de son siècle, qui vous avertit perpétuellement de votre âge et semble vous entraîner avec lui. Heine a quitté son compagnon à la cinquante-sixième étape*.

Il faisait un temps froid, gris, brumeux; l'heure indiquée pour le convoi était matinale; quelques rares

---

* Le bon Théo, comme tous les camarades de Heine, avait été trompé par la boutade du poète. Celui-ci naquit le 12 décembre 1799.

amis et admirateurs se promenaient devant la maison
mortuaire, attendant que l'on se mît en marche pour
le cimetière. Le poète avait défendu toute pompe,
toute cérémonie; il se regardait comme mort depuis
longtemps, et il voulait que le peu qui restait de lui
fût emporté silencieusement de cette chambre qu'il
ne devait quitter que pour la tombe. — La vue du
cercueil, très large, très long, très lourd, où la mince
dépouille était couchée plus à l'aise que dans son lit,
nous fit souvenir involontairement de ce passage de
l'Intermezzo : « Allez me chercher une bière de planches
solides et épaisses : il faut qu'elle soit plus longue
que le pont de Mayence; et amenez-moi douze géants
encore plus forts que le vigoureux saint Christophe
du dôme de Cologne, sur le Rhin; il faut qu'ils emportent le cercueil et le jettent à la mer; un aussi grand
cercueil demande une grande fosse. Savez-vous pourquoi il faut que le cercueil soit si grand et si lourd ?
J'y déposerai en même temps mon amour et mes
souffrances. »

En effet, la bière n'était pas trop grande; et, si on
ne la jeta pas à la mer, on la descendit dans un caveau
provisoire, en présence des poètes et des artistes français ou allemands, peu nombreux, qui se tenaient là
respectueusement rangés, sachant qu'ils assistaient
aux funérailles d'un roi de l'esprit, quoiqu'il n'y eût
ni long cortége, ni musique lugubre, ni tambours
voilés, ni drap noir constellé d'ordres, ni discours
empathique, ni trépieds couronnés de flammes vertes.
La dalle refermée, chacun redescendit la triste colline
et se perdit dans l'immense fourmillement de la vie
humaine.

Peu de poètes nous ont ému et troublé autant que
Heine. — Nous ne savons pas l'allemand, il est vrai,

et n'avons pu l'admirer qu'à travers la traduction; mais quel homme doit être celui qui, dénué du rhythme, de la rime, de l'heureux arrangement des mots, de tout ce qui fait le style enfin, produit encore des effets si magiques ! — Heine est le plus grand lyrique de l'Allemagne, et se place naturellement à côté de Gœthe et de Schiller; tel il nous apparaît, bien que la poésie traduite en prose ne soit que du clair de lune empaillé, comme il le dit lui-même.

Jamais nature ne fut composée d'éléments plus divers que celle de Henri Heine; il était à la fois gai et triste, sceptique et croyant, tendre et cruel, sentimental et persifleur, classique et romantique, Allemand et Français, délicat et cynique, enthousiaste et plein de sang-froid; tout, excepté ennuyeux. A la plastique grecque la plus pure il joignait le sens moderne le plus exquis; c'était vraiment l'Euphorion, enfant de Faust et de la belle Hélène.

Ce n'est pas ici la place de faire une appréciation de son œuvre, qui parlera d'elle-même, mais nous pouvons du moins en rendre l'impression. Quand on ouvre un volume de Heine, il vous semble entrer dans un de ces jardins qu'il aime à décrire; les sphinx de marbre de l'escalier aiguisent leurs griffes sur l'angle des piédestaux, et vous regardent de leurs yeux blancs avec une intensité inquiétante; des frissons courent sur leur croupe léonine, leur gorge de femme palpite comme si un cœur battait sous le contour rigide; les portes gémissent en tournant sur leurs gonds rouillés, et l'on croit voir un pli de robe disparaître sous l'arceau, comme si l'âme de la solitude s'enfuyait, surprise par votre approche. La mousse, l'ortie et la bardane ont poussé entre les dalles disjointes de la terrasse; les charmilles non élaguées vous retiennent au passage

par leurs branches et vous supplient de ne pas aller
plus loin. Les roses semblent saigner au milieu des
ronces, et les gouttes de pluie suspendues à leurs
pétales brillent comme des larmes; les fleurs, étouffées
par les mauvaises herbes, ont des parfums étranges
qui asphyxient et donnent le vertige. Dans le bassin,
l'eau noire croupit sous les lentilles vertes, et la naïade
tronquée est camarde comme le masque pâle de la
Mort. Le crapaud sautelle à travers les sentiers et va
conter votre venue à sa tante la vipère. Cependant, le
vent soupire ses élégies et le rossignol chante ses
peines d'amours perdues; à la fenêtre du manoir
délabré apparaît une jeune fille, blonde et fraîche,
serrée dans sa robe de satin, pareille à ces jolies Néer-
landaises que Gaspard Nestcher aime à peindre dans
un cadre de pierre ou de vigne vierge; elle est charmante, mais elle n'a pas de cœur, et dans son sein se
condense un petit glacier. Jamais elle n'aura de torts
envers vous; mais, si vous avez de l'âme et des nerfs,
mieux vaudrait être épris de ces femmes qui portent le
vice peint en rouge sur la joue. Elle vous fera mourir
avec mille supplices innocemment diaboliques, et, au
jour du jugement, vous ne voudrez pas ressusciter, de
peur de la revoir !

Heine a cela de commun avec Gœthe, qu'il fait des
femmes vraies. Une touche lui suffit pour qu'une
figure se dessine vivante et complète. Quel charme
décevant, quelle langueur perfide, quel rire d'hyène,
quelles larmes de crocodile, quelle froideur brûlante,
quelle flamme glacée, quelle coquetterie féline ! Jamais
poète n'a mieux fait frétiller le bout de queue du dragon
au coin d'une lèvre rose; et avec quelle conviction il
dit de Lusignan, l'amant de Mélusine : « Heureux
homme dont la maîtresse n'était serpent qu'à moitié ! »

Si Heine a sculpté dans le paros le plus étincelant des statues de dieux grecs et des bas-reliefs de bacchanales aussi purs de forme que l'antique, il est au moins l'égal d'Uhland et de Tieck lorsqu'il raconte les légendes catholiques et chevaleresques du moyen âge. Il tire du cor merveilleux d'Achim d'Arnim et de Brentano des fanfares qui font tressaillir les cerfs au fond des forêts et s'abattre le pont-levis des manoirs féodaux. Quand il s'élance sur son destrier, il frôle bientôt de sa botte la jupe armoriée de la châtelaine en chasse, et nul ne manie l'épieu de meilleure grâce.

Nos mœurs littéraires, très adoucies, peuvent faire paraître d'une grande cruauté quelques-unes des exécutions de Henri Heine; il est impitoyable pour les mauvais poètes; mais Apollon n'a-t-il pas le droit d'écorcher Marsyas? La main qui tient la lyre d'or tient aussi le couteau pour disséquer le grossier satyre. — Terminons par cette page du livre de *Lazare*; elle donnera une idée de la manière du poète, qui sait maintenant à quoi s'en tenir sur cette terrible question :

« La pauvre âme dit au corps : — Je ne te quitte pas, je reste avec toi; avec toi, je veux m'abîmer dans la nuit et la mort, avec toi boire le néant. Tu as toujours été mon second moi, tu m'enveloppais amoureusement comme un vêtement de satin doucement doublé d'hermine; hélas ! il faut maintenant que, toute nue, toute dépouillée de mon cher corps, un être purement abstrait, je m'en aille errer là-haut comme un rien bienheureux, dans le royaume de lumière, dans ces froids espaces du ciel où les éternités silencieuses me regardent en bâillant; elles se traînent là, pleines d'ennui, et font un claquement insipide avec leurs pantoufles de plomb ! Oh ! cela est effroyable ! Oh ! reste, avec moi, mon corps bien-aimé !

» Le corps dit à la pauvre âme : — Oh ! console-toi, ne t'afflige pas ainsi. Nous devons supporter en paix le sort que nous fait le destin. J'étais la mèche de la lampe, il faut bien que je me consume : toi, l'esprit, tu seras choisi là-haut pour briller, jolie petite étoile de la clarté la plus pure. Je ne suis qu'une guenille, moi. Je ne suis qu'une matière : vaine fusée, il faut que je m'évanouisse et que je redevienne ce que j'ai été — un peu de cendre. Adieu donc et console-toi. Peut-être, d'ailleurs, s'amuse-t-on dans ce ciel beaucoup plus que tu ne penses. Si tu rencontres la Grande-Ourse à la voûte des astres, salue-la mille fois de ma part. »

BAUDELAIRE

Mort de Baudelaire *

Depuis longtemps déjà la mort tournait autour de
Charles Baudelaire ; elle lui avait posé son maigre doigt
sur le front, et la paralysie avait rendu inerte ce corps
naguère agile et plein de souplesse. Puis elle s'en était
allée, sûre de le retrouver désormais immobile à la
place où elle l'avait laissé.

Plus tard, elle était revenue et lui avait, avec la
mémoire des mots, enlevé la parole, ôtant le verbe à
l'idée et rendant muet ce cerveau toujours actif. Les
mains ne pouvaient plus écrire ; et qu'auraient-elles
écrit puisqu'il ne leur venait plus rien de ce repli
mystérieux de la pulpe cérébrale où en caractères
invisibles sont tracées les colonnes de ce dictionnaire
que feuillette l'âme pour communiquer avec les
hommes ?

Cependant la pensée intransmissible brillait dans les
yeux du malade, la pensée se traduisant elle-même
par des formules inconnues, des images, des lueurs,
des sonorités, des accords remplaçant le langage
évanoui. L'intelligence n'était pas éteinte, mais brû-

---

* 21 août 1867. — La notice que l'on va lire parut quelques jours
plus tard dans *le Moniteur*. (Voir notre note 13, page 352.)

lait comme une lampe dans un cachot, visible seulement aux étroites ouvertures des soupiraux. Quel horrible supplice ! comprendre et ne pouvoir répondre, et sentir les mots jadis si dociles et si apprivoisés s'envoler, au moindre essai d'entretien, comme des essaims d'oiseaux farouches ! La Mort a eu enfin pitié, et cette torture s'est achevée la semaine dernière. Le bourreau a donné le coup de grâce si longtemps suspendu.

On a beau dire que cela est bien ainsi, qu'il valait mieux mourir que prolonger une telle vie et qu'errer comme le spectre de soi-même sous un soleil qui ne vous réchauffait plus; on n'en éprouve pas moins une douleur profonde; l'absolu de la mort se posant sur un être cher, connu depuis maintes années, mêlé çà et là à votre vie et à votre pensée, cause toujours une stupeur dont on a peine à se remettre. — Eh quoi ! cet esprit si fin, si ingénieux, si plein de curiosité et de recherche, soufflé comme une bougie par la froide haleine qui nous éteindra tous ! — Cette sphère brillant de toutes les couleurs, ce monde d'idées, d'images, de rêves, crevé comme ces bulles qui montent du fond de l'eau ! De tout cela plus rien, du moins de perceptible pour nous, car ce globule, en s'évanouissant à la surface du sombre océan des choses, produit peut-être des ondulations jusqu'aux limites de notre univers au delà de Saturne, d'Uranus et de Neptune.

Quoique son existence ait été courte, — il avait quarante six ans à peine, — Charles Baudelaire a eu le temps de s'affirmer et d'écrire son nom sur cette muraille du dix neuvième siècle chargée déjà de tant de signatures dont beaucoup ne sont plus lisibles. La sienne y restera, nous n'en doutons pas, car elle désigne un talent original et fort, dédaigneux jusqu'à l'excès des banalités qui facilitent la vogue, n'aimant que le rare,

le difficile. et l'étrange, d'une haute conscience littéraire, n'abandonnant à travers les nécessités de la
vie une œuvre que lorsqu'il la croyait parfaite, pesant
chaque mot comme les avares de Quintin Matsys
pèsent un ducat suspect, revoyant dix fois une
épreuve, soumettant le poète au subtil critique
qui était en lui, et cherchant avec un effort infatigable
l'idéal particulier qu'il s'était fait.

Possédant à fond la langue anglaise, il débuta par
des traductions d'Egar Poe, traductions tellement
excellentes qu'elles semblent des œuvres originales
et que la pensée de l'auteur gagne à passer d'un
idiome dans l'autre. Baudelaire a naturalisé en France
cet esprit d'une imagination si savamment bizarre
près de qui Hoffmann n'est plus que le Paul de Kock
du fantastique. Grâce à Baudelaire, nous avons eu
la surprise si rare d'une saveur littéraire totalement
inconnue. Notre palais intellectuel a été étonné comme
lorsqu'on boit à l'Exposition universelle quelques-unes
de ces boissons américaines, mélange pétillant de glace,
de soda water, de gingembre et autres ingrédients
exotiques. Dans quelle ivresse vertigineuse nous a jeté
la lecture du *Scarabée d'or*, de *la Maison Usher*, du
Cas de monsieur Waldemar, du *Roi Peste*, de *Monosuna*,
des *Dents de Bénénice* et de toutes ces histoires si
bien qualifiées d'extraordinaires ! Ce fantastique fait
par des procédés d'algèbre et entremêlé de science, ces
contes, comme *l'Assassinat de la rue Morgue*, pour-
suivis avec la rigueur d'une enquête judiciaire, et
surtout *la Lettre volée*, qui pour la sagacité des inductions
en remontrerait aux plus fins limiers de police, surexci-
taient au plus haut point la curiosité, et le nom de
Baudelaire devenait en quelque sorte inséparable
du nom de l'auteur américain.

Ces traductions étaient précédées d'un travail des plus intéressants sur Edgar Poe au point de vue biographique et métaphysique. On ne pouvait analyser plus finement ce génie d'une excentricité qui semble parfois toucher à la folie, et dont le fond est une logique impitoyable poussant à bout les conséquences d'une idée. Ce mélange d'emportement et de froideur, d'ivresse et de procédés mathématiques, cette raillerie stridente traversée d'effusions lyriques de la plus haute poésie, furent admirablement compris par Baudelaire. Il s'était épris de la plus vive sympathie pour ce caractère altier et bizarre qui choqua si fort le *cant* américain, une variété désagréable du *cant* anglais, et la fréquentation assidue de ·cet esprit vertigineux exerça une grande influence sur lui. Edgar Poe n'était pas seulement un conteur d'histoires extraordinaires, un journaliste que nul n'a dépassé dans l'art de lancer un canard scientifique, le mystificateur par excellence de la crédulité béante, c'était aussi un esthéticien de première force, un très grand poète, d'un art très raffiné et très compliqué. Son poème du *Corbeau* arrive par la gradation des strophes et la persistance inquiétante du refrain à un effet intense de mélancolie, de terreur et de pressentiment fatal dont il est difficile de se défendre. Ce n'est pas faire tort à l'originalité de Baudelaire de dire qu'on retrouve dans *les Fleurs du mal* comme un reflet de la manière mystérieuse d'Edgar Poe sur un fond de couleur romantique.

Il y a quelques années, comme il n'est pas dans nos habitudes d'attendre que nos amis soient morts pour faire leur éloge, nous avions fait une notice sur Baudelaire, imprimée en tête d'un extrait de ses poésies, inséré au recueil des poètes français, où se trouve ce passage sur *les Fleurs du mal*, l'œuvre la plus importante

et la plus originale de l'auteur. Cette page ne saurait
être suspecte de complaisance posthume, et ce que
nous avons dit du poète vivant, nous pouvons le
répéter à propos du poète mort si prématurément et
si malheureusement.

« On lit dans les Contes de Nathaniel Hawthorne la
description d'un jardin singulier, où un botaniste
toxicologue a réuni la flore des plantes vénéneuses. Ces
plantes, aux feuillages bizarrement découpés, d'un
vert noir ou minéralement glauque, comme si le sulfate
de cuivre les teignait, ont une beauté sinistre et formidable. On les sent dangereuses malgré leur charme;
elles ont dans leur attitude hautaine, provocante
ou perfide, la conscience d'un pouvoir immense ou
d'une séduction irrésistible. De leurs fleurs férocement
bariolées et tigrées, d'un pourpre semblable à du sang
figé ou d'un blanc chlorotique, s'exhalent des parfums
âcres, pénétrants, vertigineux. Dans leurs calices
empoisonnés, la rosée se change en *aqua-toffana*, et
il ne voltige autour d'elles que des cantharides cui-
rassées d'or vert, ou des mouches d'un bleu d'acier
dont la piqûre donne le charbon. L'euphorbe, l'aconit,
la jusquiame, la ciguë, la belladone y mêlent leurs
froids virus aux ardents poisons des tropiques et de
l'Inde. Le mancenillier y montre ses petites pommes
mortelles comme celles qui pendaient à l'arbre de
science; l'upa y distille son suc laiteux plus corrosif
que l'eau-forte. Au-dessus du jardin flotte une vapeur
malsaine qui étourdit les oiseaux lorsqu'ils la traversent.
Cependant la fille du docteur vit impunément dans
ces miasmes méphitiques. Ses poumons aspirent sans
danger cet air où tout autre qu'elle et son père boirait
une mort certaine. Elle se fait des bouquets de ces
fleurs, elle en pare ses cheveux, elle en parfume son

sein, elle en mordille les pétales comme les jeunes
filles font des roses. Saturée lentement de sucs vénéneux, elle est devenue elle-même un poison vivant
qui neutralise tous les toxiques. Sa beauté, comme celle
des plantes de son jardin, a quelque chose d'inquiétant,
de fatal et de morbide. Ses cheveux, d'un noir bleu,
tranchent sinistrement sur sa peau, d'une pâleur
mate et verdâtre, où éclate sa bouche qu'on dirait
empourprée à quelque baie sanglante. Un sourire fou
découvre des dents enchâssées dans des gencives d'un
rouge sombre, et ses yeux fixes fascinent comme ceux
des serpents. On dirait une de ces Javanaises, vampires
d'amour, succubes diurnes, dont la passion tarit en
quinze jours le sang, les moelles et l'âme d'un Européen.
Elle est vierge pourtant la fille du docteur, et languit
dans la solitude. L'amour essaye en vain de s'acclimater
à cette atmosphère, hors de laquelle elle ne saurait vivre.

» Nous n'avons jamais lu *les Fleurs du mal* de Ch.
Baudelaire sans penser involontairement à ce conte de
Hawthorne; elles ont ces couleurs sombres et métalliques, ces frondaisons vert-de-grisées et ces odeurs
qui portent à la tête. Sa muse ressemble à la fille du
docteur, qu'aucun poison ne saurait atteindre, mais
dont le teint, par sa matité exsangue, trahit le milieu
qu'elle habite. »

Cette comparaison plaisait à Baudelaire, et il aimait
à y reconnaître la personnification de son talent. Il
se glorifiait aussi de cette phrase d'un grand poète :
« Vous dotez le ciel de l'art d'on ne sait quel rayon
macabre; vous créez un frisson nouveau. »*

Baudelaire était un critique d'art d'une sagacité par-

---

* On sait que cette phrase fut écrite par Hugo, dans une lettre à
Baudelaire. — Ici, nous supprimons une quarantaine de lignes qui
feraient double emploi avec la notice suivante.

faite, et il apportait dans l'appréciation de la peinture
une subtilité métaphysique et une originalité de point
de vue qui font regretter qu'il n'ait pas consacré plus
de temps à ce genre de travail. Les pages qu'il a écrites
sur Delacroix sont des plus remarquables.

Vers la fin de sa vie, il a fait quelques courts poèmes
en prose, mais en prose rhythmée, travaillée et polie
comme la poésie la plus condensée; ce sont des fantaisies étranges, des paysages de l'autre monde, des
figures inconnues qu'il vous semble avoir vues ailleurs,
des réalités spectrales et des fantômes ayant une
réalité terrible. Ces pièces ont paru un peu au hasard,
çà et là, dans diverses revues, et il serait à désirer
qu'on les réunît en volume en y ajoutant celles que
l'auteur pouvait avoir gardées en portefeuille.

Ce serait la couronne la plus convenable à déposer
sur sa tombe. L'ami fidèle qui a veillé jusqu'à la fin
l'agonie de Baudelaire, Charles Asselineau, remplira
sans doute ce devoir pieux. Nul n'est plus propre
qu'Asselineau à tresser cette guirlande suprême, lui
qui a ramassé en de si jolis volumes les bouquets séchés
du romantisme.

CHARLES BAUDELAIRE*

(ÉCRIT EN 1868)

I

La première fois que nous rencontrâmes Baudelaire,
ce fut vers le milieu de 1843, à l'hôtel Pimodan, où

---

* Ces pages furent écrites en février 1868 et parurent aussitôt dans
le Monde illustré (Voir aussi notes 14 et 15, p. 353 et 354.)

nous occupions, près de Fernand Boissard, un appartement fantastique qui communiquait avec le sien par un escalier dérobé caché dans l'épaisseur du mur, et que devaient hanter les ombres des belles dames aimées jadis de **Lauzun**. Il y avait là cette superbe Maryx qui, toute jeune, a posé pour la *Mignon* de Scheffer, et, plus tard, pour *la Gloire distribuant des couronnes* de **Paul Delaroche**, et cette autre beauté, alors dans toute sa splendeur, dont Clesinger tira *la Femme au serpent*, ce marbre où la douleur ressemble au paroxysme du plaisir et qui palpite avec une intensité de vie que le ciseau n'avait jamais atteinte et qu'il ne dépassera pas.

Charles Baudelaire était encore un talent inédit, se préparant dans l'ombre pour la lumière, avec cette volonté tenace qui, chez lui, doublait l'inspiration; mais son nom commençait déjà à se répandre parmi les poètes et les artistes avec un certain frémissement d'attente, et la jeune génération, venant après la grande génération de 1830, semblait beaucoup compter sur lui. Dans le cénacle mystérieux où s'ébauchent les réputations de l'avenir, il passait pour le plus fort. Nous avions souvent entendu parler de lui, mais nous ne connaissions aucune de ses œuvres.

Son aspect nous frappa : il avait les cheveux coupés très ras et du plus beau noir; ces cheveux, faisant des pointes régulières sur le front d'une éclatante blancheur, le coiffaient comme une espèce de casque sarrasin; les yeux, couleur de tabac d'Espagne, avaient un regard spirituel, profond, et d'une pénétration peut-être un peu trop insistante; quant à la bouche, meublée de dents très blanches, elle abritait, sous une légère et soyeuse moustache ombrageant son contour, des sinuosités mobiles, voluptueuses et ironi-

ques comme les lèvres des figures peintes par Léonard
de Vinci; le nez, fin et délicat, un peu arrondi, aux
narines palpitantes, semblait subodorer de vagues
parfums lointains; une fossette vigoureuse accen-
tuait le menton comme le coup de pouce final du
statuaire; les joues, soigneusement rasés, contras-
taient, par leur fleur bleuâtre que veloutait la poudre
de riz, avec les nuances vermeilles des pommettes;
le cou, d'une élégance et d'une blancheur féminines,
apparaissait dégagé, partant d'un col de chemise
rabattu et d'une étroite cravate en madras des Indes
et à carreaux.

Son vêtement consistait en un paletot d'une étoffe
noire lustrée et brillante, un pantalon noisette, des
bas blancs et des escarpins vernis, le tout méticu-
leusement propre et correct, avec un cachet voulu
de simplicité anglaise et comme l'intention de se
séparer du genre artiste, à chapeaux de feutre mou,
à vestes de velours, à vareuses rouges, à barbe prolixe
et à crinière échevelée. Rien de trop frais ni de trop
voyant dans cette tenue rigoureuse. Charles Baudelaire appartenait à ce dandysme sobre qui râpe ses
habits avec du papier de verre pour leur ôter l'éclat
endimanché et tout battant neuf si cher au philistin
et si désagréable pour le vrai gentleman. Plus tard
même, il rasa sa moustache, trouvant que c'était un
reste de vieux chic pittoresque qu'il était puéril et
bourgeois de conserver. Ainsi dégagée de tout duvet
superflu, sa tête rappelait celle de Lawrence Sterne,
ressemblance qu'augmentait l'habitude qu'avait Baudelaire d'appuyer, en parlant, son index contre sa
tempe; ce qui est, comme on sait, l'attitude du
portrait de l'humoriste anglais, placé au commencement de ses œuvres. Telle est l'impression physique

que nous a laissée, à cette première entrevue, le futur
auteur des *Fleurs du mal*.

Nous trouvons dans les *Nouveaux Camées parisiens*,
de Théodore de Banville, l'un des plus chers et des
plus constants amis du poète dont nous déplorons la
perte, ce portrait de jeunesse et pour ainsi dire avant la
lettre. Qu'on nous permette de transcrire ici ces lignes
de prose, égales en perfection aux plus beaux vers;
elles donnent de Baudelaire une physionomie peu
connue et rapidement effacée qui n'existe que là.

« Un portrait peint par Émile Deroy, et qui est un
des rares chefs-d'œuvre trouvés par la peinture
moderne, nous montre Charles Baudelaire à vingt ans,
au moment où, riche, heureux, aimé, déjà célèbre, il
écrivait ses premiers vers, acclamés par le Paris qui
commande à tout le reste du monde ! O rare exemple
d'un visage réellement divin, réunissant toutes les
chances, toutes les forces et les séductions les plus
irrésistibles ! Le sourcil est pur, allongé, d'un grand
arc adouci, et couvre une paupière orientale, chaude,
vivement colorée; l'œil, long, noir, profond, d'une
flamme sans égale, caressant et impérieux, embrasse,
interroge et réfléchit tout ce qui l'entoure; le nez,
gracieux, ironique, dont les plans s'accusent bien et
dont le bout, un peu arrondi et projeté en avant, fait
tout de suite songer à la célèbre phrase du poète :
*Mon âme voltige sur les parfums, comme l'âme des
autres hommes voltige sur la musique !* La bouche est
arquée et affinée déjà par l'esprit, mais à ce moment
pourprée encore et d'une belle chair qui fait songer
à la splendeur des fruits. Le menton est arrondi, mais
d'un relief hautain, puissant comme celui de Balzac.
Tout ce visage est d'une pâleur chaude, brune, sous
laquelle apparaissent les tons roses d'un sang riche

et beau; une barbe enfantine, idéale, de jeune dieu, la décore; le front, haut, large, magnifiquement dessiné, s'orne d'une noire, épaisse et charmante chevelure qui, naturellement ondulée et bouclée comme celle de Paganini, tombe sur un col d'Achille ou d'Antinoüs! » [10]

Il ne faudrait pas prendre ce portrait tout à fait au pied de la lettre, car il est vu à travers la peinture et à travers la poésie, et embelli par une double idéalisation; mais il n'en est pas moins sincère et fut exact à son moment. Charles Baudelaire a eu son heure de beauté suprême et d'épanouissement parfait, et nous le constatons d'après ce fidèle témoignage. Il est rare qu'un poète, qu'un artiste soit connu sous son premier et charmant aspect. La réputation ne lui vient que plus tard, lorsque déjà les fatigues de l'étude, la lutte de la vie et les tortures des passions ont altéré sa physionomie primitive : il ne laisse de lui qu'un masque usé, flétri, où chaque douleur a mis pour stigmate une meurtrissure ou une ride. C'est cette dernière image, qui a sa beauté aussi, dont on se souvient. Tel fut Alfred de Musset tout jeune. On eût dit Phœbus-Apollon lui-même avec sa blonde chevelure, et le médaillon de David nous le montre presque sous la figure d'un dieu. — A cette singularité qui semblait éviter toute affectation se mêlait une certaine saveur exotique et comme un parfum lointain de contrées plus aimées du soleil. On nous dit que Baudelaire avait voyagé longtemps dans l'Inde, et tout s'expliqua.

Contrairement aux mœurs un peu débraillées des artistes, Baudelaire se piquait de garder les plus étroites convenances, et sa politesse était excessive jusqu'à paraître maniérée. Il mesurait ses phrases, n'employait que les termes les plus choisis, et disait certains mots d'une façon particulière, comme s'il eût voulu les souligner et leur donner une importance mystérieuse. Il avait dans la voix des italiques et des majuscules initiales. La charge, très en honneur à Pimodan, était dédaignée par lui comme artiste et grossière; mais il ne s'interdisait pas le paradoxe et l'outrance. D'un air très simple, très naturel et parfaitement détaché, comme s'il eût débité un lieu commun à la Prudhomme sur la beauté ou la rigueur de la température, il avançait quelque axiome sataniquement monstrueux ou soutenait avec un sang-froid de glace quelque théorie d'une extravagance mathématique, car il apportait une méthode rigoureuse dans le développement de ses folies. Son esprit n'était ni en mots ni en traits, mais il voyait les choses d'un point de vue particulier qui en changeait les lignes comme celles des objets qu'on regarde à vol d'oiseau ou en plafond, et il saisissait des rapports inappréciables pour d'autres et dont la bizarrerie logique vous frappait. Ses gestes étaient lents, rares et sobres, rapprochés du corps, car il avait en horreur la gesticulation méridionale. Il n'aimait pas non plus la volubilité de parole, et la froideur britannique lui semblait de bon goût. On peut dire de lui que c'était un dandy égaré dans la bohème, mais y gardant son rang et ses manières et ce culte de soi-même qui caractérise l'homme imbu des principes de Brummel.

II

Tel il nous apparut à cette première rencontre, dont le souvenir nous est aussi présent que si elle avait eu lieu hier, et nous pourrions, de mémoire, en dessiner le tableau.

Nous étions dans ce grand salon du plus pur style Louis XIV, aux boiseries rehaussées d'or terni, mais d'un ton admirable, à la corniche à encorbellement, où quelque élève de Lesueur ou de Poussin, ayant travaillé à l'hôtel Lambert, avait peint des nymphes poursuivies par des satyres à travers les roseaux, selon le goût mythologique de l'époque. Sur la vaste cheminée de marbre sérancolin, tacheté de blanc et de rouge, se dressait, en guise de pendule, un éléphant doré, harnaché comme l'éléphant de Porus dans la bataille de Lebrun, qui supportait sur son dos une tour de guerre où s'inscrivait un cadran d'émail aux chiffres bleus. Les fauteuils et les canapés étaient anciens et couverts de tapisseries aux couleurs passées, représentant des sujets de chasse, par Oudry ou Desportes. C'est dans ce salon qu'avaient lieu les séances du club des *haschichins* (mangeurs de haschich), dont nous faisions partie et que nous avons décrites ailleurs avec leurs extases, leurs rêves et leurs hallucinations, suivis de si profonds accablements.

Comme nous l'avons dit plus haut, le maître du logis était Fernand Boissard, dont les courts cheveux blonds bouclés, le teint blanc et vermeil, l'œil gris pétillant de lumière et d'esprit, la bouche rouge et les dents de perle, semblaient témoigner d'une exubérance et d'une santé à la Rubens, et promettre une vie prolongée au delà des bornes ordinaires. Mais, hélas ! qui peut prévoir le sort de chacun ? Boissard, à qui ne manquait aucune des conditions du bonheur, et qui n'avait pas même connu la joyeuse misère des fils de famille, s'est éteint, il y a déjà quelques années,

après s'être longtemps survécu, d'une maladie analogue à celle dont est mort Baudelaire.

C'était un garçon des mieux doués que Boissard; il
avait l'intelligence la plus ouverte; il comprenait la
peinture, la poésie et la musique également bien;
mais, chez lui, peut-être, le dilettante nuisait à l'artiste; l'admiration lui prenait trop de temps, il s'épui-
sait en enthousiasmes; nul doute que, si la nécessité
l'eût contraint de sa main de fer, il n'eût été un peintre
excellent. Le succès qu'obtint au Salon son *Episode de la
retraite de Russie* en est le sûr garant. Mais, sans abandonner la peinture, il se laissa distraire par d'autres
arts; il jouait du violon, organisait des quatuors, déchif-
frait Bach, Beethoven, Meyerbeer et Mendelssohn,
apprenait des langues, écrivait de la critique et faisait
des sonnets charmants. C'était un grand voluptueux en
fait d'art, et nul n'a joui des chefs-d'œuvre avec plus
de raffinement, de passion et de sensualité que lui;
à force d'admirer le beau, il oubliait de l'exprimer, et
ce qu'il avait si profondément senti, il croyait l'avoir
rendu. Sa conversation était charmante, pleine de
gaieté et d'imprévu; il avait, chose rare, l'invention
du mot et de la phrase, et toutes sortes d'expressions
agréablement bizarres, de *concetti* italiens et *d'agudezzas* espagnoles passaient devant vos yeux, quand
il parlait, comme de fantasques figures de Callot,
faisant des contorsions gracieuses et risibles. Comme
Baudelaire, amoureux des sensations rares, fussent-
elles dangereuses, il voulut connaître ces *paradis
artificiels*, qui, plus tard, vous font payer si cher leurs
menteuses extases, et l'abus du haschich dut altérer
sans doute cette santé si robuste et si florissante. Ce
souvenir à un ami de notre jeunesse, avec qui nous
avons vécu sous le même toit, à un romantique du

·bon temps que la gloire n'a pas visité, car il aimait trop celle des autres pour songer à la sienne, ne sera pas déplacée ici, dans cette notice destinée à servir de préface aux œuvres complètes d'un mort, notre ami à tous deux.

Là se trouvait aussi, le jour de cette visite, Jean Feuchères, ce sculpteur de la race des Jean Goujon, des Germain Pilon et des Benvenuto Cellini, dont l'œuvre pleine de goût, d'invention et de grâce a disparu presque tout entière, accaparée par l'industrie et le commerce, et mise, elle le méritait bien, sous les noms les plus illustres pour être vendue plus cher à de riches amateurs, qui réellement n'étaient pas attrapés. Feuchères, outre son talent de statuaire, avait un esprit d'imitation incroyable, et nul acteur ne réalisait un type comme lui. Il est l'inventeur de ces comiques dialogues du sergent Bridais et du fusilier Pitou, dont le répertoire s'est accru prodigieusement et qui provoquent encore aujourd'hui un rire irrésistible. Feuchères est mort le premier, et, des quatre artistes rassemblés à cette date dans le salon de l'hôtel Pimodan, nous survivons seul.

Sur le canapé, à demi étendue et le coude appuyé à un coussin, avec une immobilité dont elle avait pris l'habitude dans la pratique de la pose, Maryx, vêtue d'une robe blanche, bizarrement constellée de pois rouges semblables à des gouttelettes de sang, écoutait vaguement les paradoxes de Baudelaire, sans laisser paraître la moindre surprise sur son masque du plus pur type oriental, et faisait passer les bagues de sa main gauche aux doigts de sa main droite, des mains aussi parfaites que son corps, dont le moulage a conservé la beauté.

Près de la fenêtre, la *femme au serpent* (il ne sied

pas ici de lui donner son vrai nom), ayant jeté sur
un fauteuil son mantelet de dentelle noire, et la plus
délicieuse petite capote verte qu'ait jamais chiffonnée
Lucy Hocquet ou madame Baudrand, secouait ses
beaux cheveux d'un brun fauve tout humides encore,
car elle venait de l'École de natation, et, de toute sa
personne drapée de mousseline, s'exhalait, comme
d'une naïade, le frais parfum du bain. De l'œil et
du sourire, elle encourageait ce tournoi de paroles
et y jetait, de temps en temps, son mot, tantôt railleur,
tantôt approbatif, et la lutte recommençait de plus
belle.

Elles sont passées, ces heures charmantes de loisir,
où des décamérons de poètes, d'artistes et de belles
femmes se réunissaient pour causer d'art, de littérature et d'amour, comme au siècle de Boccace. Le temps,
la mort, les impérieuses nécessités de la vie ont dispersé
ces groupes de libres sympathies, mais le souvenir
en reste cher à tous ceux qui eurent le bonheur d'y
être admis, et ce n'est pas sans un involontaire attendrissement que nous écrivons ces lignes.

Peu de temps après cette rencontre, Baudelaire vint
nous voir pour nous apporter un volume de vers, de la
part de deux amis absents. Il a raconté lui-même cette
visite dans une notice littéraire qu'il fit sur nous en
des termes si respectueusement admiratifs, que nous
n'oserions les transcrire. A partir de ce moment, il se
forma entre nous une amitié où Baudelaire voulut
toujours conserver l'attitude d'un disciple favori
près d'un maître sympathique, quoiqu'il ne dût son
talent qu'à lui-même et ne relevât que de sa propre
originalité. Jamais, dans la plus grande familiarité,
il ne manqua à cette déférence que nous trouvions
excessive et dont nous l'eussions dispensé avec plaisir.

Il la témoigna hautement et à plusieurs reprises, et
la dédicace des *Fleurs du mal*, qui nous est adressée,
consacre dans sa forme lapidaire l'expression absolue
de ce dévouement amical et poétique.

Si nous insistons sur ces détails, ce n'est pas, comme
on dit, pour nous faire valoir, mais parce qu'ils peignent
un côté méconnu de l'âme de Baudelaire. Ce poète,
que l'on cherche à faire passer pour une nature satanique, éprise du mal et de la dépravation (littéraire-
ment, bien entendu), avait l'amour et l'admiration au
plus haut degré. Or, ce qui distingue Satan, c'est
qu'il ne peut ni admirer ni aimer. La lumière le blesse
et la gloire est pour lui un spectacle insupportable
qui lui fait se voiler les yeux avec ses ailes de chauve-
souris. Nul, même au temps de ferveur du romantisme,
n'eut plus que Baudelaire le respect et l'adoration des
maîtres; il était toujours prêt à leur payer le tribut
légitime d'encens qu'ils méritaient, et cela, sans aucune
servilité de disciple, sans aucun fanatisme de séide,
car il était lui-même un maître ayant son royaume,
son peuple, et battant monnaie à son coin.

III

Il serait peut-être convenable, après avoir donné
deux portraits de Baudelaire dans tout l'éclat de sa
jeunesse et la plénitude de sa force, de le représenter
tel qu'il fut pendant les dernières années de sa vie,
avant que la maladie eût étendu la main vers lui et
scellé de son cachet ces lèvres qui ne devaient plus
parler ici-bas. Sa figure s'était amaigrie et comme
spiritualisée; les yeux semblaient plus vastes, le nez

s'était finement accentué et était devenu plus ferme; les lèvres s'étaient serrées mystérieusement et dans leurs commissures paraissaient garder des secrets sarcastiques. Aux nuances jadis vermeilles des joues se mêlaient des tons jaunes de hâle ou de fatigue. Quant au front, légèrement dépouillé, il avait gagné en grandeur et pour ainsi dire en solidité; on l'eût dit taillé par méplats dans quelque marbre particulièrement dur. Des cheveux fins, soyeux et longs, déjà plus rares et presque tout blancs, accompagnaient cette physionomie à la fois vieillie et jeune et lui prêtaient un aspect sacerdotal.

Charles Baudelaire est né à Paris le 21 avril 1821, * rue Hautefeuille, dans une de ces vieilles maisons qui portaient à leur angle une tourelle en poivrière, qu'une édilité trop amoureuse de la ligne droite et des larges voies a sans doute fait disparaître. Il était fils de M. Baudelaire, ancien ami de Condorcet et de Cabanis, homme très distingué, fort instruit et gardant cette politesse du XVIIIe siècle, que les mœurs prétentieusement farouches de l'ère républicaine n'avaient pas effacée autant qu'on le pense. — Cette qualité a persisté dans le poète, qui conserva toujours des formes d'une urbanité extrême.

On ne voit pas qu'en ses premières années Baudelaire ait été un enfant prodige, et qu'il ait cueilli beaucoup de lauriers aux distributions de prix des colléges. Il eut même assez de peine à passer ses examens de bachelier ès lettres, et fut reçu comme par grâce. Troublé sans doute par l'imprévu des questions, ce garçon, d'un esprit si fin et d'un savoir

---

* Disons, un peu plus exactement que le bon Théo, le 9 avril 1821, d'après les actes de baptême et de naissance.

si réel, parut presque idiot. Nous n'avons nullement l'intention de faire de cette inaptitude apparente un brevet de capacité. On peut être prix d'honneur et avoir beaucoup de talent. Il ne faut voir dans ce fait que l'incertitude des présages qu'on voudrait tirer des épreuves académiques. Sous l'écolier souvent distrait et paresseux ou plutôt occupé d'autres choses, l'homme réel se forme peu à peu, invisible aux professeurs et aux parents. M. Baudelaire mourut, et sa femme, mère de Charles, se remaria avec le général Aupick, qui fut plus tard ambassadeur à Constantinople. Des dissentiments ne tardèrent pas à s'élever dans la famille à propos de la précoce vocation que manifestait pour la littérature le jeune Baudelaire. Ces craintes que ressentent les parents lorsque le don funeste de la poésie se déclare chez leur fils sont, hélas ! bien légitimes, et c'est à tort, selon nous, que, dans les biographies de poètes, on reproche aux pères et aux mères leur inintelligence et leur prosaïsme. Ils ont bien raison !

A quelle existence triste, précaire et misérable, et nous ne parlons pas ici des embarras d'argent, se voue· celui qui s'engage dans cette voie douloureuse qu'on nomme la carrière des lettres ! Il peut dès ce jour se considérer comme retranché du nombre des humains : l'action chez lui s'arrête; il ne vit plus; il est le spectateur de la vie. Toute sensation lui devient motif d'analyse. Involontairement il se dédouble et, faute d'autre sujet, devient l'espion de lui-même. S'il manque de cadavre, il s'étend sur la dalle de marbre noir, et, par un prodige fréquent en littérature, il enfonce le scalpel dans son propre cœur. Et quelles luttes acharnées avec l'Idée, ce Protée insaisissable qui prend toutes les formes pour se dérober

à votre étreinte, et qui ne rend son oracle que lorsqu'on
l'a contrainte à se montrer sous son véritable aspect !
Cette Idée, quand on la tient effarée et palpitante
sous son genou vainqueur, il faut la relever, la vêtir,
lui mettre cette robe de style si difficile à tisser, à
teindre, à disposer en plis sévères ou gracieux. A ce
jeu longtemps soutenu, les nerfs s'irritent, le cerveau
s'enflamme, la sensibilité s'exacerbe; et la névrose
arrive avec ses inquiétudes bizarres, ses insomnies
hallucinées, ses souffrances indéfinissables, ses caprices
morbides, ses dépravations fantasques, ses engouements et ses répugnances sans motif, ses énergies
folles et ses prostrations énervées, sa recherche d'excitants et son dégoût pour toute nourriture saine. Nous
ne chargeons pas le tableau; plus d'une mort récente
en garantit l'exactitude. Encore n'avons-nous là en
vue que les poètes ayant du talent, visités par la gloire
et qui, du moins, ont succombé sur le sein de leur
idéal. Que serait-ce si nous descendions dans ces
limbes où vagissent, avec les ombres des petits enfants,
les vocations mort-nées, les tentatives avortées, les
larves d'idées qui n'ont trouvé ni ailes ni formes, car
le désir n'est pas la puissance, l'amour n'est pas la
possession. La foi ne suffit pas : il faut le don. En littérature comme en théologie, les œuvres ne sont rien
sans la grâce.

Bien qu'ils ne soupçonnent pas cet enfer d'angoisses,
car, pour le bien connaître, il faut en avoir soi-même
descendu les spirales sous la conduite non pas d'un
Virgile ou d'un Dante, mais sous celle d'un Lousteau,
d'un Lucien de Rubempré, ou de tout autre journaliste de Balzac, les parents pressentent instinctivement
les périls et les souffrances de la vie littéraire ou artis-
tique, et ils tâchent d'en détourner les enfants qu'ils

aiment et auxquels ils souhaitent dans la vie une position humainement heureuse.

Une seule fois depuis que la terre tourne autour du soleil, il s'est trouvé un père et une mère qui souhaitaient ardemment d'avoir un fils pour le consacrer à la poésie. L'enfant reçut dans cette intention la plus brillante éducation littéraire, et, par une énorme ironie de la destinée, devint Chapelain, l'auteur de *la Pucelle* ! — C'était, on l'avouera, jouer de malheur.

Pour donner un autre cours à ces idées où il s'entêtait, on fit voyager Baudelaire. On l'envoya très loin. Embarqué sur un vaisseau et recommandé au capitaine, il parcourut avec lui les mers de l'Inde, vit l'île Maurice, l'île Bourbon, Madagascar, Ceylan peut-être, quelques points de la presqu'île du Gange, et ne renonça nullement pour cela à son dessein d'être homme de lettres. On essaya vainement de l'intéresser au commerce; le placement de sa pacotille l'occupait fort peu. Un trafic de bœufs pour alimenter de biftecks les Anglais de l'Inde ne lui offrit pas plus de charme, et de ce voyage au long cours il ne rapporta qu'un éblouissement splendide qu'il garda toute sa vie. Il admira ce ciel où brillent des constellations inconnues en Europe, cette magnifique et gigantesque végétation aux parfums pénétrants, ces pagodes élégamment bizarres, ces figures brunes aux blanches draperies, toute cette nature exotique si chaude, si puissante et si colorée, et dans ses vers de fréquentes récurrences le ramènent des brouillards et des fanges de Paris vers ces contrées de lumière, d'azur et de parfums. Au fond de la poésie la plus sombre souvent s'ouvre une fenêtre par où l'on voit, au lieu des cheminées noires et des toits fumeux, la mer bleue de l'Inde, ou quelque rivage d'or que parcourt légèrement une svelte figure de Malabaraise demi-nue, portant une amphore sur la tête. Sans vouloir pénétrer plus qu'il ne convient dans la vie privée du poète, on peut supposer que ce fut pendant ce voyage qu'il prit cet amour de la Vénus noire, pour laquelle il eut toujours un culte.

IV

Quand il revint de ces pérégrinàtions lointaines, l'heure de sa majorité avait sonné; il n'y avait plus de raison — pas même de raison d'argent, car il était riche pour quelque temps du moins, — de s'opposer à la vocation de Baudelaire; elle s'était affirmée par sa résistance aux obstacles, et rien n'avait pu la distraire de son but. Logé dans un petit appartement de garçon, sous le toit de ce même hôtel Pimodan où nous le rencontrâmes plus tard, comme nous l'avons raconté aux premières pages de cette notice, il commença cette vie de travail interrompu et repris sans cesse, d'études disparates et de paresse féconde, qui est celle de tout homme de lettres cherchant sa voie. Baudelaire l'eut bientôt trouvée. Il avisa, non pas en deçà, mais au delà du romantisme, une terre inexplorée, une sorte de Kamtchatka hérissé et farouche, et c'est à la pointe la plus extrême qu'il se bâtit, comme dit Sainte-Beuve qui l'appréciait, un kiosque, ou plutôt une yourte d'une architecture bizarre.

Plusieurs des pièces qui figurent dans *les Fleurs du mal* étaient déjà composées. Baudelaire, comme tous les poètes-nés, dès le début posséda sa forme et fut maître de son style, qu'il accentua et polit plus tard, mais dans le même sens. On a souvent accusé Baudelaire de bizarrerie concertée, d'originalité voulue et obtenue à tout prix, et surtout de *maniérisme*. C'est un point auquel il sied de s'arrêter avant d'aller plus loin. Il y a des gens qui sont naturellement maniérés. La simplicité serait chez eux affectation pure et comme une sorte de maniérisme inverse. Il leur faudrait chercher longtemps et se travailler beaucoup pour être simples. Les circonvolutions de leur cerveau se replient de façon que les idées s'y tordent, s'y enchevêtrent et s'enroulent en spirales au lieu de suivre la ligne droite. Les pensées les plus compliquées, les plus subtiles, les plus intenses, sont celles qui se présentent à eux les premières. Ils voient les choses sous un angle singulier qui en modifie l'aspect et la perspective. De toutes les images, les plus bizarres, les plus fantasquement lointaines du sujet traité, les frappent principalement, et ils savent les rattacher à leur trame par un fil mystérieux démêlé tout de suite. Baudelaire avait un esprit ainsi fait, et, là où la critique a voulu voir le travail, l'effort, l'outrance et le paroxysme de parti pris, il n'y avait que le libre et facile épanouissement d'une individualité. Ces pièces de vers, d'une saveur si exquisement étrange, renfermées dans des flacons si bien ciselés, ne lui coûtaient pas plus qu'à d'autres un lieu commun mal rimé.

Baudelaire, tout en ayant pour les grands maîtres du passé l'admiration qu'ils méritent historiquement, ne pensait pas qu'on dût les prendre pour modèles : ils avaient eu ce bonheur d'arriver dans la jeunesse du monde, à l'aube, pour ainsi dire, de l'humanité, lorsque rien n'avait été exprimé encore et que toute forme, toute image, tout sentiment avait un charme de nouveauté virginale. Les grands lieux communs

qui composent le fond de la pensée humaine étaient
alors dans toute leur fleur et ils suffisaient à des génies
simples parlant à un peuple enfantin. Mais, à force de
redites, ces thèmes généraux de poésie s'étaient usés
comme des monnaies qui, à trop circuler, perdent leur
empreinte; et, d'ailleurs, la vie devenue plus complexe,
chargée de plus de notions et d'idées, n'était plus
représentée par ces compositions artificielles faites
dans l'esprit d'un autre âge.

Autant la vraie innocence est charmante, autant
la rouerie qui fait semblant de ne pas savoir vous
agace et vous déplaît. La qualité du XIXe siècle
n'est pas précisément la naïveté, et il a besoin,
pour rendre sa pensée, ses rêves et ses postulations,
d'un idiome un peu plus composite que la langue
dite classique. La littérature est comme la journée : elle a un matin, un midi, un soir et une nuit.
Sans disserter vainement pour savoir si l'on doit
préférer l'aurore au crépuscule, il faut peindre à l'heure
où l'on se trouve et avec une palette chargée des couleurs nécessaires pour rendre les effets que cette heure
amène. Le couchant n'a-t-il pas sa beauté comme le
matin? Ces rouges de cuivre, ces ors verts, ces tons
de turquoise se fondant avec le saphir, toutes ces
teintes qui brûlent et se décomposent dans le grand
incendie final, ces nuages aux formes étranges et
monstrueuses que des jets de lumière pénètrent et
qui semblent l'écroulement gigantesque d'une Babel
aérienne, n'offrent-ils pas autant de poésie que l'Aurore
aux doigts de rose, que nous ne voulons pas mépriser
cependant? Mais il y a longtemps que les Heures qui
précèdent le char du Jour, dans le Plafond du Guide,
se sont envolées !

Le poète des *Fleurs du mal* aimait ce qu'on appelle

improprement le style de décadence, et qui n'est autre
chose que l'art arrivé à ce point de maturité extrême
que déterminent à leurs soleils obliques les civilisations qui vieillissent : style ingénieux, compliqué,
savant, plein de nuances et de recherches, reculant
toujours les bornes de la langue, empruntant à tous
les vocabulaires techniques, prenant des couleurs à
toutes les palettes, des notes à tous les claviers, s'effor-
çant à rendre la pensée dans ce qu'elle a de plus ineffable, et la forme en ses contours les plus vagues et
les plus fuyants, écoutant pour les traduire les confidences subtiles de la névrose, les aveux de la passion
vieillissante qui se déprave et les hallucinations
bizarres de l'idée fixe tournant à la folie. Ce style de
décadence est le dernier mot du Verbe sommé de tout
exprimer et poussé à l'extrême outrance. On peut
rappeler, à propos de lui, la langue marbrée déjà des
verdeurs de la décomposition et faisandée du bas-
empire romain et les raffinements compliqués de
l'école byzantine, dernière forme de l'art grec tombé
en déliquescence; mais tel est bien l'idiome nécessaire
et fatal des peuples et des civilisations où la vie factice
a remplacé la vie naturelle et développé chez l'homme
des besoins inconnus.

Ce n'est pas chose aisée, d'ailleurs, que ce style
méprisé des pédants, car il exprime des idées neuves
avec des formes nouvelles et des mots qu'on n'a
pas entendus encore. A l'encontre du style classique,
il admet l'ombre et dans cette ombre se meuvent
confusément les larves des superstitions, les fantômes hagards de l'insomnie, les terreurs nocturnes, les remords qui tressaillent et se retournent
au moindre bruit, les rêves monstrueux qu'arrête
seule l'impuissance, les fantaisies obscures dont le

jour s'étonnerait, et tout ce que l'âme, au fond de sa plus profonde et dernière caverne, recèle de ténébreux, de difforme et de vaguement horrible. On pense bien que les quatorze cents mots du dialecte racinien ne suffisent pas à l'auteur qui s'est donné la rude tâche de rendre les idées et les choses modernes dans leur infinie complexité et leur multiple coloration. Ainsi Baudelaire, qui, malgré son peu de succès aux examens du baccalauréat, était bon latiniste, préférait assurément, à Virgile et à Cicéron, Apulée, Pétrone, Juvénal saint Augustin et ce Tertullien dont le style a l'éclat noir de l'ébène. Il allait même jusqu'au latin d'Église, à ces proses et à ces hymnes où la rime représente le rhythme antique oublié, et il a adressé sous ce titre : *Franciscæ meæ Laudes*, « à une modiste érudite et dévote », tels sont les termes de la dédicace, une pièce latine rimée dans cette forme que Brizeux appelle ternaire, composée de trois rimes qui se suivent au lieu de s'enlacer en tresse alternée comme dans le tercet dantesque. A cette pièce bizarre est jointe une note non moins singulière, que nous transcrivons ici, car elle explique et corrobore ce que nous venons de dire sur les idiomes de décadence :

« Ne semble-t il pas au lecteur, comme à moi, que la langue de la dernière décadence latine — suprême soupir d'une personne robuste déjà transformée et préparée pour la vie spirituelle — est singulièrement propre à exprimer la passion telle que l'a comprise et sentie le monde poétique moderne ? La mysticité est l'autre pôle de cet aimant dont Catulle et sa bande, poètes brutaux et purement épidermiques, n'ont connu que le pôle sensualité. Dans cette merveilleuse langue, le solécisme et le barbarisme me paraissent rendre les négligences forcées d'une passion qui s'oublie et se moque des règles. Les mots, pris dans une acception nouvelle, révèlent la maladresse charmante du barbare du Nord agenouillé devant la beauté romaine. Le calembour lui-même, quand il traverse ces pédantesques bégayements, ne joue-t-il pas la grâce sauvage et baroque de l'enfance ? »

Il ne faudrait pas pousser cette idée trop loin. Baudelaire, lorsqu'il n'a pas à exprimer quelque déviation curieuse, quelque côté inédit de l'âme ou des choses, se sert d'une langue pure, claire, correcte et d'une exactitude telle, que les plus difficiles n'y sauraient rien reprendre. Cela est surtout sensible dans sa prose, où il traite de matières plus courantes et moins abstruses que dans ses vers, presque toujours d'une concentration extrême.

V

Quant à ses doctrines philosophiques et littéraires, elles étaient celles d'Edgar Poe, qu'il n'avait pas encore traduit, mais avec lequel il avait de singulières affinités.

On peut lui appliquer les phrases qu'il écrivait sur l'auteur américain dans la préface des *Contes extraordinaires* : « Il considérait le progrès, la grande idée moderne, comme une extase de gobe-mouches, et il appelait les *perfectionnements* de l'habitacle humain des cicatrices et des abominations rectangulaires. Il ne croyait qu'à l'immuable, qu'à l'éternel et au *selfsame*, et il jouissait, cruel privilège, dans une société amoureuse d'elle-même, de ce grand bon sens à la Machiavel qui marche devant le sage comme une colonne lumineuse, à travers le désert de l'histoire. »

Baudelaïre avait en parfaite horreur les philanthropes, les progressistes, les utilitaires, les humanitaires, les utopistes et tous ceux qui prétendent changer quelque chose à l'invariable nature et à l'agencement fatal des sociétés. Il ne rêvait ni la suppression de l'enfer ni celle de la guillotine pour la plus grande commodité des pécheurs et des assassins; il ne pensait pas que l'homme fût né bon, et il admettait la perversité originelle comme un élément qu'on retrouve toujours au fond des âmes les plus pures, perversité, mauvaise conseillère qui pousse l'homme à faire ce qui lui est funeste, précisément parce que cela lui est funeste et pour le plaisir de contrarier la loi, sans autre attrait que la désobéissance, en dehors de toute sensualité, de tout profit et de tout charme. Cette perversité, il la constatait et la flagellait chez les autres comme chez lui-même, ainsi qu'un esclave pris en faute, mais én s'abstenant de tout sermon, car il la regardait comme damnablement irrémédiable.

C'est donc bien à tort que des critiques à courte vue ont accusé Baudelaire d'immoralité, thème commode de déblatérations pour la médiocrité jalouse et toujours bien accueilli par les pharisiens et les J. Prudhommes. Personne n'a professé pour les turpitudes de l'esprit et les laideurs de la matière un plus hautain dégoût. Il haïssait le mal comme une déviation à la mathématique et à la norme, et, en sa qualité de parfait gentleman, il le méprisait comme inconvenant, ridicule, bourgeois et surtout malpropre. S'il a souvent traité des sujets hideux, répugnants et maladifs, c'est par cette sorte d'horreur et de fascination qui fait descendre l'oiseau magnétisé vers la gueule impure du serpent; mais plus

d'une fois, d'un vigoureux coup d'aile, il rompt le
charme et remonte vers les régions les plus bleues de
la spiritualité. Il aurait pu graver sur son cachet
comme devise ces mots : « Spleen et idéal », qui servent
de titre à la première partie de son volume de vers.
Si son bouquet se compose de fleurs étranges, aux
couleurs métalliques, au parfum vertigineux, dont le
calice, au lieu de rosée, contient d'âcres larmes ou des
gouttes d'aqua-toffana, il peut répondre qu'il n'en
pousse guère d'autres dans le terreau noir et saturé
de pourriture comme un sol de cimetière des civilisations décrépites, où se dissolvent, parmi les miasmes
méphitiques, les cadavres des siècles précédents. Sans
doute les vergissmeinnicht, les roses, les marguerites,
les violettes, sont des fleurs plus agréablement prin-
tanières; mais il n'en croît pas beaucoup dans la boue
noire dont les pavés de la grand'ville sont sertis; et,
d'ailleurs, Baudelaire, s'il a le sens du grand paysage
tropical où éclatent, comme des rêves, des explosions
d'arbres d'une élégance bizarre et gigantesque, n'est
que médiocrement touché par les petits sites cham-
pêtres de la banlieue; et ce n'est pas lui qui s'ébau-
dirait comme les philistins de Henri Heine devant la
romantique efflorescence de la verdure nouvelle et
se pâmerait au chant des moineaux. Il aime à suivre
l'homme pâle, crispé, tordu, convulsé par les passions
factices et le réel ennui moderne à travers les sinuosités
de cet immense madrépore de Paris, à le surprendre
dans ses malaises, ses angoisses, ses misères, ses prostrations et ses excitations, ses névroses et ses désespoirs.
Comme des nœuds de vipère sous un fumier qu'on
soulève, il regarde grouiller les mauvais instincts
naissants, les ignobles habitudes paresseusement
accroupies dans leur fange; et, à ce spectacle qui

l'attire et le repousse, il gagne une incurable mélancolie, car il ne se juge pas meilleur que les autres, et il souffre de voir la pure voûte des cieux et les chastes étoiles voilées par d'immondes vapeurs.

Avec ces idées, on pense bien que Baudelaire était pour l'autonomie absolue de l'art et qu'il n'admettait pas que la poésie eût d'autre but qu'elle-même et d'autre mission à remplir que d'exciter dans l'âme du lecteur la sensation du beau, dans le sens absolu du terme. A cette sensation il jugeait nécessaire, à nos époques peu naïves, d'ajouter un certain effet de surprise, d'étonnement et de rareté. Autant que possible, il bannissait de la poésie l'éloquence, la passion et la vérité calquée trop exactement. De même qu'on ne doit pas employer directement dans la statuaire les morceaux moulés sur nature, il voulait qu'avant d'entrer dans la sphère de l'art, tout objet subît une métamorphose qui l'appropriât à ce milieu subtil, en l'idéalisant et en l'éloignant de la réalité triviale.

Ces principes peuvent étonner quand on lit certaines pièces de Baudelaire où l'horreur semble cherchée comme à plaisir; mais qu'on ne s'y trompe pas, cette horreur est toujours transfigurée par le caractère et l'effet, par un rayon à la Rembrandt, ou un trait de grandesse à la Velasquez qui trahit la race sous la difformité sordide. En remuant dans son chaudron toute sorte d'ingrédients fantastiquement bizarres et cabalistiquement vénéneux, Baudelaire peut dire comme les sorcières de Macbeth : « Le beau est horrible, l'horrible est beau. » Cette sorte de laideur voulue n'est donc pas en contradiction avec le but suprême de l'art, et des morceaux tels que *les Sept Vieillards* et *les Petites Vieilles* ont arraché au saint

Jean poétique qui rêve dans la Patmos de Guernesey cette phrase, qui caractérise si bien l'auteur des *Fleurs du mal :* « Vous avez doté le ciel de l'art d'on ne sait quel rayon macabre; vous avez créé un frisson nouveau. » — Mais ce n'est, pour ainsi dire, que l'ombre du talent de Baudelaire, cette ombre ardemment rousse ou froidement bleuâtre qui lui sert à faire valoir la touche essentielle et lumineuse. Il y a de la sérénité dans ce talent si nerveux, si fébrile et si tourmenté en apparence. Sur les hauts sommets, il est tranquille : *pacem summa tenent.*

Mais, au lieu d'écrire quelles sont les idées du poète à ce sujet, il serait bien plus simple de le laisser parler lui-même :

«... La poésie, pour peu qu'on veuille descendre en soi-même, interroger son âme, rappeler ses souvenirs d'enthousiasme, n'a pas d'autre but qu'elle-même; elle ne peut pas en avoir d'autre et aucun poème ne sera si grand, si noble, si véritablement digne du nom de poème, que celui qui aura été écrit uniquement pour le plaisir d'écrire un poème.

» Je ne veux pas dire que la poésie n'ennoblisse pas les mœurs, — qu'on me comprenne bien, — que son résultat final ne soit pas d'élever l'homme au-dessus des intérêts vulgaires. Ce serait évidemment une absurdité. Je dis que, si le poète a poursuivi un but moral, il a diminué sa force poétique, et il n'est pas imprudent de parier que son œuvre sera mauvaise. La poésie ne peut pas, sous peine de mort ou de déchéance, s'assimiler à la science ou à la morale. Elle n'a pas la Vérité pour objet, elle n'a qu'elle-même. Les modes de démonstration des vérités sont autres et sont ailleurs. La Vérité n'a que faire avec les chansons; tout ce qui fait le charme, la grâce, l'irrésistible d'une chanson enlèverait à la Vérité son autorité et son pouvoir. Froide, calme, impassible, l'humeur démonstrative repousse les diamants et les fleurs de la Muse; elle est donc absolument l'inverse de l'humeur poétique.

» L'Intellect pur vise à la Vérité, le Goût nous montre la Beauté et le Sens moral nous enseigne le Devoir. Il est vrai que le sens du milieu a d'intimes connexions avec les deux extrêmes, et il ne se sépare du Sens moral que par une si légère différence, qu'Aristote n'a pas hésité à ranger parmi les vertus quelques-unes de ses délicates opérations. Aussi, ce qui exaspère surtout l'homme de goût dans le spectacle du vice, c'est sa difformité, sa disproportion. Le vice porte atteinte au juste et au vrai, révolte l'intellect et la conscience; mais, comme outrage à l'harmonie, comme dissonance, il blessera plus particulièrement certains esprits poétiques, et je ne crois pas qu'il soit scandalisant de considérer toute infraction à la morale, au beau moral, comme une espèce de faute contre le rhythme et la prosodie universels.

» C'est cet admirable, cet immortel instinct du Beau qui nous fait considérer la terre et ses spectacles comme un aperçu, comme une *correspondance* du Ciel. La soif insatiable de tout ce qui est au delà et que voile la vie, est la preuve la plus vivante de notre immortalité. C'est à la fois par la poésie et *à travers* la poésie, par et *à travers* la musique, que l'âme entrevoit les splendeurs situées derrière le tombeau. Et, quand un poème exquis amène les larmes au bord des yeux, ces larmes ne sont pas la preuve d'un excès de jouissance, elles sont bien plutôt le témoignage d'une mélancolie irritée, d'une postulation de nerfs, d'une nature exilée dans l'imparfait et qui voudrait s'emparer immédiatement, sur cette terre même, d'un paradis révélé.

» Ainsi le principe de la poésie est, strictement et simplement, l'aspiration humaine vers une beauté supérieure, et la manifestation de ce principe est dans un enthousiasme, un enlèvement de l'âme, enthousiasme tout à fait indépendant de la passion, qui est l'ivresse du cœur, et de la vérité, qui est la pâture de la raison. Car la passion est chose *naturelle*, trop naturelle même pour ne pas introduire un ton blessant, discordant dans le domaine de la beauté pure; trop familière et trop violente pour ne pas scandaliser les purs Désirs, les gracieuses Mélancolies et les nobles Désespoirs qui habitent les régions surnaturelles de la poésie. »

Quoique peu de poètes eussent une originalité et
une inspiration plus spontanément jaillissantes que
Baudelaire, sans doute par dégoût du faux lyrisme
qui affecte de croire à la descente d'une langue de
feu sur l'écrivain rimant avec peine une strophe, il
prétendait que le véritable auteur provoquait, dirigeait
et modifiait à volonté cette puissance mystérieuse
de la production littéraire, et nous trouvons dans
un très curieux morceau qui précède la traduction
du célèbre poème d'Edgar Poe intitulé *le Corbeau*,
les lignes suivantes demi ironiques, demi sérieuses, où
la pensée propre de Baudelaire se formule en ayant
l'air d'analyser seulement celle de l'auteur américain :

« La poétique est faite, nous dit-on, et modelée d'après
les poèmes. Voici un poète qui prétend que son poème
a été composé d'après sa poétique. Il avait certes un
grand génie et plus d'inspiration que qui que ce soit, si
par inspiration on entend l'énergie, l'enthousiasme intellectuel et le pouvoir de tenir ses facultés en éveil. Mais
il aimait aussi le travail plus qu'aucun autre; il répétait
volontiers, lui un original achevé, que l'originalité est
chose d'apprentissage, ce qui ne veut pas dire une chose
qui peut être transmise par l'enseignement. Le hasard et
l'incompréhensible étaient ses deux grands ennemis.
S'est-il fait, par une vanité étrange et amusante, beaucoup moins inspiré qu'il ne l'était naturellement ? A-t-il
diminué la faculté gratuite qui était en lui pour faire la
part plus belle à la volonté ? Je serais assez porté à le
croire; quoique cependant il faille ne pas oublier que son
génie, si ardent et si agile qu'il fût, était passionnément
épris d'analyse, de combinaison et de calculs. Un de ses
axiomes favoris était encore celui-ci : « Tout dans un
» poème comme dans un roman, dans un sonnet comme
» dans une nouvelle, doit concourir au dénouement. Un
» bon auteur a déjà sa dernière ligne en vue lorsqu'il
» écrit la première. » Grâce à cette admirable méthode
le compositeur peut commencer son œuvre par la fin et
travailler, quand il lui plaît, à n'importe quelle partie.

Les amateurs du *délire* seront peut-être révoltés par ces *cyniques* maximes ; mais chacun en peut prendre ce qu'il voudra. Il sera toujours utile de leur montrer quels bénéfices l'art peut tirer de la délibération, et de faire voir aux gens du monde quel labeur exige cet objet de luxe qu'on nomme poésie. Après tout, un peu de charlatanerie est toujours permis au génie et même ne lui messied pas. C'est comme le fard sur les joues d'une femme naturellement belle, un assaisonnement nouveau pour l'esprit. »

Cette dernière phrase est caractéristique et trahit le goût particulier du poète pour *l'artificiel*. Il ne cachait pas, d'ailleurs, cette prédilection. Il se plaisait dans cette espèce de beau composite et parfois un peu factice qu'élaborent les civilisations très avancées ou très corrompues. Disons, pour nous faire comprendre par une image sensible, qu'il eût préféré à une simple jeune fille n'ayant d'autre cosmétique que l'eau de sa cuvette, une femme plus mûre employant toutes les ressources d'une coquetterie savante, devant une toilette couverte de flacons d'essences, de lait virginal, de brosses d'ivoire et de pinces d'acier. Le parfum profond de cette peau macérée dans les aromates comme celle d'Esther, qu'on trempa six mois dans l'huile de palme et six mois dans le cinname avant de la présenter au roi Assuérus, avait sur lui une puissance vertigineuse. Une légère touche de fard rose de Chine ou hortensia sur une joue fraîche, des mouches placées d'une façon provocante au coin de la bouche ou de l'œil, des paupières brunies de k'hol, des cheveux teints en roux et sablés d'or, une fleur de poudre de riz sur la gorge et les épaules, des lèvres et des bouts de doigts avivés de carmin, ne lui déplaisaient en aucune manière. Il aimait ces retouches faites par l'art à la nature, ces rehauts spirituels, ces réveillons piquants

posés d'une main habile, pour augmenter la grâce, le
charme et le caractère d'une physionomie. Ce n'est
pas lui qui eût écrit de vertueuses tirades contre le
maquillage et la crinoline. Tout ce qui éloignait l'homme
et surtout la femme de l'état de nature lui paraissait
une invention heureuse. Ces goûts peu primitifs
s'expliquent d'eux-mêmes et doivent se comprendre
chez un poète de *décadence* auteur des *Fleurs du mal.*
Nous n'étonnerons personne si nous ajoutons qu'il
préférait à l'odeur simple de la rose et de la violette le
benjoin, l'ambre et même le musc, si déconsidéré de
nos jours, et aussi l'arome pénétrant de certaines
fleurs exotiques dont les parfums sont trop capiteux
pour nos climats modérés. Baudelaire était, en fait
d'odeurs, d'une sensualité étrangement subtile qu'on
ne rencontre guère que parmi les Orientaux. Il en
parcourait délicieusement toute la gamme, et il a pu
justement dire de lui cette phrase que cite Banville
et que nous avons rapportée au début de notre article
dans le portrait du poète : « Mon âme voltige sur les
parfums comme l'âme des autres hommes voltige sur
la musique. »

Il aimait aussi les toilettes d'une élégance bizarre,
d'une richesse capricieuse, d'une fantaisie insolente,
où se mêlait quelque chose de la comédienne et de la
courtisane, quoiqu'il fût lui-même sévèrement exact
dans son costume; mais ce goût excessif, baroque,
antinaturel, presque toujours contraire au beau classique, était pour lui un signe de la volonté humaine
corrigeant à son gré les formes et les couleurs fournies
par la matière. Là où le philosophe ne trouve qu'un
texte à déclamation, il voyait une preuve de grandeur.
La *dépravation*, c'est-à-dire l'écart du type normal,
est impossible à la bête, fatalement conduite par l'ins-

tinct immuable. C'est par la même raison que les
poètes *inspirés*, n'ayant pas la conscience et la direction de leur œuvre, lui causaient une sorte d'aversion,
et qu'il voulait introduire l'art et le travail même
dans l'originalité.

Voilà pour une notice bien de la métaphysique;
mais Baudelaire était une nature subtile, compliquée,
raisonneuse, paradoxale et plus philosophique que
ne l'est en général celle des poètes. L'esthétique de
son art l'occupait beaucoup; il abondait en systèmes
qu'il essayait de réaliser, et tout ce qu'il faisait était
soumis à un plan. Selon lui, la littérature devait être
voulue et la part de *l'accidentel* aussi restreinte que
possible. Ce qui ne l'empêcha pas de profiter, en vrai
poète, des hasards heureux de l'exécution et de ces
beautés qui éclosent du fond même du sujet sans avoir
été prévues, comme des fleurettes mêlées par aventure
à la graine qu'a choisie le semeur. Tout artiste est
un peu comme Lope de Vega, qui, au moment de
composer ses comédies, enfermait les préceptes avec six
clefs — *con seis llaves.* — Dans le feu du travail, volontairement ou non, il oublie les systèmes et les paradoxes.

VI

La réputation de Baudelaire, qui, pendant quelques
années, n'avait pas dépassé les limites de ce petit
cénacle qui rallie autour de soi tout génie naissant, éclata
tout d'un coup lorsqu'il se présenta au public, tenant
à la main le bouquet des *Fleurs du mal*, un bouquet
ne ressemblant en rien aux innocentes gerbes poétiques
des débutants. L'attention de la justice s'émut, et

quelques pièces d'une immoralité si savante, si abstruse, si enveloppée de formes et de voiles d'art, qu'elles exigeaient, pour être comprises des lecteurs, une haute culture littéraire, durent être retranchées du volume et remplacées par d'autres d'une excentricité moins dangereuse. Ordinairement, il ne se fait pas grand bruit autour des livres de vers; ils naissent, végètent et meurent en silence, car deux ou trois poètes tout au plus suffisent à notre consommation intellectuelle. La lumière et le bruit s'étaient faits tout de suite autour de Baudelaire, et, le scandale apaisé, on reconnut qu'il apportait, chose si rare, une œuvre originale et d'une saveur toute particulière. Donner au goût une sensation inconnue est le plus grand bonheur qui puisse arriver à un écrivain et surtout à un poète.

Les Fleurs du mal étaient un de ces titres heureux, plus difficiles à trouver qu'on ne pense. Il résumait sous une forme brève et poétique l'idée générale du livre et en indiquait les tendances. Quoiqu'il soit bien évidemment romantique d'intention et de facture, on ne saurait rattacher par un lien bien visible Baudelaire à aucun des grands maîtres de cette école. Son vers, d'une structure raffinée et savante, d'une concision parfois trop serrée et qui étreint les objets plutôt comme une armure que comme un vêtement, présente à la première lecture une apparence de difficulté et d'obscurité. Cela tient, non pas à un défaut de l'auteur, mais à la nouveauté même des choses qu'il exprime et qui n'ont pas encore été rendues par des moyens littéraires. Il a fallu que le poète, pour y parvenir, se composât une langue, un rhythme et une palette. Mais il n'a pu empêcher que le lecteur ne demeurât surpris en face de ces vers si différents de ceux qu'on a faits jusqu'ici. Pour peindre ces corruptions qui lui font horreur, il a su trouver ces nuances morbidement riches de la pourriture plus ou moins avancée, ces tons de nacre et de burgau qui glacent les eaux stagnantes, ces roses de phthisie, ces blancs de chlorose, ces jaunes fielleux de bile extravasée, ces gris plombés de brouillard pestilentiel, ces verts empoisonnés et métalliques puant l'arséniate de cuivre, ces noirs de fumée délayés par la pluie le long des murs plâtreux, ces bitumes recuits et roussis dans toutes les fritures de l'enfer si excellents pour servir de fond à quelque tête livide et spectrale, et toute cette gamme de couleurs exaspérées poussées au degré le plus intense, qui correspondent à l'automne, au coucher du soleil, à la maturité extrême des fruits, et à la dernière heure des civilisations.

Le livre s'ouvre par une pièce *au lecteur*, que le poète n'essaye pas d'amadouer comme c'est l'habitude et auquel il dit les vérités les plus dures, l'accusant, malgré son hypocrisie, d'avoir tous les vices qu'il blâme chez les autres et de nourrir dans son cœur le grand monstre moderne, l'Ennui, qui, avec sa lâcheté bourgeoise, rêve platement les férocités et les débauches romaines, Néron bureaucrate, Héliogabale boutiquier. — Une autre pièce de la plus grande beauté et intitulée, sans doute par une antiphrase ironique, *Bénédiction*, peint la venue en ce monde du poète, objet d'étonnement et d'aversion pour sa mère, honteuse du produit de son flanc, poursuivi par la bêtise, l'envie et le sarcasme, en proie à la cruauté perfide de quelque Dalilah, joyeuse de le livrer aux Philistins, nu, désarmé, rasé, après avoir épuisé sur lui tous les raffinements d'une coquetterie féroce, — et arrivant enfin, après les insultes, les misères, les tortures, épuré au creuset de la douleur, à l'éternelle gloire, à la couronne de

lumière destinée au front des martyrs, qu'ils aient
souffert pour le Vrai ou pour le Beau.

Une petite pièce qui suit celle-là, et qui a pour titre
Soleil, renferme comme une sorte de justification tacite
du poète dans ses courses vagabondes. Un gai rayon
brille sur la ville fangeuse; l'auteur est sorti et parcourt, « comme un poète qui prend des vers à la pipée »,
pour nous servir de la pittoresque expression du vieux
Mathurin Régnier, des carrefours immondes, des
ruelles où les persiennes fermées cachent en les indiquant les luxures secrètes, tout ce dédale noir, humide,
boueux des vieilles rues aux maisons borgnes et
lépreuses, où la lumière fait briller, çà et là, à quelque
fenêtre un pot de fleurs ou une tête de jeune fille. Le
poète n'est-il pas comme le soleil qui entre tout seul
partout, dans l'hôpital comme dans le palais, dans le
bouge comme dans l'église, toujours pur, toujours
éclatant, toujours divin, mettant avec indifférence
sa lueur d'or sur la charogne et sur la rose.

Elévation nous montre le poète nageant en plein
ciel, par delà les sphères étoilées, dans l'éther lumineux,
sur les confins de notre univers disparu au fond de
l'infini comme un petit nuage, et s'enivrant de cet air
rare et salubre où ne monte aucun des miasmes de la
terre et que parfume le souffle des anges; car il ne faut
pas oublier que Baudelaire, bien qu'on l'ait souvent
accusé de matérialisme, reproche que la sottise ne
manque pas de jeter au talent, est, au contraire, doué
à un degré éminent du don de *spiritualité*, comme
dirait Swedenborg. Il possède aussi le don de *correspondance*, pour employer le même idiome mystique,
c'est-à-dire qu'il sait découvrir par une intuition secrète
des rapports invisibles à d'autres et rapprocher ainsi,
par des analogies inattendues que seul le *voyant* peut

saisir, les objets les plus éloignés et les plus opposés en apparence. Tout vrai poète est doué de cette qualité plus ou moins développée, qui est l'essence même de son art.

Sans doute Baudelaire, dans ce livre consacré à la peinture des dépravations et des perversités modernes, a encadré des tableaux répugnants, où le vice mis à nu se vautre dans toute la laideur de sa honte ; mais le poète, avec un suprême dégoût, une indignation méprisante et une récurrence vers l'idéal qui manque souvent chez les satiriques, stigmatise et marque d'un fer rouge indélébile ces chairs malsaines, plâtrées d'onguents et de céruse. Nulle part la soif de l'air vierge et pur, de la blancheur immaculée, de la neige sur les Himalaya, de l'azur sans tache, de la lumière immarcessible, ne s'accuse plus ardemment que dans ces pièces qu'on a taxées d'immorales, comme si la flagellation du vice était le vice même, et qu'on fût un empoisonneur pour avoir décrit la pharmacie toxique des Borgia. Cette méthode n'est pas neuve, mais elle réussit toujours, et certaines gens affectent de croire qu'on ne peut lire *les Fleurs du mal* qu'avec un masque de verre, comme en portait Exili lorsqu'il travaillait à sa fameuse poudre de succession. Nous avons lu bien souvent les poésies de Baudelaire, et nous ne sommes pas tombé mort, la figure convulsée et le corps tigré de taches noires, comme si nous avions soupé avec la Vanozza dans une vigne du pape Alexandre VI. Toutes ces niaiseries, malheureusement nuisibles, car tous les sots les adoptent avec enthousiasme, font hausser les épaules à l'artiste vraiment digne de ce nom, qui est fort surpris lorsqu'on lui apprend que le bleu est moral et l'écarlate indécent. C'est à peu près comme si l'on disait : la pomme de terre est vertueuse et la jusquiame est criminelle.

Un morceau charmant sur les parfums les distingue
en diverses classes, éveillant des idées, des sensations
et des souvenirs différents. Il en est qui sont frais
comme des chairs d'enfant, verts comme des prairies
au printemps, rappelant les rougeurs de l'aurore et
portant avec eux des pensées d'innocence. D'autres,
comme le musc, l'ambre, le benjoin, le nard et l'encens,
sont superbes, triomphants, mondains, provoquent à la
coquetterie, à l'amour, au luxe, aux festins et aux
splendeurs. Si on les transposait dans la sphère des couleurs, ils représenteraient l'or et la pourpre.

Le poëte revient souvent à cette idée de la signification des parfums. Près d'une beauté fauve, signare
du Cap ou bayadère de l'Inde égarée dans Paris, qui
semble avoir eu pour mission d'endormir son spleen
nostalgique, il parle de cette odeur mélangée « de musc
et de havane » qui transporte son âme aux rivages
aimés du soleil, où se découpent en éventail les feuilles
du palmier dans l'air tiède et bleu, où les mâts de
navires se balancent à l'harmonieux roulis de la mer,
pendant que les esclaves silencieux tâchent de distraire
le jeune maître de sa mélancolie langoureuse. Plus
loin, se demandant ce qui doit rester de son œuvre, il
se compare à un vieux flacon bouché, oublié parmi les
toiles d'araignée, au fond de quelque armoire, dans
une maison déserte. De l'armoire ouverte s'exhalent,
avec le relent du passé, les faibles parfums des robes,
des dentelles, des boîtes à poudre qui suscitent des
souvenirs d'anciennes amours, d'antiques élégances;
et, si par hasard on débouche la fiole visqueuse et
rancie, il s'en dégagera un âcre parfum de sel anglais
et de vinaigre des quatre voleurs, un puissant antidote
de la moderne pestilence. En maint endroit, cette

préoccupation de l'arome reparaît, entourant d'un nuage subtil les êtres et les choses. Chez bien peu de poètes nous retrouvons ce souci; ils se contentent habituellement de mettre dans leurs vers la lumière, la couleur, la musique; mais il est rare qu'ils y versent cette goutte de fine essence, dont la muse de Baudelaire ne manque jamais d'humecter l'éponge de sa cassolette ou la batiste de son mouchoir.

Puisque nous en sommes à raconter les goûts particuliers et les petites manies du poète, disons qu'il adorait les chats, comme lui amoureux des parfums, et que l'odeur de la valériane jette dans une sorte d'épilepsie extatique. Il aimait ces charmantes bêtes tranquilles, mystérieuses et douces, aux frissonnements électriques dont l'attitude favorite est la pose allongée des sphinx qui semblent leur avoir transmis leurs secrets; elles errent à pas veloutés par la maison, comme le génie du lieu, *genius loci*, ou viennent s'asseoir sur la table près de l'écrivain, tenant compagnie à sa pensée et le regardant du fond de leurs prunelles sablées d'or avec une intelligente tendresse et une pénétration magique. On dirait que les chats devinent l'idée qui descend du cerveau au bec de la plume, et que, allongeant la patte, ils voudraient la saisir au passage. Ils se plaisent dans le silence, l'ordre et la quiétude, et aucun endroit ne leur convient mieux que le cabinet du littérateur. Ils attendent avec une patience admirable qu'il ait fini sa tâche, tout en filant leur rouet guttural et rhythmique comme une sorte d'accompagnement du travail. Parfois, ils lustrent de leur langue quelque place ébouriffée de leur fourrure; car ils sont propres, soigneux, coquets, et ne souffrent aucune irrégularité dans leur toilette, mais tout cela d'une façon discrète et calme, comme s'ils avaient peur de distraire ou de gêner. Leurs caresses sont tendres, délicates, silencieuses, *féminines*, et n'ont rien de commun avec la pétulance bruyante et grossière qu'y apportent les chiens, auxquels pourtant est dévolue toute la sympathie du vulgaire.

Tous ces mérites étaient appréciés comme il convient par Baudelaire, qui a plus d'une fois adressé aux chats de belles pièces de vers, — *les Fleurs du mal* en contiennent trois, — où il célèbre leurs qualités physiques et morales, et bien souvent il les fait errer à travers ses compositions comme accessoire caractéristique. Les chats abondent dans les vers de Baudelaire comme les chiens dans les tableaux de Paul Véronèse et y forment une espèce de signature. Il faut dire aussi qu'il y a chez ces jolies bêtes, si sages le jour, un côté nocturne, mystérieux et cabalistique, qui séduisait beaucoup le poète. Le chat, avec ses yeux phosphoriques qui lui servent de lanternes et les étincelles jaillissant de son dos, hante sans peur les ténèbres, où il rencontre les fantômes, errants, les sorcières, les alchimistes, les nécromanciens, les résurrectionistes, les amants, les filous, les assassins, les patrouilles grises et toutes ces larves obscures qui ne sortent et ne travaillent que la nuit. Il a l'air de savoir la plus récente chronique du sabbat, et il se frotte volontiers à la jambe boiteuse de Méphistophélès. Ses sérénades sous les balcons des chattes, ses amours sur les toits, accompagnés de cris semblables à ceux d'un enfant qu'on égorge, lui donnent un air passablement satanique qui justifie jusqu'à un certain point la répugnance des esprits diurnes et pratiques, pour qui les mystères de l'Érèbe n'ont aucun attrait. Mais un docteur Faust, dans sa cellule encombrée de bouquins et d'instruments d'alchimie, aimera toujours avoir un chat pour compagnon. Baudelaire lui-même était un chat voluptueux, câlin, aux façons veloutées, à l'allure mystérieuse, plein de force dans sa fine souplesse, fixant sur les choses et les hommes un regard d'une lueur inquiétante, libre, volontaire, difficile à retenir, mais sans aucune perfidie et fidèlement attaché à ceux vers qui l'avait une fois porté son indépendante sympathie.

Diverses figures de femme paraissent au fond des poésies de Baudelaire, les unes voilées, les autres demi nues, mais sans qu'on puisse leur attribuer un nom. Ce sont plutôt des types que des personnes. Elles représentent *l'éternel féminin*, et l'amour que le poète exprime pour elles est *l'amour* et non pas *un amour*, car nous avons vu que dans sa théorie il n'admettait pas la passion individuelle, la trouvant trop crue, trop familière et trop violente.

Parmi ces femmes, les unes symbolisent la prostitution inconsciente et presque bestiale, avec leurs masques plâtrés de fard et de céruse, leurs yeux charbonnés de k'hol, leurs bouches teintes de rouge et semblables à des blessures saignantes, leurs casques de faux cheveux et leurs bijoux d'un éclat sec et dur; les autres, d'une corruption plus froide, plus savante et plus perverse, espèce de marquises de Marteuil du XIXᵉ siècle, transposent le vice du corps à l'âme. Elles sont hautaines, glaciales, amères, ne trouvant le plaisir que dans la méchanceté satisfaite, insatiables comme la stérilité, mornes comme l'ennui, n'ayant que des fantaisies hystériques et folles, et privées, ainsi que le Démon, de la puissance d'aimer. Douées d'une beauté effrayante, presque spectrale, que n'anime pas la pourpre rouge de la vie, elles marchent à leur but pâles, insensibles, superbement dégoûtées, sur les cœurs qu'elles écrasent de leurs talons pointus. C'est au sortir de ces amours,

qui ressemblent à des haines, de ces plaisirs plus
meurtriers que des combats, que le poète retourne
vers cette brune idole au parfum exotique, à la parure
sauvagement baroque, souple et câline comme la
panthère noire de Java, qui le repose et le dédommage
de ces méchantes chattes parisiennes aux griffes aiguës,
jouant à la souris avec un cœur de poète.

Mais ce n'est à aucune de ces créatures de plâtre, de
marbre ou d'ébène qu'il donne son âme. Au-dessus de ce
noir amas de maisons lépreuses, de ce dédale infect où
circulent les spectres du plaisir, de cet immonde fourmillement de misère, de laideur et de perversités, loin,
bien loin dans l'inaltérable azur, flotte l'adorable
fantôme de la Béatrix, l'idéal toujours désiré, jamais
atteint, la beauté supérieure et divine incarnée sous
une forme de femme éthérée, spiritualisée, faite de
lumière, de flamme et de parfum, une vapeur, un rêve,
un reflet du monde aromal et séraphique comme les
Ligeia, les Morella, les Una, les Eleonor d'Edgar Poe et
la Seraphita-Seraphitus de Balzac, cette étonnante
création. Du fond de ses déchéances, de ses erreurs
et de ses désespoirs, c'est vers cette image céleste comme
vers une madone de Bon-Secours qu'il tend les bras
avec des cris, des pleurs et un profond dégoût de lui-
même. Aux heures de mélancolie amoureuse, c'est
toujours avec elle qu'il voudrait s'enfuir et cacher sa
félicité parfaite dans quelque asile mystérieusement
féerique, ou idéalement confortable, cottage de Gains-
borough, intérieur de Gérard Dow, ou mieux encore
palais à dentelles de marbre de Benarès ou d'Hyde-
rabad. Jamais son rêve n'emmène d'autre compagne.
Faut-il voir dans cette Béatrix, dans cette Laure
qu'aucun nom ne désigne, une jeune fille ou une
jeune femme réelle, passionnément et religieusement

aimée par le poète pendant son passage sur cette terre ?
Il serait romanesque de le supposer, et il ne nous a pas
été donné d'être mêlé assez profondément à la vie
intime de son cœur pour répondre affirmativement
ou négativement à la question. Dans sa conversation
toute métaphysique, Baudelaire parlait beaucoup de
ses idées, très peu de ses sentiments et jamais de ses
actions. Quant au chapitre des amours, il avait mis
pour sceau sur ses lèvres fines et dédaigneuses un camée
à figure d'Harpocrate. Le plus sûr serait de ne voir
dans cet amour idéal qu'une postulation de l'âme,
l'élan d'un cœur inassouvi et l'éternel soupir de l'imparfait aspirant à l'absolu.

A la fin des *Fleurs du mal* se trouve une suite de
pièces sur *le Vin* et les diverses ivresses qu'il produit,
selon les cerveaux qu'il attaque. Nous n'avons pas
besoin de dire qu'il ne s'agit pas ici de chansons
bachiques célébrant le jus de la treille, ni rien de semblable. Ce sont des peintures hideuses et terribles de
l'ivrognerie, mais sans moralité à la Hogarth. Le tableau
n'a pas besoin de légende, et *le Vin de l'ouvrier* fait
frémir. *Les Litanies de Satan*, dieu du mal et prince du
monde, sont une de ces froides ironies familières à
l'auteur où l'on aurait tort de voir une impiété. L'impiété n'est pas dans la nature de Baudelaire, qui croit
à une mathématique supérieure établie par Dieu de
toute éternité et dont la moindre infraction est punie
par les plus rudes châtiments, non seulement dans ce
monde, mais encore dans l'autre. S'il a peint le vice et
montré Satan avec toutes ses pompes, c'est sans nulle
complaisance assurément. Il a même une préoccupation assez singulière du diable comme tentateur et
dont il voit partout la griffe, comme s'il ne suffisait
pas à l'homme, pour le pousser au péché, à l'infamie

et au crime, de sa perversité native. La faute chez
Baudelaire est toujours suivie de remords, d'angoisses,
de dégoût, de désespoirs, et se punit par elle-même,
ce qui est le pire supplice. Mais en voilà assez sur ce
sujet. Nous faisons de la critique et non de la théologie.

Signalons, parmi les pièces qui composent *les Fleurs
du mal*, quelques-unes des plus remarquables, entre
autres celle qui a pour titre *Don Juan aux enfers*. C'est
un tableau d'une grandeur tragique et peint d'une
couleur sobre et magistrale sur la flamme sombre des
voûtes infernales.

La barque funèbre glisse sur l'eau noire, emmenant
don Juan et son cortége de victimes ou d'insultés. Le
mendiant auquel il a voulu faire renier Dieu, gueux
athlétique, fier sous ses guenilles comme Antisthène,
manie les rames à la place du vieux Caron. A la poupe,
un homme de pierre, fantôme décoloré, au geste roide
et sculptural, tient le gouvernail. Le vieux don Luis
montre du doigt ses cheveux blancs raillés par son
fils hypocritement impie. Sganarelle demande le
payement de ses gages à son maître désormais insol-
vable. Dona Elvire tâche de ramener l'ancien sourire
de l'amant sur les lèvres de l'époux dédaigneux, et
les pâles amoureuses mises à mal, abandonnées,
trahies, foulées aux pieds comme des fleurs de la veille,
lui découvrent la blessure toujours saignante de leur
cœur. Sous ce concert de pleurs, de gémissements
et de malédictions, don Juan reste impassible; il a
fait ce qu'il a voulu; que le Ciel, l'enfer et le monde
le jugent comme ils l'entendront, sa fierté ne connaît
pas le remords; la foudre a pu le tuer, mais non le faire
repentir.

Par sa mélancolie sereine, sa tranquillité lumineuse
et son kief oriental, la pièce intitulée *la Vie antérieure*

contraste heureusement avec les sombres peintures du monstrueux Paris moderne et montre que l'artiste a, sur sa palette, à côté des noirs, des bitumes, des momies, des terres d'ombre et de Sienne, toute une gamme de nuances fraîches, légères, transparentes, délicatement rosées, idéalement bleues comme les lointains de Breughel de Paradis, propres à rendre les paysages élyséens et les mirages du rêve.

Il convient de citer comme note particulière du poète le sentiment de l'*artificiel*. Par ce mot, il faut entendre une création due tout entière à l'Art et d'où la Nature est complétement absente. Dans un article fait du vivant même de Baudelaire, nous avions signalé cette tendance bizarre dont la pièce qui a pour titre *Rêve parisien* est un exemple frappant. Voici les lignes qui essayaient de rendre ce cauchemar splendide et sombre, digne des gravures à la manière noire de Martynn : « Figurez-vous un paysage extra-naturel, ou plutôt une perspective faite avec du métal, du marbre et de l'eau et d'où le végétal est banni comme irrégulier. Tout est rigide, poli, miroitant sous un ciel sans soleil, sans lune et sans étoiles. Au milieu d'un silence d'éternité montent, éclairés d'un feu personnel, des palais, des colonnades, des tours, des escaliers, des châteaux d'eau d'où tombent, comme des rideaux de cristal, des cascades pesantes. Des eaux bleues s'encadrent comme l'acier des miroirs antiques dans des quais et des bassins d'or bruni, ou coulent silencieusement sous des ponts de pierres précieuses. Le rayon cristallisé enchâsse le liquide, et les dalles de porphyre des terrasses reflètent les objets comme des glaces. La reine de Saba, en y marchant, relèverait sa robe, craignant de se mouiller les pieds, tellement les surfaces sont luisantes. Le style de cette pièce

brille comme un marbre noir poli. » N'est-ce pas une
étrange fantaisie que cette composition faite d'éléments
rigides où rien ne vit, ne palpite, ne respire, où pas
un brin d'herbe, pas une feuille, pas une fleur, ne viennent déranger l'implacable symétrie des formes factices
inventées par l'art ? Ne se croirait-on pas dans la
Palmyre intacte ou la Palenqué restée debout d'une
planète morte et abandonnée de son atmosphère ?

Ce sont là, sans doute, des imaginations baroques,
antinaturelles, voisines de l'hallucination et qui
expriment le secret désir d'une nouveauté impossible;
mais nous les préférons, pour notre part, à la fade
simplicité de ces prétendues poésies qui, sur le canevas
usé du lieu commun, brodent, avec de vieilles laines
passées de couleur, des dessins d'une trivialité bourgeoise ou d'une sentimentalité bête : des couronnes de
grosses roses, des feuillages vert de chou et des co-
lombes se becquetant. Parfois, nous ne craignons pas
d'acheter le rare au prix du choquant, du fantasque
et de l'outré. La barbarie nous va mieux que la pla-
titude. Baudelaire a pour nous cet avantage; il peut
être mauvais, mais il n'est jamais commun. Ses fautes
sont originales comme ses qualités, et, là même où il déplaît, il l'a voulu ainsi d'après une esthétique particulière et un raisonnement longtemps débattu.

Terminons cette analyse déjà un peu longue, et
que pourtant nous abrégeons beaucoup, par quelques
mots sur cette pièce des *Petites Vieilles* qui a étonné
Victor Hugo. Le poète, se promenant dans les rues de
Paris, voit passer de petites vieilles à l'allure humble
et triste, et il les suit comme on ferait de jolies femmes,
reconnaissant, d'après ce vieux cachemire usé, élimé,
reprisé mille fois, d'un ton éteint, qui moule pauvre-
ment de maigres épaules, d'après ce bout de dentelle

éraillée et jaunie, cette bague, souvenir péniblement disputé au mont-de-piété et prête à quitter le doigt effilé d'une main pâle, un passé de bonheur et d'élégance, une vie d'amour et de dévouement peut-être, un reste de beauté sensible encore sous le délabrement de la misère et les dévastations de l'âge. Il ranime tous ces spectres tremblotants, il les redresse, il remet la chair de la jeunesse sur ces minces squelettes, et il ressuscite dans ces pauvres cœurs flétris les illusions d'autrefois. Rien de plus ridicule et de plus touchant que ces Vénus du Père-Lachaise et ces Ninons des Petits-Ménages qui défilent lamentablement sous l'évocation du maître, comme une procession de spectres surpris par la lumière.

La question de métrique, dédaignée de tous ceux qui n'ont pas le sentiment de la forme, et ils sont nombreux aujourd'hui, a été à bon droit jugée comme très importante par Baudelaire. Rien de plus commun, maintenant, que de prendre *le poétique* pour *la poésie*. Ce sont des choses qui n'ont aucun rapport. Fénelon, Jean-Jacques Rousseau, Bernardin de Saint-Pierre, Chateaubriand, George Sand, sont poétiques, mais ne sont pas poètes, c'est-à-dire qu'ils sont incapables d'écrire en vers, même en vers médiocres, faculté spéciale que possèdent des gens d'un mérite bien inférieur à celui de ces maîtres illustres.

Vouloir séparer le vers de la poésie, c'est une folie moderne qui ne tend à rien de moins que l'anéantissement de l'art lui-même. Nous rencontrons, dans un excellent article de Sainte-Beuve sur Taine, à propos de Pope et de Boileau, assez légèrement traités par l'auteur de l'*Histoire de la littérature anglaise*, ce paragraphe si ferme et si judicieux, où les choses sont remises sous leur vrai jour par le grand critique, qui fut à ses

commencements un grand poète, et l'est toujours.
« Mais, à propos de Boileau, puis-je donc accepter ce
jugement étrange d'un homme d'esprit, cette opinion
méprisante que M. Taine en la citant prend à son
compte et ne craint pas d'endosser en passant : « Il
» y a deux sortes de vers dans Boileau : les plus nom-
» breux, qui semblent d'un bon élève de troisième;
» les moins nombreux, qui semblent d'un bon élève
» de rhétorique ? » L'homme d'esprit qui parle ainsi
(M. Guillaume Guizot) ne sent pas Boileau poète, et,
j'irai plus loin, il ne doit sentir aucun poète en tant que
poète. Je conçois qu'on ne mette pas toute la poésie
dans le métier; mais je ne conçois pas du tout que,
quand il s'agit d'un art, on ne tienne nul compte de
l'art lui-même, et qu'on déprécie à ce point les parfaits
ouvriers qui y excellent. Supprimez d'un seul coup
toute la poésie en vers, ce sera plus expéditif; sinon,
parlez avec estime de ceux qui en·ont possédé les
secrets. Boileau était du petit nombre de ceux-là;
Pope également. »

On ne saurait mieux dire ni plus juste. Quand il
s'agit d'un poète, la facture de ses vers est chose
considérable et vaut qu'on l'étudie, car elle constitue
une grande partie de sa valeur intrinsèque. C'est avec
ce coin qu'il frappe son or, son argent ou son cuivre.
Le vers de Baudelaire, qui accepte les principales améliorations ou réformes romantiques, telles que la rime
riche, la mobilité facultative de la césure, le rejet,
l'enjambement, l'emploi du mot propre ou technique,
le rhythme ferme et plein, la coulée d'un seul jet du
grand alexandrin, tout le savant mécanisme de prosodie
et de coupe dans la stance et la strophe, a cependant
son architectonique particulière, ses formules indi-
viduelles, sa structure reconnaissable, ses secrets de

métier, son tour de main si l'on peut s'exprimer ainsi,
et sa marque C. B. qu'on retrouve toujours appliquée
sur une rime ou sur un hémistiche.

Baudelaire emploie fréquemment le vers de douze
pieds et de huit pieds. Ce sont les moules où sa pensée
se coule de préférence. Les pièces en rimes plates sont
chez lui moins nombreuses que celles qui sont divisées
en quatrains ou en stances. Il aime l'harmonieux entre-
croisement de rimes qui éloigne l'écho de la note
touchée d'abord, et présente à l'oreille un son naturellement imprévu, qui se complétera plus tard comme
celui du premiers vers, causant cette satisfaction que
procure en musique l'accord parfait. Il a soin ordinairement que la rime finale soit pleine, sonore et soutenue de la consonne d'appui, pour lui donner cette vibration qui prolonge la dernière note frappée.

Parmi ses pièces, il s'en rencontre beaucoup qui
ont la disposition apparente et comme le dessin extérieur du sonnet, bien qu'il n'ait écrit « sonnet » en
tête d'aucune d'elles. Cela vient sans doute d'un scrupule littéraire et d'un cas de conscience prosodique,
dont il nous semble voir l'origine dans la notice où il
raconte la visite qu'il nous fit, et reproduit notre
conversation*. — On n'a pas oublié qu'il venait nous
apporter un volume de vers fait par deux amis absents,
qu'il était chargé de représenter, et nous trouvons ces
lignes dans son récit : « Après avoir rapidement feuilleté
le volume, il me fit remarquer que les poètes en question
se permettaient trop souvent des sonnets *libertins*,
c'est-à-dire non orthodoxes et s'affranchissant volontiers de la règle de la quadruple rime. » A cette époque,
la plus grande partie des *Fleurs du mal* était déjà

---

* Voir note 15, page 354.

composée, et il s'y rencontrait un assez grand nombre
de sonnets *libertins*, qui non seulement n'avaient pas
la quadruple rime, mais encore où les rimes étaient
enlacées d'une façon tout à fait irrégulière; car, dans
le sonnet orthodoxe, comme l'ont fait Pétrarque,
Félicaja, Ronsard, du Bellay, Sainte-Beuve, l'intérieur
du quatrain doit contenir deux rimes plates, féminines
ou masculines au choix du poète, ce qui distingue le
quatrain du sonnet du quatrain ordinaire, et commande,
selon que la rime extérieure donne l'*e* muet ou le son
plein, la marche et la disposition des rimes dans les
deux tercets terminant ce petit poème, moins difficile
à réussir que ne le pense Boileau, précisément parce
qu'il a une forme géométriquement arrêtée : de même
que, dans les plafonds, les compartiments polygones ou
bizarrement contournés servent plus les peintres qu'ils
ne les gênent en déterminant l'espace où il faut encadrer
et faire tenir leurs figures. Il n'est pas rare d'arriver,
par le raccourci et l'ingénieux agencement des lignes,
à loger un géant dans un de ces caissons étroits, et
l'œuvre y gagne par sa concentration même. Ainsi
une grande pensée peut se mouvoir à l'aise dans ces
quatorze vers méthodiquement distribués.

La jeune école se permet un grand nombre de
sonnets *libertins*, et, nous l'avouons, cela nous est
particulièrement désagréable. Pourquoi, si l'on veut
être libre et arranger les rimes à sa guise, aller choisir
une forme rigoureuse qui n'admet aucun écart, aucun
caprice? L'irrégulier dans le régulier, le manque de
correspondance dans la symétrie, quoi de plus illogique
et de plus contrariant? Chaque infraction à la règle
nous inquiète comme une note douteuse ou fausse.
Le sonnet est une sorte de fugue poétique dont le
thème doit passer et repasser jusqu'à sa résolution

par les formes voulues. Il faut donc se soumettre
absolument à ses lois, ou bien, si l'on trouve ces lois
surannées, pédantesques et gênantes, ne pas écrire de
sonnets du tout. Les Italiens et les poètes de la
pléiade sont en ce genre les maîtres à consulter : il ne
serait pas non plus inutile de lire le livre où Guillaume
Colletet traite du sonnet ex-professo. On peut dire qu'il
a épuisé la matière. Mais en voilà bien assez sur les
sonnets libertins, que Maynard le premier mit en
honneur. Quant aux sonnets doubles, rapportés, sep-
tenaires, à queue, estrambots, rétrogrades, par répétition, retournés, acrostiches, mésostiches, en losange,
en croix de Saint-André et autres, ce sont des exercices
de pédants dont on peut voir les patrons dans Rabanus
Maurus, dans l'*Apollon espagnol et italien* et dans le
traité exprès qu'en a fait Antonio Tempo, mais qu'il
faut dédaigner comme des difficultés laborieusement
puériles et les casse-tête chinois de la poésie.

Baudelaire cherche souvent l'effet musical par un
ou plusieurs vers particulièrement mélodieux qui font
ritournelle et reparaissent tour à tour, comme dans
cette strophe italienne appelée *sextine* dont M. le
comte de Gramont offre en ses poésies plusieurs
exemples heureux. Il applique cette forme, qui a le
bercement vague d'une incantation magique entendue
à demi dans un rêve, aux sujets de mélancolique souvenir et d'amour malheureux. Les stances aux bruissements monotones emportent et rapportent la pensée
en la balançant comme les vagues roulent dans leurs
volutes régulières une fleur noyée tombée de la rive.
Comme Longfellow et Edgar Poe, il emploie parfois
l'allitération, c'est-à-dire le retour déterminé d'une
certaine consonne pour produire à l'intérieur du vers
un effet d'harmonie. Sainte-Beuve, à qui aucune de ces

délicatesses n'est inconnue, et qui les pratique avec
son art exquis, avait dit autrefois dans un sonnet d'une
douceur fondue et tout italienne :

Sorrente m'a rendu mon doux rêve infini.

Toute oreille sensible comprend le charme de cette
liquide ramenée quatre fois et qui semble vous entraîner
sur son flot dans l'infini du rêve comme une plume
de mouette sur la houle bleue de la mer napolitaine.
On trouve de fréquentes allitérations dans la prose
de Beaumarchais, et les Scaldes en faisaient grand
usage. Ces minuties paraîtront sans doute bien frivoles
aux hommes utilitaires, progressifs et pratiques ou
simplement spirituels qui pensent, comme Stendhal,
que le vers est une forme enfantine, bonne pour les
âges primitifs, et demandent que la poésie soit écrite
en prose, comme il sied à une époque raisonnable. Mais
ce sont ces détails qui rendent les vers bons ou mauvais
et font qu'on est ou qu'on n'est pas poète.

Les mots polysyllabiques et amples plaisent à
Baudelaire, et, avec trois ou quatre de ces mots, il
fait souvent des vers qui semblent immenses et dont
le son vibrant prolonge la mesure. Pour le poète, les
mots ont, en eux-mêmes et en dehors du sens qu'ils
expriment, une beauté et une valeur propres comme
des pierres précieuses qui ne sont pas encore taillées
et montées en bracelets, en colliers ou en bagues : ils
charment le connaisseur qui les regarde et les trie du
doigt dans la petite coupe où ils sont mis en réserve,
comme ferait un orfèvre méditant un bijou. Il y a des
mots diamant, saphir, rubis, émeraude, d'autres qui
luisent comme du phosphore quand on les frotte, et
ce n'est pas un mince travail de les choisir.

Ces grands alexandrins dont nous parlions tout à

l'heure, qui viennent, en temps d'accalmie, mourir
sur la plage, avec la tranquille et profonde ondulation
de la houle arrivant du large, se brisent parfois en folle
écume et lancent haut leurs fumées blanches contre
quelque récif sourcilleux et farouche pour retomber
ensuite en pluie amère. Les vers de huit pieds sont
brusques, violents, coupants comme les lanières du
chat à neuf queues et cinglent rudement les épaules
de la mauvaise conscience et de l'hypocrite transaction.
Ils se prêtent aussi à rendre de funèbres caprices;
l'auteur encadre dans ce mètre, comme dans une bor-
dure de bois noir, des vues nocturnes de cimetière où
brillent dans l'ombre les prunelles nyctalopes des
hiboux, et, derrière le rideau vert-bronze des ifs, se
glissent, à pas de spectre, les filous du néant, les dévas-
tateurs des tombes et les voleurs de cadavres. En vers
de huit pieds encore, il peint des *ciels* sinistres où roule
au-dessus des gibets une lune rendue malade par les
incantations des Canidies; il décrit le froid ennui de
la morte qui a échangé contre le cercueil son lit de
luxure, et qui rêve dans sa solitude, abandonnée même
des vers, en tressaillant à la goutte de pluie glacée,
filtrant à travers les planches de sa bière, ou nous montre,
avec son désordre significatif de bouquets fanés, de
vieilles lettres, de rubans et de miniatures mêlés à
des pistolets, des poignards et des fioles de laudanum,
la chambre du lâche amoureux que visite dédaigneusement, pendant ses promenades, le spectre ironique
du suicide, car la mort même ne saurait le guérir de son
infâme passion.

De la facture du vers, passons à la trame du style.
Baudelaire y mêle des fils de soie et d'or à des fils de
chanvre rudes et forts, comme en ces étoffes d'Orient
à la fois splendides et grossières où les plus délicats

ornements courent avec de charmants caprices sur un poil de chameau bourru ou sur une toile âpre au toucher comme la voile d'une barque. Les recherches les plus coquettes, les plus précieuses même s'y heurtent à des brutalités sauvages; et, du boudoir aux parfums enivrants, aux conversations voluptueusement langoureuses, on tombe au cabaret ignoble où les ivrognes, mêlant le vin et le sang, se disputent à coups de couteau pour quelque Hélène de carrefour.

VII

Les Fleurs du mal sont le plus beau fleuron de la couronne poétique de Baudelaire. Là, il a donné sa note originale et montré qu'on pouvait, après ce nombre incalculable de volumes de vers, où toutes les variétés de sujets semblaient épuisées, mettre en lumière quelque chose de neuf et d'inattendu, sans avoir pour cela besoin de décrocher le soleil et les étoiles et de faire défiler l'histoire universelle comme dans une fresque allemande. Mais ce qui a fait surtout son nom célèbre, c'est sa traduction d'Edgard Poe; car, en France, on ne lit guère des poètes que leur prose, et ce sont les feuilletons qui font connaître les poèmes. Baudelaire a naturalisé chez nous ce singulier génie d'une individualité si rare, si tranchée, si exceptionnelle qui d'abord a plus scandalisé que charmé l'Amérique, non que son œuvre choque en rien la morale : il est, au contraire, d'une chasteté virginale et séraphique, mais parce qu'il dérangeait toutes les idées reçues, toutes les banalités pratiques et qu'il n'y avait pas de criterium pour le juger. Edgar Poe ne partageait aucune des idées américaines sur le progrès, la perfectibilité, les institutions démocratiques et autres thèmes de déclamation chers aux philistins des deux mondes. Il n'adorait pas exclusivement le dieu dollar; il aimait la poésie pour elle-même et préférait le beau à l'utile : hérésie énorme ! De plus, il avait le malheur de bien écrire, ce qui a le don d'horripiler les sots de tous les pays. Un grave directeur de revue ou de journal, ami de Poe d'ailleurs et bien intentionné, avoue qu'il était difficile de l'employer et qu'on était obligé de le payer moins que d'autres, parce qu'il écrivait dans un style trop au-dessus du vulgaire; admirable raison ! Le biographe de l'auteur du *Corbeau* et d'*Eureka* dit qu'Edgar Poe, s'il avait voulu régulariser son génie et appliquer ses facultés créatrices d'une manière plus appropriée au sol américain, aurait pu devenir un auteur à argent *(a money making author)*; mais il était indisciplinable, n'en voulait faire qu'à sa tête et ne produisait qu'à ses heures, sur des sujets qui lui convenaient. Son humeur vagabonde le faisait rouler comme une comète désorbitée de Baltimore à New-York et de New-York à Philadelphie, de Philadelphie à Boston ou à Richmond, sans qu'il pût se fixer nulle part. Dans ses moments d'ennui, de détresse ou de défaillance, lorsqu'à la surexcitation causée par quelque travail fiévreux succédait cet abattement bien connu des littérateurs, il buvait de l'eau-de-vie, défaut qui lui a été amèrement reproché par les Américains, modèles de tempérance comme chacun sait. Il ne s'abusait pas sur les effets désastreux de ce vice, celui qui a écrit, dans *le Chat noir*, cette phrase fatidique : « Quelle maladie est comparable à l'alcool ! » Il buvait sans ivrognerie aucune, pour oublier, pour se retrouver peut-être dans un milieu d'hallucination

favorable à son œuvre, ou même pour en finir avec
une vie intolérable en évitant le scandale d'un suicide
formel. Bref, un jour, attaqué dans la rue d'un accès
de *delirium tremens*, il fut porté à l'hôpital et y mourut
tout jeune encore et lorsque rien dans ses facultés
n'annonçait un affaiblissement, car sa déplorable
habitude n'avait influé en rien sur son talent ni sur
ses manières, qui restèrent toujours celles d'un gentleman accompli, ni sur sa beauté jusqu'au bout remarquable.

Nous indiquons en quelques traits rapides la physionomie d'Edgard Poe, quoique nous n'ayons pas à
écrire sa vie; mais l'auteur américain a tenu dans
l'existence intellectuelle de Baudelaire une place assez
grande pour qu'il soit indispensable d'en parler ici
d'une façon un peu développée, sinon sous le rapport
biographique, au moins au point de vue des doctrines.
Edgard Poe a certainement influé sur Baudelaire, son
traducteur, surtout dans la dernière partie de la vie,
hélas! si courte du poète.

Les *Histoires extraordinaires*, les *Aventures d'Arthur
Gordon Pym*, les *Histoires sérieuses et grotesques*,
Eureka, ont été traduites par Baudelaire avec une
identification si exacte de style et de pensée, une
liberté si fidèle et si souple, que les traductions pro-
duisent l'effet d'ouvrages originaux et en ont toute la
perfection géniale. Les *Histoires extraordinaires* sont
précédées de morceaux de haute critique dans lesquels
le traducteur analyse en poète le talent si excentrique
et si nouveau d'Edgard Poe, que la France, avec sa
parfaite insouciance des originalités étrangères, ignorait
profondément avant que Baudelaire l'eût révélé. Il
apporte à ce travail, nécessaire pour expliquer une
nature si en dehors des idées vulgaires, une sagacité

métaphysique peu commune et une rare finesse d'aperçus. Ces pages peuvent compter entre les plus remarquables qu'il ait écrites.

La curiosité fut surexcitée au plus haut point par ces mystérieuses histoires si mathématiquement fantastiques, qui se déduisent avec des formules d'algèbre, et dont les expositions ressemblent à des enquêtes judiciaires menées par le magistrat le plus perspicace et le plus subtil. *L'Assassinat de la rue Morgue, la Lettre volée, le Scarabée d'or*, ces énigmes plus difficiles à deviner que celles du sphinx et dont le mot arrive à la fin d'une façon si plausible, intéressèrent jusqu'au délire le public blasé sur les romans d'aventures et de mœurs. On se passionna pour cet Auguste Dupin d'une lucidité divinatoire si étrange, qui semble tenir entre ses mains le fil rattachant les unes aux autres les pensées les plus opposées, et qui arrive à son but par des inductions d'une justesse si merveilleuse. — On admira ce Legrand, plus habile encore à déchiffrer les cryptogrammes que Claude Jacquet, l'employé du ministère, qui lit à Desmarets, dans l'histoire des *Treize*, avec la vieille *grille* de l'ambassade de Portugal, la lettre chiffrée de Ferragus, et le résultat de cette lecture est la découverte des trésors du capitaine Kid ! Chacun s'avoua qu'il aurait eu beau voir renaître à la lueur de la flamme, en traits rouges, sur le parchemin jauni, la tête de mort et le chevreau, et les lignes de points, de croix, de virgules et de chiffres, qu'il n'eût pas deviné où le corsaire avait enfoui ce grand coffre plein de diamants, de joyaux, de montres, de chaînes d'or, d'onces, de quadruples, de doublons, de rixdales, de piastres et de monnaies de tous les pays qui récompensent la sagacité de Legrand. *Le Puits* et *le Pendule* causèrent une suffocation de terreur égale aux plus

noires inventions d'Anne Radcliffe, de Lewis et du
révérend père Mathurin, et l'on prit le vertige à regarder au fond de ce gouffre tournoyant du Maelstrom,
colossal entonnoir aux parois duquel les vaisseaux
courent en spirale comme les brins de paille dans un
tourbillon. *La Vérité sur le cas de M Waldemar* ébranla
les nerfs les plus robustes, et *la Chute de la maison
Usher* inspira de profondes mélancolies. Les âmes
tendres furent particulièrement touchées par ces
figures de femmes, si vaporeuses, si transparentes, si
romanesquement pâles et d'une beauté presque spectrale, que le poète nomme Morella, Ligeia, lady Rowena
Trevanion, de Tremaine, Eleonor, mais qui ne sont
que l'incarnation sous toutes les formes d'un unique
amour survivant à la mort de l'objet adoré, et se
continuant à travers des avatars toujours découverts.

Désormais, en France, le nom de Baudelaire est
inséparable du nom d'Edgar Poe, et le souvenir de l'un
éveille immédiatement la pensée de l'autre. Il semble
même parfois que les idées de l'Américain appartiennent en propre au Français.

Baudelaire, comme la plupart des poètes de ce
temps-ci, où les arts moins séparés qu'ils n'étaient
autrefois voisinent les uns chez les autres et se livrent
à de fréquentes transpositions, avait le goût, le sentiment et la connaissance de la peinture. Il a écrit des
articles de Salon remarquables, et, entre autres, des
brochures sur Delacroix, qui analysent avec une
pénétration et une subtilité extrêmes, la nature
d'artiste du grand peintre romantique. Il en a la préoccupation, et nous trouvons, dans des réflexions sur
Edgard Poe, cette phrase significative : « Comme
notre Eugène Delacroix, qui a élevé son art à la hauteur de la grande poésie, Edgard Poe aime à agiter ses

figures sur des fonds violâtres et verdâtres, où se révèlent la phosphorescence de la pourriture et la senteur de l'orage. » Quel juste sentiment en cette simple phrase incidente de la couleur passionnée et fiévreuse du peintre ! Delacroix, en effet, devait charmer Baudelaire par la *maladie* même de son talent si troublé, si inquiet, si nerveux, si chercheur, si exaspéré, si *paroxyste*, qu'on nous passe ce mot, qui seul rend bien notre pensée, et si tourmenté des malaises, des mélancolies, des ardeurs fébriles, des efforts convulsifs et des rêves vagues de l'époque moderne.

VIII

Nous voici arrivé à un ouvrage s'ngulier de Baudelaire, moitié traduit, moitié original, intitulé *les Paradis artificiels, opium et haschich*, et sur lequel il convient de s'arrêter, car il n'a pas peu contribué, parmi le public, toujours heureux d'accepter comme vrais les bruits défavorables aux littérateurs, à répandre l'opinion que l'auteur des *Fleurs du mal* avait l'habitude de chercher l'inspiration dans les excitants. Sa mort, arrivée à la suite d'une paralysie qui le réduisait à l'impuissance de pouvoir communiquer la pensée toujours active et vivante au fond de son cerveau, ne fit que confirmer cette croyance. Cette paralysie, disait-on, venait sans doute des excès de haschich ou d'opium auquel le poète s'était livré d'abord par singularité, ensuite par l'entraînement fatal qu'exercent les drogues funestes. Sa maladie n'eut d'autre cause que les fatigues, les ennuis, les chagrins et les embarras de toute sorte, inhérents à la vie

littéraire pour tous ceux dont le talent ne se prête
pas à un travail régulier et de facile débit, comme
celui du journal, par exemple, et dont les œuvres
épouvantent par leur originalité les timides directeurs
de revues. Baudelaire était sobre comme tous les
travailleurs, et, tout en admettant que le goût de se
créer un *paradis artificiel* au moyen d'un excitant
quelconque, opium, haschich, vin, alcool ou tabac,
semble tenir à la nature même de l'homme, puisqu'on
le retrouve à toutes les époques, dans tous les pays,
dans les barbaries comme dans les civilisations et
jusque dans l'état sauvage, il y voyait une preuve de
la perversité originelle, une tentative impie d'échapper
à la douleur *nécessaire*, une pure suggestion satanique
pour usurper, dès à présent, le bonheur réservé plus
tard comme récompense à la résignation, à la volonté,
à la vertu, à l'effort persistant vers le bien et le beau.
Il pensait que le diable disait aux mangeurs de
haschich et aux buveurs d'opium, comme autrefois
à nos premiers parents : « Si vous goûtez de ce fruit,
vous serez comme des dieux », et qu'il ne leur tenait
pas plus parole qu'il ne la tint à Adam et Ève; car,
le lendemain, le dieu, affaibli, énervé, est descendu
au-dessous de la bête et reste isolé dans un vide
immense, n'ayant d'autre ressource pour échapper
à lui-même que de recourir à son poison, dont il
doit graduellement augmenter la dose. Qu'il ait essayé
une ou deux fois du haschich comme expérience
physiologique, cela est possible et même probable,
mais il n'en a pas fait un usage continu. Ce bonheur
acheté à la pharmacie, et qu'on emporte dans la poche
de son gilet, lui répugnait d'ailleurs, et il comparait
l'extase qu'il produit à celle d'un maniaque pour qui
des toiles peintes et de grossiers décors remplaceraient

de véritables meubles et des jardins embaumés de
fleurs réelles. Il ne vint que rarement et en simple
observateur aux séances de l'hôtel Pimodan, où notre
cercle se réunissait pour prendre le dawamesk, séances
que nous avons décrites autrefois dans la *Revue des
Deux Mondes*, sous ce titre : *le Club des haschichins*,
en y mêlant le récit de nos propres hallucinations.
— Après une dizaine d'expériences, nous renonçâmes
pour toujours à cette drogue enivrante, non qu'elle
nous eût fait mal physiquement, mais le vrai littérateur n'a besoin que de ses rêves naturels, et il n'aime
pas que sa pensée subisse l'influence d'un agent
quelconque.

Balzac vint à une de ces soirées, et Baudelaire
raconte ainsi sa visite : « Balzac pensait sans doute
qu'il n'est pas de plus grande honte ni de plus vive
souffrance que l'abdication de sa volonté. Je l'ai vu
une fois, dans une réunion où il était question des
prodigieux effets du haschich. Il écoutait et question-
nait avec une attention et une vivacité amusantes.
Les personnes qui l'ont connu devinent qu'il devait
être intéressé. Mais l'idée de penser malgré lui-même
le choquait vivement; on lui présenta du dawamesk,
il l'examina, le flaira, et le rendit sans y toucher. La
lutte entre sa curiosité presque enfantine et sa répugnance pour l'abdication, se trahissait sur son visage
expressif d'une manière frappante; l'amour de la
dignité l'emporta. En effet, il est difficile de se figurer
le théoricien de la *volonté*, le jumeau spirituel de
Louis Lambert, consentant à perdre une parcelle de
cette précieuse *substance*. »

Nous étions ce soir-là à l'hôtel Pimodan, et nous
pouvons constater la parfaite exactitude de cette
petite anecdote. Seulement, nous y ajouterons ce

détail caractéristique : en rendant la cuillerée de dawamesk qu'on lui offrait, Balzac dit que l'essai était inutile et que le haschich, il en était sûr, n'aurait aucune action sur son cerveau.

Cela était possible : ce cerveau puissant où trônait la volonté, fortifié par l'étude, saturé des aromes subtils du moka, et que n'obscurcissaient pas de la plus légère fumée trois bouteilles de vin de Vouvray le plus capiteux, eût été peut-être capable de résister à l'intoxication passagère du chanvre indien. Car le haschich ou dawamesk, nous avons oublié de le dire, n'est qu'une décoction de *cannabis indica*, mêlée à un corps gras, à du miel et à des pistaches, pour lui donner la consistance d'une pâte ou confiture.

La monographie du haschich est médicalement très bien faite dans *les Paradis artificiels*, et la science y pourrait puiser des renseignements certains, car Baudelaire se piquait de scrupuleuse exactitude, et pour rien au monde il n'eût glissé le moindre ornement poétique dans ce sujet qui s'y prêterait de lui-même. Il spécifie parfaitement bien le caractère propre des hallucinations du haschich, qui ne crée rien, mais développe seulement la disposition particulière de l'individu en l'exagérant jusqu'à la dernière puissance. Ce qu'on voit, c'est soi-même agrandi, sensibilisé, excité démesurément, hors du temps et de l'espace, dont la notion disparaît, dans un milieu d'abord réel, mais qui bientôt se déforme, s'accentue, s'exagère et où chaque détail, d'une intensité extrême, prend une importance surnaturelle, mais aisément compréhensible pour le mangeur de haschich, qui devine des correspondances mystérieuses entre ces images souvent disparates. Si vous entendez quelqu'une de ces musiques qui semblent exécutées par un

orchestre céleste et des chœurs de séraphins, et près
desquelles les symphonies d'Haydn, de Mozart et de
Beethoven ne sont plus que d'impatientants charivaris,
croyez qu'une main a effleuré le clavier du piano avec
quelque vague prélude, ou qu'un orgue lointain
murmure dans la rumeur de la rue un morceau *connu*
d'opéra. Si vos yeux sont éblouis par des ruissellements,
des scintillations, des irradiations et des feux d'artifice
de lumière, assurément un certain nombre de bougies
doivent brûler dans les torchères et les flambeaux.
Quand la muraille, cessant d'être opaque, s'enfonce
en perspective vaporeuse, profonde, bleuâtre comme
une fenêtre ouverte sur l'infini, c'est qu'une glace
miroite vis-à-vis du songeur avec ses ombres diffuses
mêlées de transparences fantastiques. Les nymphes,
les déesses, les apparitions gracieuses, burlesques
ou terribles, viennent des tableaux, des tapisseries, des statues étalant leur nudité mythologique
dans les niches, ou des magots grimaçant sur des
étagères.

Il en est de même pour les extases olfactives qui
vous transportent en des paradis de parfums où des
fleurs merveilleuses, balançant leurs urnes comme
des encensoirs, vous envoient des senteurs d'aromates,
des odeurs innomées d'une subtilité pénétrante, rappelant le souvenir de vies antérieures, de plages balsa-
miques et lointaines et d'amours primitives dans
quelque O'Taïti du rêve. Il n'est pas besoin de chercher
bien loin pour trouver dans la chambre un pot
d'héliotrope ou de tubéreuse, un sachet de peau
d'Espagne ou un châle de cachemire imprégné de
patchouli négligemment jeté sur un fauteuil.

On comprend donc que, si l'on veut jouir pleinement
des magies du haschich, il faut les préparer d'avance

et fournir en quelque sorte les motifs à ses variations
extravagantes et à ses fantaisies désordonnées. Il
importe d'être dans une bonne disposition d'esprit
et de corps, de n'avoir, ce jour-là, ni souci, ni devoir,
ni heure fixée, et de se trouver dans un de ces appartements qu'aimait Baudelaire et qu'Edgar Poe, dans ses
descriptions, meuble avec un confort poétique, un
luxe bizarre et une élégance mystérieuse; retraite
dérobée et cachée à tous, qui semble attendre l'âme
aimée, l'idéale figure féminine, celle qu'en son noble
langage Chateaubriand appelait *la sylphide*. En de
telles conditions, il est problable et même presque
certain que les sensations naturellement agréables
se tourneront en béatitudes, ravissements, extases,
voluptés indicibles et bien supérieures aux joies
grossières promises aux croyants par Mahomet dans
son paradis trop semblable à un sérail. Les houris
vertes, rouges et blanches sortant de la perle creuse
qu'elles habitent et s'offrant aux fidèles avec leur virgi-
nité sans cesse renaissante, paraîtraient de vulgaires
maritornes comparées aux nymphes, aux anges, aux
sylphides, vapeurs parfumées, transparences idéales,
formes soufflées de lumière rose et bleue, se détachant
en clair sur des disques de soleil et venant du fond
de l'infini avec des élancements stellaires comme les
globules d'argent d'une liqueur gazeuse, du fond
d'une coupe de cristal que le haschichin voit passer
par légions innombrables dans le rêve qu'il fait tout
éveillé.

Sans ces précautions, l'extase peut très bien tourner
au cauchemar. Les voluptés se changent en souffrances,
les joies en terreurs; une angoisse horrible vous saisit
à la gorge, vous pose son genou sur l'estomac, et vous
écrase de son poids fantastiquement énorme, comme

si le sphinx des pyramides ou l'éléphant du roi de Siam s'amusait à vous aplatir. D'autres fois, un froid glacial vous envahit et vous fait monter le marbre jusqu'aux hanches, comme à ce roi des *Mille et une Nuits* à demi changé en statue et dont sa méchante femme venait battre tous les matins les épaules restées souples.

Baudelaire raconte deux ou trois hallucinations d'hommes de caractères différents, et une autre éprouvée par une femme dans ce cabinet de glaces recouvert d'un treillage doré et festonné de fleurs, qu'il n'est pas difficile de reconnaître pour le boudoir de l'hôtel Pimodan, et il accompagne chaque vision d'un commentaire analytique et moral, où perce sa répugnance invincible à l'endroit de tout bonheur obtenu par des moyens factices. Il détruit cette considération du secours que pourrait tirer le génie des idées que suggère l'ivresse du haschich. D'abord ces idées ne sont pas si belles qu'on se l'imagine; leur charme vient surtout de l'extrême excitation nerveuse où se trouve le sujet. Ensuite le haschich, qui donne ces idées, ôte en même temps le pouvoir de s'en servir, car il anéantit la volonté et plonge ses victimes dans un ennui nonchalant où l'esprit devient incapable de tout effort et de tout travail et d'où il ne peut sortir que par l'ingestion d'une nouvelle dose. « Enfin, ajoute-t-il, admettant quelques minutes l'hypothèse d'un tempérament assez bien trempé, assez vigoureux pour résister aux fâcheux effets de la drogue perfide, il faut songer à un autre danger, fatal, terrible, qui est celui des accoutumances. Celui qui aura recours à un poison *pour* penser, ne pourra bientôt plus penser *sans* poison. Se figure-t-on le sort affreux d'un homme dont l'imagination paralysée ne saurait plus fonctionner sans le secours du haschich et de l'opium ! »

Et, un peu plus loin, il fait sa profession de foi en ces termes : « Mais l'homme n'est pas si abandonné de moyens honnêtes pour gagner le ciel, qu'il soit obligé d'invoquer la pharmacie et la sorcellerie; il n'a pas besoin de vendre son âme pour payer les caresses enivrantes et l'amitié des houris. Qu'est-ce qu'un paradis qu'on achète au prix de son salut éternel ? » Suit la peinture d'une sorte d'Olympe placé sur le mont ardu de la spiritualité où les muses de Raphaël ou de Mantegna, sous la conduite d'Apollon, entourent de leurs chœurs rhythmiques l'artiste voué au culte du beau et le récompensent de son long effort. « Au-dessous de lui, continue l'auteur, au pied de la montagne, dans les ronces et dans la boue, la troupe des humains, la bande des ilotes, simule les grimaces de la jouissance et pousse des hurlements que lui arrache la morsure du poison, et le poète attristé se dit : « Ces infortunés qui n'ont ni jeûné ni prié, et
» qui ont refusé la rédemption par le travail,
» demandent à la noire magie les moyens de s'élever,
» d'un seul coup, à l'existence surnaturelle. La magie
» les dupe et allume pour eux un faux bonheur et
» une fausse lumière : tandis que, nous, poètes et·
» philosophes, qui avons régénéré notre âme par le
» travail successif et la contemplation, par l'exercice
» assidu de la volonté et la noblesse permanente de
» l'intention, nous avons créé à notre usage un jardin
» de vraie beauté. Confiants dans la parole qui dit que
» la foi transporte les montagnes, nous avons accompli
» le seul miracle dont Dieu nous ait octroyé la
» licence. »

Après de semblables paroles, il est difficile de croire que l'auteur des *Fleurs du mal*, malgré ses penchants *sataniques,* ait rendu de fréquentes visites aux paradis artificiels.

A l'étude sur le haschich succède l'étude sur l'opium ; mais ici Baudelaire avait pour guide un livre singulier très célèbre en Angleterre : *Confessions of English opium eater,* qui a pour auteur de Quincey, helléniste distingué, écrivain supérieur, homme d'une respectabilité complète, qui a osé, avec une candeur tragique, faire, dans le pays du monde le plus roidi par le *cant,* l'aveu de sa passion pour l'opium, décrire cette passion, en représenter les phases, les intermittences, les rechutes, les combats, les enthousiasmes, les abattements, les extases et les fantasmagories suivies d'inexprimables angoisses. De Quincey, chose presque incroyable, était arrivé, en augmentant peu à peu la dose, à huit mille gouttes par jour ; ce qui ne l'empêcha pas de parvenir jusqu'à l'âge très normal de soixante-quinze ans, car il ne mourut qu'au mois de décembre 1859 et fit attendre longtemps les médecins, à qui, dans un accès d'*humour,* il avait moqueusement légué, comme curieux sujet d'expérience scientifique, son corps gorgé d'opium. Sa mauvaise habitude ne l'empêcha pas de publier une foule d'ouvrages de littérature et d'érudition où rien n'annonce la fatale influence de ce qu'il appelle lui-même « la noire idole ». Le dénouement du livre laisse sous-entendre qu'avec des efforts surhumains l'auteur était enfin parvenu à se corriger ; mais cela pourrait bien n'être qu'un sacrifice à la morale et aux convenances, comme la récompense de la vertu et la punition du crime à la fin des mélodrames, l'impénitence finale étant de mauvais exemple. Et de Quincey prétend qu'après dix-sept années d'usage et huit années d'abus de l'opium, il a pu renoncer à cette dangereuse substance ! Il ne faut

pas décourager les *thériakis* de bonne volonté. Mais
que d'amour pourtant dans cette lyrique invocation
à la brune liqueur :

« O juste, subtil et puissant opium ! toi qui, au cœur
du pauvre comme du riche, pour les blessures qui ne se
cicatriseront jamais et pour les angoisses qui induisent
l'esprit en rébellion, apportes un baume adoucissant;
éloquent opium, toi qui par ta puissante rhétorique dé-
sarmes les résolutions de la rage et qui pour une nuit
rends à l'homme coupable les espérances de sa jeunesse
et ses anciennes mains pures de sang; qui à l'homme
orgueilleux donnes un oubli passager « des torts non
redressés et des insultes non vengées »! tu bâtis sur le
sein des ténèbres, avec les matériaux imaginaires du cerveau, avec un art plus profond que celui de Phidias et de
Praxitèle, des cités et des temples qui dépassent en splendeur Babylone ou Hécatompylos, et, du chaos d'un sommeil plein de songes, tu évoques à la lumière du soleil
les visages des beautés depuis longtemps ensevelies et
les physionomies familières et bénies, nettoyées des
outrages de la tombe. Toi seul, tu donnes à l'homme ces
trésors et tu possèdes les clefs du paradis, ô juste, subtil
et puissant opium ! »

Baudelaire ne traduit pas intégralement le livre de
Quincey. Il en détache les morceaux les plus saillants,
qu'il relie par une analyse entremêlée de digressions
et de réflexions philosophiques, de manière à former
un abrégé qui représente l'œuvre entière. Rien de
plus curieux que les détails biographiques qui ouvrent
ces confessions et racontent la fuite de l'écolier pour
se soustraire à la tyrannie de ses tuteurs, sa vie errante,
misérable et famélique à travers ce grand désert de
Londres, son séjour dans ce logis transformé en galetas
par la négligence du propriétaire, sa liaison avec la
petite servante demi idiote et Ann, une pauvre fille,
triste violette de trottoir, innocente et virginale

jusque dans la prostitution, sa rentrée en grâce auprès
de sa famille et sa prise de possession d'une fortune
assez considérable pour lui permettre de se livrer à
ses études favorites au fond d'un charmant cottage,
en compagnie d'une noble femme qu'Oreste de l'opium
il appelle son Électre. Car déjà il a pris, à la suite de
douleurs névralgiques, l'habitude indéracinable du
poison dont il absorbait bientôt, sans résultat fâcheux,
la dose énorme de quarante grains par jour. Il est
peu de poésies, même chez Biron, Coleridge et Shelley
qui dépassent en magnificence étrange et grandiose
les rêves de Quincey. Aux visions les plus éclatantes
et qu'illuminent des lueurs argentines et bleues de
paradis ou d'Élysée en succèdent d'autres plus sombres
que l'Érèbe et auxquelles on peut appliquer ces vers
effrayants du poète : « C'était comme si un grand
peintre eût trempé son pinceau dans la noirceur du
tremblement de terre et de l'éclipse. »

De Quincey, qui était un humaniste des plus dis-
tingués et des plus précoces, — il savait le grec et le
latin à dix ans, — avait toujours pris beaucoup de
plaisir à la lecture de Tite-Live, et ces mots *consul
romanus* résonnaient à son oreille comme une formule
magique et péremptoirement irrésistible. Ces cinq
syllabes éclataient à son oreille avec des vibrations
de trompettes sonnant des fanfares triomphales, et,
lorsque, dans son rêve, des multitudes ennemies
luttaient sur un champ de bataille éclairé d'une lueur
livide avec des râles et des piétinements sourds,
pareils au bruit lointain des grandes eaux, tout à
coup une voix mystérieuse criait ces mots qui domi-
naient tout : *Consul romanus*. Un grand silence se
faisait, oppressé d'une attente anxieuse, et le consul
apparaissait, monté sur un cheval blanc, au milieu

de l'immense fourmilière, comme le Marius de la *Bataille des Cimbres*, par Decamps, et, d'un geste fatidique, décidait la victoire.

La troisième et dernière partie des *Rêveries d'un mangeur d'opium* porte un titre lamentable, qu'elle justifie bien : *Suspiria de profundis*. Dans une de ces visions apparaissent trois figures inoubliables, mystérieusement terribles, comme les *Moires* grecques et les *Mères du Second Faust*. Ce sont les suivantes de Levana, l'austère déesse, qui lève le nouveau-né de terre et le perfectionne par la douleur. Comme il y a trois Grâces, trois Parques, trois Furies, comme il y avait primitivement trois Muses, il y a trois déesses de la tristesse; elles sont nos Notre-Dame des Tristesses. La plus âgée des trois sœurs s'appelle *Mater Lacrymarum* ou Notre-Dame des Larmes, la seconde *Mater Suspiriorum*, Notre-Dame des Soupirs, la troisième et la plus jeune *Mater Tenebrarum*, Notre-Dame des Ténèbres, la plus redoutable de toutes et à laquelle l'esprit le plus ferme ne peut songer sans une secrète horreur. Ces spectres dolents ne parlent pas le langage articulé des mortels; ils pleurent, soupirent et font dans l'ombre vague des gestes fatidiques. Ils expriment ainsi les douleurs inconnues, les angoisses sans nom, les suggestions du désespoir solitaire, tout ce qu'il y a de souffrances, d'amertumes et de douleurs au plus profond de l'âme humaine. L'homme doit recevoir les leçons de ces rudes initiatrices; « ainsi verra-t-il les choses qui ne devraient pas être vues, les spectacles qui sont abominables et les secrets qui sont indicibles; ainsi lira-t-il les antiques vérités, les tristes vérités, les grandes et terribles vérités. »

On pense bien que Baudelaire ne ménage pas à

de Quincey les reproches qu'il adresse à tous ceux
qui veulent s'élever au surnaturel par des moyens
matériels; mais, en faveur de *la beauté* des tableaux
que peint l'illustre et poétique rêveur, il lui montre
beaucoup de bienveillance.

IX

Vers cette époque, Baudelaire quitta Paris et alla
planter sa tente à Bruxelles. Il ne faut voir dans ce
voyage aucune idée politique, mais le désir d'une vie
plus tranquille et d'un repos pacifiant, loin des excitations de l'existence parisienne. Ce séjour ne paraît
pas lui avoir profité. Il travailla peu à Bruxelles et
ses papiers ne contiennent que des notes rapides,
sommaires, presque hiéroglyphiques, dont lui seul
aurait pu tirer parti. Sa santé, au lieu de se rétablir,
s'altéra, soit qu'elle fût plus profondément atteinte
qu'il ne le pensait lui-même, soit que le climat ne
lui fût pas favorable. Les premiers symptômes du
mal se manifestèrent par une certaine lenteur de
parole et une hésitation de plus en plus marquée dans
le choix des mots; mais, comme Baudelaire s'exprimait
souvent d'une façon solennelle et sentencieuse,
appuyant sur chaque terme pour lui donner plus
d'importance, on ne prit pas garde à cet embarras
de langage, prodrome de la terrible maladie qui
devait l'emporter et qui se manifesta bientôt par une
brusque attaque. Le bruit de la mort de Baudelaire
se répandit dans Paris avec cette rapidité ailée des
mauvaises nouvelles qui semblent courir plus vite que
le fluide électrique le long de son fil. Baudelaire était

vivant encore, mais la nouvelle, quoique fausse,
n'était que prématurément vraie; il ne devait pas se
relever du coup qui l'avait frappé. Ramené de
Bruxelles par sa famille et ses amis, il vécut encore
quelques mois, ne pouvant parler, ne pouvant écrire,
puisque la paralysie avait rompu la chaîne qui rattache
la pensée à la parole. L'idée vivait toujours en lui,
on s'en apercevait bien à l'expression des yeux; mais
elle était prisonnière et muette, sans aucun moyen
de communication avec l'extérieur, dans ce cachot
d'argile qui devait ne s'ouvrir que sur la tombe. —
A quoi bon insister sur les détails de cette triste fin?
Il n'est pas de bonne manière de mourir, mais il est
douloureux, pour les survivants, de voir s'en aller si
tôt une intelligence remarquable qui pouvait longtemps
encore porter des fruits, et de perdre sur le chemin
de plus en plus désert de la vie un compagnon de sa
jeunesse.

Outre *les Fleurs du mal,* les traductions d'Edgar
Poe, *les Paradis artificiels,* des salons ou des articles
de critique, Charles Baudelaire laisse un livre de
petits poèmes en prose insérés à diverses époques
dans des journaux et des revues qui bientôt se lassaient
de ces délicats chefs-d'œuvre sans intérêt pour les
vulgaires lecteurs et forçaient le poète, dont le noble
entêtement ne se prêtait à aucune concession, d'aller
porter la série suivante à un papier plus hasardeux
ou plus littéraire. C'est la première fois que ces pièces,
éparpillées un peu partout et presque introuvables,
sont réunies en volume qui ne sera pas le moindre
titre du poète auprès de la postérité.

Dans une courte préface adressée à Arsène Houssaye,
qui précède *les Petits Poèmes en prose,* Baudelaire
raconte comment l'idée d'employer cette forme

hybride, flottant entre le vers et la prose, lui est venue.

« J'ai une petite confession à vous faire. C'est en feuilletant, pour la vingtième fois au moins, le fameux *Gaspard de la Nuit* d'Aloysius Bertrand (un livre connu de vous, de moi et de quelques-uns de mes amis n'a-t-il pas tous les droits à être appelé fameux ?) que l'idée m'est venue de tenter quelque chose d'analogue et d'appliquer à la description de la vie moderne ou plutôt d'une vie moderne et plus abstraite le procédé qu'il avait appliqué à la peinture de la vie ancienne, si étrangement pittoresque.

» Quel est celui de nous qui n'a pas, dans ses jours d'ambition, rêvé le miracle d'une prose poétique, musicale, sans rhythme et sans rime, assez souple et assez heurtée pour s'adapter aux mouvements lyriques de l'âme, aux ondulations de la rêverie, aux soubresauts de la conscience ? »

Il n'est pas besoin de dire que rien ne ressemble moins à *Gaspard de la Nuit* que *les Petits Poèmes en prose*. Baudelaire lui-même s'en aperçut dès qu'il eut commencé son travail et il constata cet *accident* dont tout autre que lui s'enorgueillirait peut-être, mais qui ne peut qu'humilier profondément un esprit qui regarde comme le plus grand honneur du poète d'accomplir *juste* ce qu'il a projeté de faire.

On voit que Baudelaire prétendait toujours diriger l'inspiration par la volonté et introduire une sorte de mathématique infaillible dans l'art. Il se blâmait d'avoir produit autre chose que ce qu'il avait résolu de faire, fût-ce, comme au cas présent, une œuvre originale et puissante.

Notre langue poétique, il faut l'avouer, malgré les vaillants efforts de la nouvelle école pour l'assouplir et la rendre malléable, ne se prête guère au détail un peu rare et circonstancié, surtout lorsqu'il s'agit de

sujets de la vie moderne, familière ou luxueuse. Sans
avoir, comme jadis, l'horreur du mot propre et l'amour
de la périphrase, le vers français se refuse, par sa
structure même, à l'expression de la particularité
significative, et, s'il s'obstine à la faire entrer dans
son cadre étroit, il devient bien vite dur, rocailleux
et pénible. *Les Petits Poèmes en prose* viennent donc
fort à propos suppléer cette impuissance, et, dans
cette forme qui demande un art exquis et où chaque
mot doit être jeté, avant d'être employé, dans des
balances plus faciles à trébucher que celles des *Peseurs
d'or* de Quintin Metsys, car il faut qu'il ait le titre,
le poids et le son, Baudelaire a mis en relief tout un
côté précieux, délicat et bizarre de son talent. Il a pu
serrer de plus près l'inexprimable et rendre ces nuances
fugitives qui flottent entre le son et la couleur et ces
pensées qui ressemblent à des motifs d'arabesques ou
à des thèmes de phrases musicales.

Ce n'est pas seulement à la nature physique, c'est
aux mouvements les plus secrets de l'âme, aux mélancolies capricieuses, au spleen halluciné des névroses
que cette forme s'applique avec bonheur. L'auteur
des *Fleurs du mal* en a tiré des effets merveilleux et
l'on est parfois surpris que la langue arrive, tantôt à
travers la gaze transparente du rêve, tantôt avec la
brusque netteté d'un de ces rayons de soleil qui, dans
les trouées bleues du lointain, détachent une tour en
ruine, un bouquet d'arbres, une cime de montagne,
à faire voir des objets qui semblent se refuser à toute
description, et qui, jusqu'à présent, n'avaient pas
été *réduits* par le verbe. Ce sera là une des gloires,
sinon la plus grande de Baudelaire, d'avoir fait entrer
dans les possibilités du style des séries de choses, de
sensations et d'effets innomés par Adam, le grand

nomenclateur. Un littérateur ne saurait ambitionner
un plus beau titre, et celui-là, l'écrivain qui a fait *les
Petits Poèmes en prose* le mérite sans conteste.

Il est bien difficile, à moins de disposer d'un grand
espace, et alors il vaudrait mieux envoyer le lecteur
aux pièces elles-mêmes, de donner une idée juste de
ces compositions : tableaux, médaillons, bas-reliefs, statuettes, émaux, pastels, camées qui se suivent, mais
un peu comme les vertèbres dans l'épine dorsale d'un
serpent. On peut enlever quelques-uns des anneaux
et les morceaux se rejoignent toujours vivants, ayant
chacun leur âme particulière et se tordant convul-
sivement vers un idéal inaccessible.

Devant clore cette notice déjà trop longue le plus
brièvement possible, — car nous chasserions de son
volume l'auteur et l'ami dont nous expliquons le
talent, et le commentaire étoufferait l'œuvre, — il faut
nous borner à citer les titres de quelques-uns de ces
petits poèmes en prose, bien supérieurs selon nous,
par l'intensité, la concentration, la profondeur et
la grâce, aux fantaisies mignonnes de *Gaspard de la
Nuit*, que Baudelaire s'était proposé comme modèle.
Parmi les cinquante morceaux qui composent le
recueil et qui sont tous divers de ton et de facture,
nous ferons remarquer *le Gâteau, la Chambre double,
les Foules, les Veuves, le Vieux Saltimbanque, un
Hémisphère dans une chevelure, l'Invitation au voyage,
la Belle Dorothée, une Mort héroïque, le Thyrse, Portraits
de maîtresses, le Désir de peindre, un Cheval de race*
et surtout *les Bienfaits de la lune*, adorable pièce où
le poète exprime avec une magique illusion ce que le
peintre anglais Millais a manqué si complétement
dans sa *Veillée de la Sainte-Agnès* : la descente de
l'astre nocturne dans une chambre avec sa lueur phos-

phoriquement bleuâtre, ses gris de nacre irisés, son brouillard traversé de rayons où palpitent, comme des phalènes, des atomes d'argent. — Du haut de son escalier de nuages, la lune se penche sur le berceau d'un enfant endormi, le baignant de sa clarté vivante et de son poison lumineux; cette jolie tête pâle, elle la doue de ses bienfaits étranges, comme une fée marraine, et lui murmure à l'oreille : « Tu subiras éternellement l'influence de mon baiser, tu seras belle à ma manière. Tu aimeras ce que j'aime et ce qui m'aime : l'eau, les nuages, le silence, la nuit, la mer immense et verte; l'eau informe et multiforme; le lieu où tu ne seras pas, l'amant que tu ne connaîtras pas, les fleurs monstrueuses, les parfums qui troublent la volonté, les chats qui se pâment sur les pianos et qui gémissent comme les femmes, d'une voix rauque et douce. »

Nous ne connaissons d'analogue à ce morceau délicieux que la poésie de Li-tai-pé, si bien traduite par Judith Walter, * où l'impératrice de la Chine traîne, parmi les rayons, sur son escalier de jade diamanté par la lune, les plis de sa robe de satin blanc. Un Lunatique seul pouvait ainsi comprendre la lune et son charme mystérieux.

Quand on écoute la musique de Weber, on éprouve d'abord une sensation de sommeil magnétique, une sorte d'apaisement qui vous sépare sans secousse de la vie réelle, puis dans le lointain résonne une note étrangère qui vous fait dresser l'oreille avec inquiétude. Cette note est comme un soupir du monde surnaturel, comme la voix des esprits invisibles qui s'appellent. Obéron vient d'emboucher son cor et la forêt magique s'ouvre, allongeant à l'infini des allées bleuâtres, se

---

* C'était Judith Gautier, fille aînée de Théo.

peuplant de tous les êtres fanstatiques décrits par Shakespeare dans *le Songe d'une nuit d'été*, et Titania elle-même apparaît dans sa transparente robe de gaze d'argent.

La lecture des *Petits Poèmes en prose* nous a souvent produit des impressions de ce genre; une phrase, un mot — un seul — bizarrement choisi et placé, évoquait pour nous un monde inconnu de figures oubliées et pourtant amies, ravivait les souvenirs d'existences antérieures et lointaines, et nous faisait pressentir autour de nous un chœur mystérieux d'idées évanouies, murmurant à mi-voix parmi les fantômes des choses qui se détachent incessamment de la réalité. D'autres phrases, d'une tendresse morbide, semblent comme la musique chuchoter des consolations pour les douleurs inavouées et les irrémédiables désespoirs. Mais il faut y prendre garde, car elles vous donnent la nostalgie comme le ranz des vaches à ce pauvre lansquenet suisse de la ballade allemande, en garnison à Strasbourg, qui traversa le Rhin à la nage, fut repris et fusillé, « pour avoir trop écouté retentir le cor des Alpes ».

(20 février 1868).

NOTES

1. — *Documents sur Gautier.* — *Sources* (page 1).

Dans la réédition des *Emaux et Camées*, que nous avons publiée
chez Garnier frères en 1929, nous avons écrit une *Esquisse biographique* et indiqué nos sources; nous avons cité les ouvrages et les
confrères auxquels nous sommes redevable (notes 2 et 3, pages 315
à 317). Nous renvoyons en principe à ces indications.

***

2. — *Gautier par lui-même* (page 1).

Comme nous l'avons dit, ces pages parurent d'abord dans *l'Illustration* (9 mars 1867). Elles furent reproduites dans les *Portraits
contemporains* (1874) et dans d'autres publications (voir Lovenjoul,
II, 334).

Faut-il insister sur leur ton *fantaisiste*?... Plus d'un fait n'est pas
d'une exactitude scrupuleuse. — Sans rien oublier du tendre respect
que nous vouons au bon Théo, nous sommes obligé d'avouer que,
dans *l'Esquisse biographique* dont nous parlons ci-dessus, nous
avons tâché de nous rapprocher de la vérité historique.

***

3. — *Premiers chapitres* (page 14 à 92).

Cette première série de *Souvenirs*, ainsi que l'appelle Gautier
plusieurs fois, parut dans *le Bien public*, du 3 mars au 12 mai 1872.
Nous avons dit (voir notre *introduction*, page XI) dans quelle condi-
tion fut écrit le dernier article, intitulé *Hernani* (page 87). Inachevé,
il parut le 6 novembre, deux semaines après la mort du pauvre Théo.

Toute cette série avait alors reçu, dans le *Bien public*, le titre de
Histoire du romantisme. Nous avons indiqué (p. VIII) ce qu'on peut
penser d'un tel titre, utilisé pour la publication en journal. Il ne
correspond guère à la pensée du bon Théo,

Deux ans après la mort de Gautier, son ami Maurice Dreyfous crut devoir utiliser ce même titre quand il recueillit, un peu pêle-mêle, quelques articles de Gautier. Il y joignit diverses notices nécro-logiques et le *Rapport sur la Poésie française*, écrit en 1867.

D'autres recueils ont aussi paru après 1872. Ils furent utiles à la gloire de Gautier. Mais on peut regretter qu'ils n'aient pas été éla-borés avec une meilleure méthode, et qu'ils n'aient pas groupé les sujets avec plus d'harmonie et plus de sens historique. — Malgré tout, soyons reconnaissant aux gautiéristes qui nous ont précédé et dont le travail nous profite encore.

***

4. — *Dessins de Victor Hugo* (page 93).

Nous venons de dire (dans la note ci-dessus) que les recueils pos-thumes avaient réuni des articles de Gautier avec peu de méthode. En voici une preuve assez curieuse. Les pages sur les *Dessins de Victor Hugo*, publiées d'abord en tête d'un album de gravures qui reproduisaient ces dessins (1862), furent réimprimées dans un livre portant le titre *Souvenirs de théâtre, d'art et de critique* (Charpentier 1883).

Sait-on par quoi s'ouvrait ce volume qui avait promis, par son titre, de parler « de théâtre, d'art et de critique »?... Voici le titre du premier chapitre :

« *Statistique industrielle du département de l'Ain* ».

C'est fort inattendu... Mais voyons le second chapitre de ce volume qu'on intitule « *Souvenirs de théâtre, d'art et de critique* ». Voici le titre :

« *Histoire de la Marine*, par Eugène Sue ».

On peut donc estimer qu'un tel recueil fut fait sans méthode et sans goût.

***

5. — *Vente du mobilier de Victor Hugo* (page 98).

Ces pages parurent dans *la Presse* du 7 juin 1852. Les jours sui-vants, mardi 8 et mercredi 9 juin, le mobilier fut vendu « pour cause de départ ». Faut-il rappeler que Victor Hugo avait été contraint de s'exiler après le coup d'état du Prince-Président (2 décembre 1851). Il resta en exil tant que dura l'empire :

Et s'il n'en reste qu'un, je serai celui-là.

Les Français d'aujourd'hui, trop facilement spirituels, se figurent volontiers que l'exil, pour Hugo et les autres républicains, fut une partie de plaisir, une façon de villégiature. C'est tout à fait inexact. — Nous avons tâché de rendre, sur ce point, justice à Victor Hugo, en quelques pages de notre volume intitulé *Chez nos Poètes* (pages 45 et suivantes).

Il faut insister sur le courage, la crânerie de Gautier, et sur son profond dévouement à la poésie et à Victor Hugo. Rappelons qu'en 1868, il plaça, l'un des premiers, les *Contemplations* et les poèmes de la « troisième manière » de Victor Hugo, au rang des suprêmes chefs-d'œuvre. Malgré sa pauvreté, malgré ses charges de famille, le fidèle Théo n'hésitait pas à célébrer le poète proscrit. Et pourtant Théo n'avait d'autre ressource que sa collaboration au *Moniteur* : en louant Hugo, il risquait de tomber à la misère et de s'attirer la vindicte des fonctionnaires de l'empire et celle de la police qui avait la censure de tout ce qui s'imprimait en France, journaux et librairie. — Sur ce point, voir notre volume intitulé *Chez nos Poètes*, p. 204.

De nos jours (1929) et depuis une trentaine d'années, *Les Contem-plations* sont tenues pour un des grands livres lyriques, et c'est jus-tice. Au moment de leur publication (1856) et durant les années sui-vantes, *les Contemplations* étaient violemment attaquées. Il est plaisant de rappeler quelques arrêts définitifs, lancés par Barbey d'Aurevilly :

— « A dater des *Contemplations*, M. Victor Hugo n'existe plus... Comme Ronsard, en deux générations il sera illisible. » (*Le Pays*, journal de l'empire, juin 1856).

*
* *

6. — *Balzac* (page 105).

Ces pages parurent d'abord dans l'*Artiste*, du 21 mars au 2 mai 1858. Le *Moniteur* en donna une reproduction presque simultanée. Elles parurent aussi, presque aussitôt, dans une édition belge.

Nous suivons le texte « revu et augmenté » par Gautier, et qui parut, en 1859, chez Poulet-Malassis et de Broise, à Paris. Toutefois nous maintenons la division en six chapitres, telle qu'on la trouve dans le texte donné par l'*Artiste*. Elle disparut dans le volume de 1859 ; mais nous la croyons indispensable : elle rend plus apparent le plan du récit, ou du moins elle fait mieux sentir comment Gautier a groupé, dans chaque partie, les divers souvenirs ou idées qu'il lui venait à propos de Balzac et de son œuvre. Aussi bien retenons l'aveu qu'il fait page 149, au milieu de son récit même :

— « Nous écrivons nos souvenirs à mesure qu'ils nous reviennent, sans essayer de mettre de la suite à ce qui n'en peut avoir. D'ailleurs, comme le disait Boileau, les transitions sont la grande difficulté de la poésie, — et des articles, ajouterons-nous. Mais les journalistes modernes n'ont pas autant de conscience ni surtout autant de loisir que le législateur du Parnasse. »

Les chiffres romains, en séparant un chapitre du suivant, tiennent souvent lieu d'une transition. Ils sont utiles : nous les avons maintenus.

La page qui termine le chapitre troisième (p. 142 et 143) manque dans le texte donné par les *Portraits contemporains*.

La première édition de *Un grand homme de province à Paris* (1839) contenait une préface qui manque aux éditions suivantes, et dans laquelle Balzac avait fait l'éloge du jeune Théo. Nous en reproduisons ci-dessous quelques lignes :

« L'auteur manquerait à la justice s'il oubliait de mentionner la magnifique préface d'un livre magnifique, *Mademoiselle de Maupin*, où M. Théophile Gautier est entré, fouet en main, éperonné, botté comme Louis XIV à son fameux lit de justice, au plein cœur du journalisme. »

Un grand homme de province à Paris est la seconde partie des *Illusions perdues*.

*
* *

7. — *Alfred de Musset* (page 199).

Il suffit de lire la prose de Gautier, et plus encore ses premières poésies (1830-1832), pour constater qu'il avait plus d'une affinité avec l'esprit, la grâce et la fantaisie d'Alfred de Musset. Il n'hésitait pas, dans ses articles et même dans ses récits de voyage, à dire combien il admirait ce poète encore contesté. En Belgique, par exemple, le bon Théo, dans ces librairies où l'on battait monnaie avec les contrefaçons des auteurs français, réclame les œuvres de Musset, et particulièrement son « théâtre ». En 1836, dans *la Chronique de Paris*, il raconte *Un tour en Belgique*, qu'il vient de faire avec Gérard de Nerval. Notons que ce compagnon, que Théo appelle G dans le premier texte, deviendra Fritz dans la réimpression de *Caprices et Zigzags*. Citons quelques lignes de ce voyage :

— « Notre tour fait dans le parc (près du palais du roi, à Bruxelles), nous allâmes chez les éditeurs de contrefaçons. J'achetai les poésies complètes d'Alfred de Musset, en un volume... Je voulus aussi acheter *Mademoiselle de Maupin*, roman de votre serviteur; mais j'avoue que cela me fut impossible, pour la raison que je ne le trouvai nulle part. Ceci me mortifia d'autant plus que le Bibliophile, l'Alphonse Brot, l'Hippolyte Lucas, et autres gens illustres de ma connaissance, étaient mirifiquement contrefaits, et que je confesse, avec toute l'humilité qui me caractérise, que jusqu'ici je m'étais cru l'égal de ces messieurs. Mon voyage m'a détrompé et fait revenir d'une si folle présomption...*

---

* Notons que nombre d'œuvres de Gautier, un peu plus tard, subiront les honneurs de la contrefaçon.

...« Les volumes de prose du *Spectacle dans un Fauteuil*, d'Alfred
de Musset, ne sont pas connus en Belgique, et le contrefacteur à qui
je les demandai parut tout surpris, et écrivit sur-le-champ à son cor-
respondant de les lui envoyer. Cela ne fait pas grand honneur à la
publicité de la *Revue des Deux Mondes*. »

C'est dans cette *Revue*, ajouterons-nous, que le théâtre de Musset
avait paru, et presque disparu. En 1840, une première édition en
volume fut à peine remarquée. Par bonheur, en 1847, Mme Allan,
actrice de la Comédie-Française, fit un voyage en Russie, et vit une
petite pièce russe qui avait du succès sur un petit théâtre. Elle en
demanda une traduction française. On jugea plus simple de lui fournir
l'original : c'était *Un caprice*, de notre Musset. Elle le joua, et elle
plut.

Tout heureuse d'avoir été applaudie devant la cour du tzar,
Mme Allan voulut jouer aussi *Un Caprice* au Théâtre-Français. Les
sociétaires s'en soucièrent peu, tout d'abord : ils estimèrent que ce
Musset écrivait mal, et firent la petite bouche. Comment, sans déchoir,
pourraient-ils jamais dire : « *Rebonsoir, chère?* » — « Quelle langue
est-ce là ? » déclarait l'acteur Samson.

Devant le public (samedi, 27 novembre), succès d'enthousiasme.

Le lundi 29, dans *la Presse*, Gautier ajoute quelques lignes à un
long feuilleton sur l'Opéra, afin de parler tout de suite du succès de
Un Caprice, et il écrit :

— « Ce petit acte, joué samedi aux Français, est tout bonnement
un grand événement littéraire. Beaucoup de gros ouvrages, trompettés
six mois à l'avance, ne valent pas une ligne de cette délicieuse comédie
à trois personnages, si merveilleusement jouée par Brindeau, Mesdames
Allan et Judith. Depuis Marivaux, qui est arrivé au génie à force d'esprit, il ne s'est rien produit à la Comédie-Française de si fin, de si délicat, de si doucement enjoué que ce chef-d'œuvre mignon, enfoui dans
les pages d'une revue, et que les Russes de Saint-Pétersbourg, cette
neigeuse Athènes, ont été obligés de découvrir pour nous le faire
accepter... »

Le lundi suivant, 6 décembre, Gautier donnait le feuilleton dont
nous publions un large extrait page 199 et suivantes.

*
* *

8. — *Gautier et Mme de Girardin* (page 204).

Dans *l'Esquisse biographique* (voir notre édition des *Émaux et
Camées*), nous avons dit l'amitié, la tendre camaraderie du bon Théo
et de la belle et spirituelle Delphine de Girardin (voir **page LIV**).
Dans *l'introduction* du présent volume, on a vu que la dernière
phrase écrite par Gautier évoque l'apparition de la blonde Delphine,
lors de la bataille d'*Hernani*.

Les pages que nous reproduisons parurent d'abord dans l'*Artiste*, en mai 1857.

*_**

9. — *Sur Hugo et Mme de Girardin* (page 205).

Le poème d'Hugo, cité par Gautier, est extrait des *Contemplations* (1856. — I. 10). Il porte deux dates, « Paris 1840, Jersey 1855 ». On sait que Mme de Girardin alla voir Hugo à Jersey, en septembre 1853. Elle croyait au spiritisme et aux tables tournantes.

Dans *Toute la Lyre* (I. 10) se trouve un autre poème, écrit le 16 juillet 1855, c'est-à-dire deux semaines après la mort de Mme de Girardin.

*_**

10. — *Mort de Gérard de Nerval* (page 214).

Le 25 janvier 1855, le malheureux Nerval, depuis longtemps sujet aux hallucinations et presque à la folie, se pendit rue de la Vieille-Lanterne. De cette rue sinistre, Célestin Nanteuil a laissé une image émouvante et que les reproductions ont rendue célèbre.

Quatre ans après le suicide de Nerval, un tableau fut exposé, qui représentait aussi cette rue. Et Gautier, à propos de ce tableau, écrivit dans l'*Artiste* :

— « La *rue de la Vieille-Lanterne* réveille dans toute sa douleur un souvenir poignant. — Oui voilà bien la noire coupure entre les hautes maisons lépreuses, la grille de l'égout, sinistre comme un soupirail d'enfer, l'escalier aux marches calleuses, le barreau rouillé où pend un reste de lacet ; tout ce sombre poème de fétidité et d'horreur, ce théâtre préparé pour les drames du désespoir, ce coupe-gorge du vieux Paris conservé comme par fatalité au milieu des splendeurs de la civilisation, et qui, Dieu merci ! a disparu.

» C'est bien ainsi qu'un froid matin de janvier, piétinant la neige sale, nous la vîmes, l'abominable rue ! témoin d'une agonie solitaire. Au fond de l'étroite fissure, un pâle rayon faisait luire, sur la place du Châtelet, la Renommée d'or de la fontaine comme un vague symbole de gloire. — Seulement, détail effroyable et sinistre que le peintre n'a pas connu ou qu'il a volontairement omis, sur la plate-forme de l'escalier, voletait et sautillait en sa sombre livrée de croque-mort un corbeau privé, dont le croassement lugubre semblait adresser au suicide un appel qui fut entendu, hélas ! Qui sait si le noir plumage de l'oiseau, son cri funèbre, le nom patibulaire de la rue, l'aspect épouvantable du lieu, ne parurent pas, à cet esprit depuis si longtemps en proie au rêve, former des concordances cabalistiques et déterminantes, et si, dans l'âpre sifflement de la bise d'hiver, il ne crut pas entendre une voix chuchoter : « c'est là !... »

*_**

11. — *Gérard de Nerval* (page 220).

Ces pages furent écrites douze ans après la mort de Nerval; et Gautier, comme s'il venait d'offrir à son ami les fleurs du souvenir, data cet écrit : « 2 novembre 1867, jour des morts. »

Publiées d'abord dans *l'Univers illustré*, en novembre et décembre 1867, ces pages furent utilisées, l'année suivante, comme « notice », en tête des *Œuvres complètes* de Nerval publiées chez Michel Lévy.

En 1860, à propos du *Voyage en Orient* du « bon Gérard », le fidèle Théo avait publié, dans la *Revue Nationale et étrangère* (25 décembre), un long article qui servit, bien plus tard, de préface à une réédition de ce *Voyage* (Charpentier, 1877). La même année, dans le recueil de Gautier intitulé *l'Orient* (1877), il reparut aussi. Cet article est une charmante paraphrase du *Voyage*. Mais on y trouve aussi, presque textuellement, d'autres pages que Gautier, servi par sa mémoire, avait utilisées déjà ou devait utiliser ensuite.

Toutefois, pour présenter quelques nuances sur des idées ou des sentiments qui étaient chers à Gérard et à Gautier, nous citerons quelques passages de l'article de 1860 :

... « L'âme charmante, dont le *Voyage en Orient* renferme les tendres confidences, a passé du rêve de la vie au rêve de l'éternité, inconsciente de la triste fin de son enveloppe; et à sa mémoire s'attache ce respect que l'islam accorde aux esprits visités de Dieu. Rien n'est plus sage, d'ailleurs plus raisonnable, plus fin d'aperçu, plus délicat et plus correct de forme que cette œuvre où les confessions de l'homme se mêlent aux peintures des choses, et qui transporte en Orient, avec une originalité propre, le voyage sentimental de Sterne.

» Personne n'a oublié Zeynab, la Javanaise au teint jaune, aux cheveux couleur d'acajou sombre, à la poitrine tatouée de soleils et de signes cabalistiques, à la narine percée par la boutonnière d'un anneau, et que Gérard acheta cinq bourses du djellab Abd-el-Kerim, pour se soustraire au soupçon d'immoralité qui ne manque pas d'atteindre au Caire quiconque vit dans le célibat, et aussi un peu pour entrer dans l'intimité de la vie orientale si hermétiquement fermée au touriste. On se rappelle quels embarras causa naïvement à son maître cette pauvre esclave imbue des préjugés de sa race et rebelle à toute tentative de sociabilité européenne. Qui n'a souri aux scrupules de conscience qu'expose dans sa parfaite bonté de cœur ce cher Gérard empêtré et charmé de son acquisition, mais craignant d'avoir, par un caprice d'artiste, pris la responsabilité d'une existence innocente? Connaissant nos opinions turques à l'endroit de la femme, il nous avait même écrit de Beyrouth pour nous proposer sa cadine, la certifiant d'un ton d'ambre à contenter les plus difficiles amateurs de couleur locale; mais il fallait l'aller prendre sur place ou tout au moins l'attendre à Marseille à la descente du paquebot. La crainte que Zeynab, une fois à Paris, n'eût la fantaisie de s'affubler d'un chapeau à plumes, d'une robe à volants et d'un châle traînant sur le talon de sa bottine, nous empêcha d'accepter le présent de notre ami. — Cependant quel effet eût produit aux premières représentations une Javanaise jaune d'or, cheveux couleur d'acajou! »

* * * * *

Sur les religions (développement d'un souvenir indiqué page 244).

« Gérard de Nerval, dont le cerveau fut toujours travaillé d'idées mystiques, rêvait une synthèse religieuse réduisant en un seul les cultes de tous les temps qui, selon lui, se trouvent les mêmes. Son point de vue n'était nullement négatif et voltairien; il admettait tout, et sa vaste érudition ne manquait jamais de ressources pour rattacher à l'idée fondamentale le fait divergent en apparence par quelque interprétation symbolique aussi subtile qu'inattendue. Il rendait des respects à tous les dieux, et comme il le disait : « Pourquoi ne pas être poli à l'endroit de Jupiter? » Toute raillerie contre les dieux olympiens le gênait visiblement, et il n'aimait pas qu'on parlât mal d'aucun prophète, même de Hamza, le prophète de Hakem, dernière apparition de la divinité sur terre.

» Un jour, à la place Royale, debout devant la grande cheminée du salon de Victor Hugo, Gérard dissertait sur son sujet favori, mélangeant les Olympes et les Enfers des différents cultes avec une impartialité telle qu'un des assistants lui dit : « Mais, Gérard, vous n'avez » aucune religion ! »

» Il toisa dédaigneusement l'interrupteur et fixant sur lui ses yeux gris, étoilés d'une scintillation étrange, il répondit : « Moi, pas de » religion; — j'en ai dix-sept... au moins ! » On pense bien qu'une pareille profession de foi termina la discussion. — Personne dans l'assemblée ne pouvait déployer un tel luxe de croyance. »

Cette page de Nerval doit être rapprochée de ce que nous avons dit, à propos des propres idées de Gautier, dans notre *Esquisse biographique*, en tête de la réédition des *Emaux et Camées* (pages LXXXV et suivantes).

* * * * *

Fin de l'article de 1860 :

« Sans se l'avouer à lui-même, Gérard pensait comme Chamfort « qu'il n'y a en amour que des commencements » — Il se plaisait à disposer sa vie comme un drame; il provoquait les aventures, arrangeait les situations, se passionnait pour l'héroïne, déployait beaucoup de ressources et d'éloquence, et au dénoûment il s'esquivait, soit timidité, soit lassitude ou vague crainte de voir son désir

accompli. Sans posséder l'objet aimé, il avait obtenu ce qu'il cherchait, l'émotion, l'enthousiasme, le déplacement du but de l'existence, et surtout un motif de rêverie amoureuse.

» C'était une nature ailée, voltigeante, que l'ombre d'un lien
effrayait, et qui papillonnait au-dessus de la réalité dans un rayon
de soleil ou de clair de lune, au gré de la fantaisie, sans se poser
nulle part. — Le mariage, même le plus heureux, eût été pour
Gérard un horrible supplice. — Son esprit, de plus en plus détaché
de la vie pratique et perdu dans l'infini du rêve, ne pouvait plus
s'astreindre à des rapports humains. La sollicitude même de l'amitié
lui pesait. Il fallait l'accepter quand il venait, mais ne pas lui
demander de commerce suivi; comme l'hirondelle, il entrait lorsqu'il
voyait la fenêtre ouverte, et faisait deux ou trois fois le tour de la
chambre avec de petits cris joyeux; mais c'eût été effaroucher
son indépendance que de fermer la croisée.

» Pauvre Gérard! en lisant ce livre adorable plein d'amour, d'azur
et de lumière, qui se douterait de la mort lamentable du poète?
Mais, comme dit Henri Heine : « Ne te hâte pas trop de le plaindre,
car qui sait la fin que le sort te réserve? »

*
* *

12. — Henri Heine (page 250).

Dans le *Moniteur Universel* du 25 février 1856, Gautier, huit
jours après la mort d'Henri Heine, publia une notice nécrologique.
Il la remania et la compléta, pour la donner en préface, la même
année, aux *Reisebilder* dont une nouvelle édition paraissait chez
Michel Lévy. — Nous avons reproduit le texte revu par Gautier.

L'influence de Henri Heine sur Théophile Gautier, ou plutôt les
affinités de leurs deux esprits sont évidentes pour quiconque est
familier de leurs deux œuvres. Dans notre *Esquisse biographique* nous
avons indiqué ce point, et noté qu'il faut tout à la fois rapprocher
plusieurs noms : Nerval, Hoffmann, Heine et Gautier (voir notre
édition des *Emaux*, p. xviii à xxvii, sur Théo débutant).

Heine vint à Paris et s'y fixa dès le printemps de 1831. Le jeune
Théo devint bientôt son ami. Dès qu'il écrivit dans les journaux, il
publia plusieurs articles sur Heine. Lovenjoul, qui en mentionne un
en 1837, reproduit le texte d'un autre article qui doit être antérieur,
mais dont il ne donne pas la date. — Voici quelques passages de cet
article :

« Henri Heine est, si ces mots peuvent s'accoupler, un Voltaire
pittoresque et sentimental, un sceptique du xviiie siècle, argenté
par les doux rayons bleus du clair de lune allemand. Rien n'est plus
singulier et plus inattendu que ce mélange involontaire d'où résulte
l'originalité du poète. A l'opposé de beaucoup de ses compatriotes,
farouches Teutons et Gallophages, Henri Heine a toujours beaucoup

aimé les Français : si la Prusse est la patrie de son corps, la France est la patrie de son esprit...

» ... Heine est devenu un terrible railleur, ayant toujours son carquois plein de flèches sarcastiques qui vont loin, ne manquent jamais leur but et pénètrent avant...

» ... Ce n'est pas un vain cliquetis d'antithèses de dire qu'il est cruel et tendre, naïf et perfide, sceptique et crédule, sentimental et railleur, passionné et glacial, spirituel et pittoresque, antique et moderne, moyen âge et révolutionnaire... C'est l'homme des contraires, et cela sans effort, sans parti pris, par le fait d'une nature panthéiste qui éprouve toutes les émotions et perçoit toutes les images. Jamais Protée n'a pris plus de formes... Ce qui suit le poète à travers ces mutations perpétuelles et ce qui le fait reconnaître, c'est son incomparable perfection plastique. Il taille comme des blocs de marbre grec les troncs noueux et difformes de cette vieille forêt inextricable et touffue du langage allemand... Heine a sculpté la statue d'Apollon aussi blanche, aussi pure, que s'il avait eu à sa disposition les carrières de Paros et du mont Pentélique...

» ... Rien n'est plus singulier pour nous que cet esprit à la fois si français et si allemand. Telle page étincelante d'ironie et qu'on croirait arrachée à *Candide*, a pour verso une légende digne de figurer dans la collection des frères Grimm, et souvent dans la même strophe le docteur Pangloss philosophe avec une elfe ou une nixe. Au rire strident de Voltaire, l'Enfant au cor merveilleux mêle une note mélancolique, où revivent les poésies secrètes de la forêt et les fraîches inspirations du printemps... »

*
* *

13. — *Mort de Baudelaire* (page 262).

Le 31 août 1867, à quarante-six ans, Baudelaire s'éteignit. Son fidèle ami Asselineau, le lendemain, écrivait à l'éditeur Poulet-Malassis :

— « C'est fini. Il est mort hier, à onze heures du matin, après une longue agonie, mais douce et sans souffrance. Il était d'ailleurs si faible qu'il ne luttait plus. » (Lettre citée par Eugène Crépet).

Théophile Gautier écrivit aussitôt une notice nécrologique. Elle parut au *Moniteur*, le 9 septembre seulement, et le bon Théo fut obligé de la publier dans son feuilleton théâtral. On peut donc supposer que la direction du *Moniteur* mit peu de complaisance à laisser imprimer un article si tendre, si ému et vraiment prophétique.

Cet article fut reproduit, en 1874, dans les *Portraits contemporains*, mais amputé de tout son admirable début, et des quelques lignes de la fin. Bien entendu, nous avons donné, dans le présent volume (p. 262 et suivantes) le texte complet.

Nous avons toutefois supprimé trois mots. « *Né dans l'Inde* », avait

écrit le bon Théo. C'est là un lapsus, car Théo savait que Baudelaire était né à Paris, au quartier latin, rue Hautefeuille. Et Gautier
lui-même, une autre fois, l'a écrit. — Par respect pour notre auteur,
nous pensons qu'il valait mieux faire notre aveu dans une note, afin
de ne pas nuire à l'attention et à l'émotion du lecteur.

*

Gautier n'avait pas attendu la mort de Baudelaire pour lui rendre
justice et le défendre contre ceux qui attaquaient les *Fleurs du mal*.
En août 1862, il avait publié une étude d'une dizaine de pages, et qui
commençait ainsi :

— « De tous les poètes éclos après la radieuse irradiation de
l'école romantique, M. Charles Baudelaire est assurément le plus
original, et par nature et par volonté... Il a le don, mais il a aussi le
travail... Habile entre les habiles, il sait ce qu'il fait; il assiste en
critique à son inspiration, la conseille, l'excite, la modère, la dirige
et la fait aller où il veut... »

Ces pages parurent d'abord dans le tome quatrième d'un recueil
intitulé « *Les Poètes français* ». Ce recueil, entrepris par Eugène Crépet,
se proposait de reproduire « *les chefs-d'œuvre de la poésie française
depuis les origines jusqu'à nos jours* ». La préface était de Sainte-
Beuve, et on la retrouve dans le tome troisième des *Premiers Lundis*
(p. 142 à 186). Les extraits de chaque poète étaient accompagnés
d'une notice littéraire, écrite par Charles Asselineau, ou Hippolyte
Babou, Charles Baudelaire, Théodore de Banville, Philoxène Boyer,
Édouard Fournier, Théophile Gautier...

Cette étude sur Baudelaire reparut dans le recueil posthume
Fusains et eaux-fortes (1880).

Dans son *Rapport sur la Poésie française* (1868), Gautier utilisa
textuellement de nombreux passages de l'article de 1862.

*

14. — *Baudelaire* (page 268).

Ces pages, que Gautier data « 20 février 1868 », parurent dans
l'*Univers Illustré*, du 7 mars au 18 avril 1868. Elles constituent la
célèbre préface, qui fut imprimée en tête de l'édition des *Œuvres
complètes* de Baudelaire (Michel Lévy, 1868). On sait que cet éditeur
avait acheté, pour 1.750 francs, la propriété des *Fleurs du Mal*. —
Théodore de Banville et Charles Asselineau s'occupèrent de réunir
les œuvres de Baudelaire, en vue de l'édition appelée alors « définitive », — et qui resta définitive, malgré ses erreurs et ses lacunes,
tant que l'œuvre de Baudelaire ne fut pas libérée de la maison Lévy,
en « tombant » dans le domaine public.

Dès la fin de février 1868, Gautier communiqua sa magistrale étude à Charles Asselineau. Cette démarche prouve le soin, la conscience du « bon Théo », et le prix qu'il attachait, avec raison, à de telles pages. — Voici d'ailleurs quelques lignes d'une lettre d'Asselineau à Poulet-Malassis. Elle n'est pas datée, mais son texte prouve qu'elle fut écrite entre le 20 février 1868 et le 7 mars. Alors la notice est écrite, mais non encore publiée :

— « La notice sera de Gautier. *Sera* n'est même pas le mot juste, car elle est faite et elle est très bien. Elle est d'un ton attendri, rare dans les notices de Théo, et, sous ce rapport, de beaucoup supérieure à celle qu'il a mise en tête des articles de son ami Gérard de Nerval. »

Cette lettre d'Asselineau est citée par Eugène Crépet, dans une note de son *Baudelaire* (1887). Et Crépet ajoute :

— « Du reste, Gautier s'est fait, avec une persistance marquée, un véritable point d'honneur de contribuer à la renommée du poète des *Fleurs du Mal*. »

*
**

15. — *Premiers contacts de Gautier et de Baudelaire.*

Une « rencontre » — et une « entrevue »…
(Voir page 268).

Dans la seconde ligne de cette notice, la date indiquée par Gautier, et constamment reproduite jusqu'à nos jours, est évidemment inexacte. Ce n'est pas en 1849 qu'il faut situer tout le récit et le « tableau » du bon Gautier, mais en 1843. Selon nous, il y a là une simple faute d'impression : nous prévenons le lecteur, et nous faisons la correction indispensable. L'écriture de Gautier était presque microscopique : les protes de l'*Univers Illustré* auront pris un 3 pour un 9, et la faute de lecture, la faute d'impression aura passé inaperçue.

D'après Gautier, cette « première *rencontre* » aurait eu lieu à l'Hôtel Pimodan. Or Jacques Crépet et les autres biographes de Baudelaire nous apprennent que leur poète fut colocataire à Pimodan dès 1842. — D'après Baudelaire (voir l'*Art romantique*, article *Gautier*, écrit en 1859 et publié d'abord dans l'*Artiste*), cette « première *entrevue* » aurait eu lieu sans aucun témoin; tandis que Gautier, qui affirme la fidélité de son souvenir (voir ci-dessus, page 273, début de la deuxième partie), « dessine un tableau » où se trouve le peintre Boissard, et « où se trouvent aussi, le jour de cette visite, Jean Feuchères (sculpteur…), la belle Maryx (modèle) et la Femme au serpent (Mᵐᵉ Sabatier) ».

Or le fidèle Théo lorsqu'il écrit la notice de 1868, fait allusion au récit donné par Baudelaire en 1859, et semble discrètement le rectifier (voir ci-dessus, p. 277). Il rappelle la *visite* où Baudelaire apporte « un volume de vers, de la part de deux amis absents », — visite qui aurait été la première selon Baudelaire, mais la seconde ou l'une des suivantes, d'après Gautier.

La contradiction n'est qu'apparente si l'on prend soin de bien peser les termes. Gautier parle d'une « première *rencontre* », et Baudelaire d'une « première *entrevue* ». Or tous deux écrivaient avec précision. Quand ils se *rencontrent* à Pimodan, il y a des témoins, et notamment la belle Maryx et « la Femme au serpent ». — Peu après cette « *rencontre* », Baudelaire fait une *visite* à Gautier : ils sont seuls, ils parlent de poésie et même d'hygiène, ils s'entretiennent de la forme régulière des sonnets et de la nécessité, pour un écrivain, d'enrichir son vocabulaire... Cette visite, d'un tout autre caractère, est bien une *entrevue* : — « Ma première *entrevue* avec cet écrivain », telles sont les expressions de Baudelaire (début de la seconde partie dans l'*Artiste*).

On comprend que Baudelaire n'ait pas évoqué, publiquement et en 1859, une *rencontre* où l'on voyait, en déshabillé et à la sortie du bain froid, la Femme au serpent, c'est-à-dire « la Présidente ». Car, le 31 août 1857, il lui avait écrit la lettre qui précise leur roman, et qui donne la date où, selon le mot de Sainte-Beuve, ils plantèrent le clou d'or :

— « Il y a quelques jours tu étais une divinité;... te voilà femme maintenant. » (Voir, dans notre réédition des *Emaux*, la note 18, page 329.)

Mais Théophile Gautier, écrivant en 1868 (c'est-à-dire *après* la mort de Baudelaire), pouvait évoquer des souvenirs qui remontaient à vingt-cinq ans. Il le faisait d'ailleurs avec discrétion, et sans donner le nom (connu de tous les artistes) de « la Femme au serpent ».

Quant au volume de vers, présenté à Gautier par Baudelaire et de la part de « deux absents », avouerai-je que j'avais eu longtemps des doutes. Les baudelairiens affirmaient, et avec raison : c'est le volume intitulé *Vers*, et publié, en mai ou juin 1843, par Le Vavasseur, Prarond et Argonne (pseudonyme d'Auguste Dozon). Toutefois cela ne m'empêchait pas de penser que les poètes, d'ordinaire, présentent eux-mêmes leurs propres volumes, et je me demandais si Baudelaire n'avait pas présenté lui-même ses propres essais.

En 1843, en effet, quelque vingt pièces des *Fleurs du Mal* étaient écrites déjà; et ce que Gautier, d'après son jeune visiteur, dit au sujet des sonnets « irréguliers ou libertins » s'applique à plus d'un sonnet du célèbre recueil (voir aussi page 313, ci-dessus). — A cette « première *entrevue* », ou à l'une des suivantes, comment le jeune Baudelaire, mis en confiance par le bienveillant Théo, n'aurait-il pas parlé de ses propres poésies ?

D'ailleurs, en 1929, M. Jules Mouquet vient de publier des *Vers retrouvés* de Baudelaire (éditions Emile Paul), et l'on voit dans ce volume, à tout le moins, combien le recueil de 1843, donné sous les noms de trois poètes amis, pouvait intéresser Baudelaire et surtout pour des questions de facture ; çà et là, on y trouve des reflets de son influence, et peut-être des marques de sa collaboration.

En tout cela, comme toujours en histoire, il faut tâcher d'établir des constats exacts et de poser des nuances justes. Résistons au désir d'en faire davantage, et n'oublions pas le mot de Fénelon : «On ne sait la vérité que par morceaux ».

***

16. — *Portrait de Baudelaire jeune* (page 272).

Ce portrait, peint par Emile Deroy, se trouve actuellement (1929) au Palais de Versailles, dans les salles réservées à la génération romantique. Il voisine avec un hallucinant portrait de Berlioz, que l'on attribue à Daumier bien qu'il soit du caricaturiste André Gill. — Sur ces deux portraits nous avons écrit quelques pages dans nos *Entretiens sur la Beauté*.

(Mai 1929).

TABLE DES MATIÈRES

Introduction . . . .

Gautier par lui-même.   i

Souvenirs romantiques.   i
   Victor Hugo. — Première rencontre.   14
   Le petit cénacle.   24
   Suite du petit cénacle.   31
   Le compagnon miraculeux.   39
   Graziano.   46
   Célestin Nanteuil.   52
   Autres médaillons. — Philothée O'Neddy.   60
   Le carton vert.   67
   La légende du gilet rouge.   73
   Première représentation d'*Hernani*.   80
   Hernani.   87

Victor Hugo.   93
   Génie plastique et visionnaire.   93
   Vente du mobilier.   98

Balzac.   105

Lamartine   186

Alfred de Musset. — *Un caprice*   199

Madame de Girardin.   204

Gérard de Nerval.   214
   Mort de Gérard de Nerval.   214
   Notice de 1867.   220

Henri Heine.   250

Charles Baudelaire.   262
   Mort de Baudelaire.   262
   Écrit en 1868.   268

Notes.   343

205. — IMP. LAINÉ ET TANTET, CHARTRES (FRANCE). 20-12-1929.

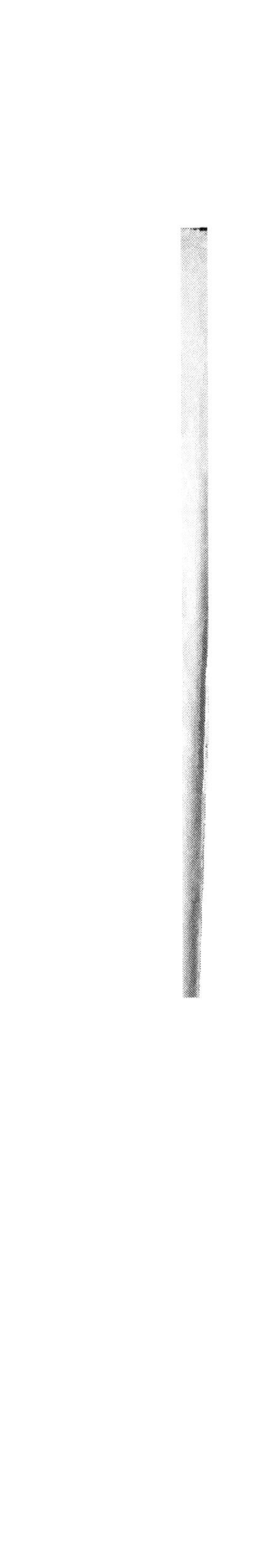